群众文化活动的建设研究

张钧善◎著

吉林科学技术出版社

图书在版编目（ＣＩＰ）数据

群众文化活动的建设研究 / 张钧善著. -- 长春：
吉林科学技术出版社，2023.7
ISBN 978-7-5744-0778-7

Ⅰ．①群… Ⅱ．①张… Ⅲ．①群众文化－文化活动－
研究－中国 Ⅳ．①G249.2

中国国家版本馆 CIP 数据核字(2023)第 157591 号

群众文化活动的建设研究

著　　　　　张钧善
出 版 人　　宛　霞
责任编辑　　张伟泽
封面设计　　皓麒图书
制　　版　　皓麒图书
幅面尺寸　　185mm×260mm
开　　本　　16
字　　数　　250 千字
印　　张　　17
印　　数　　1–1500 册
版　　次　　2023年7月第1版
印　　次　　2024年2月第1次印刷

出　　版　　吉林科学技术出版社
发　　行　　吉林科学技术出版社
地　　址　　长春市福祉大路5788号
邮　　编　　130118
发行部电话/传真　　0431-81629529 81629530 81629531
　　　　　　　　　　　81629532 81629533 81629534
储运部电话　　0431-86059116
编辑部电话　　0431-81629518
印　　刷　　三河市嵩川印刷有限公司

书　　号　　ISBN 978-7-5744-0778-7
定　　价　　81.00元

　　张钧善，男，汉族，1978 年 10 月出生，山东龙口人，副研究馆员。毕业于山东艺术学院音乐系，中国乐器演奏专业，专修二胡。现任济南市文化馆（市非物质文化遗产保护中心、市艺术创作研究院）副馆长（副主任、副院长），长期从事群众文化理论研究和学术研讨；策划、组织、实施省市各类群众文化活动的展示展演；组织举办各类公益性艺术辅导培训、展览、讲座；辅导和培训群众业余文艺骨干；组织并指导群众文艺创作，开展群众文化工作交流等工作。论文及创作的文艺作品多次在省市发表及获奖。在 2020 年度宣传推选学雷锋志愿服务"四个 100"先进典型活动中，被评为"最美志愿者"。在"我的泉城我的歌"庆祝新中国成立 70 周年泉城主题歌曲歌咏大赛中，荣获"组织工作优秀个人奖。"2020 年被评为济南市疫情防控工作文艺宣传先进个人。曾获得"济南市建功立业先进个人"，"优秀文化志愿者"等称号。

前　言

　　《群众文化活动的建设研究》主要包括群众文化与群众文化学、群众文化活动的分类管理、群众文化的形态、群众文化队伍建设、群众文化工作、群众文化活动、群众文化的组织、群众文化的管理、乡村群众文化阵地建设等内容。把握时代的脉搏，把科学文化知识带到人民群众中，让群众文化焕发生机和活力，人民群众的生活也将更加丰富多彩。本书可为群众文化系统工作人员学习、了解和掌握公共文化服务体系建设背景下群众文化的组织、管理、辅导等基本知识和技能的参考性资料。

目录

第一章　群众文化活动概述

第一节 群众文化活动的动力机制

一、群众文化活动的基本特点

近年来，随着经济实力的增强，各级政府、社会各界和群众自发增加对文化活动的投入，群众文化活动日益活跃、兴盛。回顾多年来群众文化活动的发展历程，总结群众文化活动的基本经验，探索群众文化活动的发展规律，都具有一些基本的特点：一是以道德意识为导向。凡是群体性的文化活动都有社会政治上的功用性，符合群体性的共同道德意识。民间一些群众文化活动，都与当地一些重大的工程项目庆祝活动相关联。二是以经济条件为支撑。近几年农村健身文化活动非常活跃，主要是因为在新农村建设中，修起了健身娱乐广场，安装了路灯，群众农闲时期，天天晚上扭秧歌、跳舞、赛球、打拳。特别是地方重大项目竣工庆典，拿出一笔钱办"文化"，搞得有声有色，异彩纷呈，提高了当地群众文化活动水平，推动了特色文化的繁荣发展。三是以群众生活为本源。群众文化活动内容，从本质上说，是群众生活的现实反映。群众文化活动的生命力，在于同人民群众的生活息息相关，脱离人民生活，文化活动便失去了存在的意义，生命就不会久长。四是以文化队伍为载体。群众文化活动是个"魂"，"魂"必须要"附体"，要有实体去表现，这个实体就是文化队伍。凡是群众文化活动活跃的地方，往往都有一些文艺人才和骨干，经过他们热心组织带动，群众文化活动才能开展起来，持续下去。五是以形式多样化为特征。群众生活丰富多彩，活动表现形式也多种多样。群众中蕴藏着各种各样的人才，也存在着各种各样的需要，因此，群众文化活动形式多种多样，说唱弹拉、扭舞转打、琴棋书画、剪折编扎，无所不有。凡是群众喜闻乐见的文化活动形式，就有存活的生命力。凡是群众不喜欢的形式，都将被历史淘汰。

二、群众文化活动的主要缺陷

当前群众文化活动发展总趋势是日益活跃、兴盛，由局部的"火"向大面的"火"发展，由现在的层次向更高的层次发展，这个过程将是缓慢长期的。制约文化活动加快发展的因素很多，就群众文化活动自身发展的情况看，存在一些突出的缺陷：一是零散性。群众文化活动的区域性，决定了其活动的局限性。这种活动带有很强的自发性和随意性，往往自生自发，随后便自消自灭。二是阵发性。由于区域性的群众文化活动，往往因事因时而作，功利性很强，常常出现"火"一阵的现象，其兴也勃焉，其亡也忽然。三是粗犷性。群众文化活动也是群体活动，常常是简便易行、因陋就简，缺乏精雕细刻、细致打磨，大众化节目多，精致隽永的节目少，值得永久留存的节目少。四是因循性。群众文化活动往往只注重其娱乐性、休闲性，忽视其创新性、发展性。年复一年的群众文化活动，很好地传承了传统文化、历史文化，虽然有时内容和形式有些变化，但没有较大的创新，还是面貌依旧。群众文化活动如何及时地反映现实生活，如何从形式到内容上都能鲜活地表现当代人的喜怒哀乐的情感，需要不断地研究创新。

三、动机的形成条件、特点和兴趣的中介作用

群众文化需要，未必都能成为群众文化活动的动机及推动主体去进行群众文化活动。变需要为动机须有一定的条件。首先，作为内在条件的主体心理需要，必须得达到一定的内驱力强度。其次，主体要有与其需要相适应的群众文化活动能力。能力是多方面心理特征的综合，任何群众文化活动，都以主体具有一定的能力为条件。群众文化活动能力的有无和差异，必然会在动机中表现出来，一定的群众文化需要总是向着其能力的范围形成动机。最后，作为外在条件，要有与主体群众文化需要和能力相适应的文化活动对象及环境。文化活动对象即由一定的形式和内容有机构成的群众文化活动客体。任何群众文化活动都是对象性活动，必须指向一定的客体，通过与客体的结合达到主体的需求目的。显然，没有活动对象就不可能有对象性的活动，自然也就无所谓活动的动机。同时，这种群众文化活动的客体对象物，是主体产生活动动机的刺激物、诱引物，它以外引力的作用与心理动机的内动力相融合，才使动机进入活动的环节。可见，这种具有广泛性、永恒性和个体选择性的群众文化活动客体的吸引力，是唤起主体的文化需要和产生活动动机的必要的外部动因。有活动对象物还须具备一定的时空环境，各种群众文化活动总是在相宜的环境中进行的。尽管动机对环境的适应性比较宽泛，但没有一种特定的适宜的环境，群众文化活动动机的产生也就缺少必要的条件。

在一定条件下由需要而转化的群众文化活动动机，一是具有动力性，群众文化活动动机不仅能引发文化活动，而且能提供使其活动的进行直至完成所需要的动力，即既有始发动力，又有继发动力，作为有效能量的动力强度差异，直接影响群众文化活动的质与量；二是具有调节性，群众文化活动是一种情感形态的活动，容易受到来自外部和主体内部的各种影响，群众文化活动的动机在其中起到抵制其他活动动机和暂时排除其他干扰的作用，从而维持文化活动的进行；三是具有指向性，群众文化的需求还只是表明缺少什么的静态存在，而转化为动机后，即指向于群众文化活动的具体方向和一定的形

式与内容。然而，从动机环节进入具体群众文化行为的环节的指向，还要以主体的兴趣为中介。群众文化兴趣是指个体对群众文化带有情绪色彩的倾向性。由它指向于不同样式的群众文化活动，由它决定什么样的群众文化活动客体对主体具有吸引力。

人们的群众文化兴趣是在一定的社会历史条件下，在群众文化活动实践过程中产生和发展起来的。它是一种复杂多样的心理现象，在性质上有积极与消极之分、在方式上有欣赏和参与之分，在持续时间上有长期与短期之分，在目的上有直接与间接之分，在范围上有广阔与狭窄之分、在价值评价上有主要与次要之分等。这种种群众文化兴趣，在动机与行为之间起着纽带作用，把主体出于求知、审美、竞技、消遣、健身、社交、情感等的群众文化活动动机梳理并指向于不同方向、目标、形式与内容的群众文化活动客体，形成文化活动行为。

四、文化活动行为的多种效应和心理行为过程的复杂性

当一定强度的动机顺着兴趣的指向完成了群众文化活动，主体的群众文化的精神需要便得到一定的满足，由群众文化欲求造成的心理紧张也便得以缓解或解除。这样，主体以自我调节的方式通过群众文化的途径，在一定程度上表现了潜力，满足了或求知、或求乐、或求健康、或求美、或求自我实现的精神需要。从主体的精神文化需要到这种需要满足的群众文化活动过程，就这样形成了。而按照人们的群众文化需求和社会的群众文化发展的历程，前列主体心理行为模式图还告诉我们，主体群众文化行为的实现还产生以下两个方面的变化。第一，由于群众文化需要的无限性，主体在通过文化活动满足需要之后，接着就会产生新的需要。这种群众文化需要，又再度作用于群众文化活动动机。第二，群众文化活动的客体都是在人们的群众文化实践中形成的，主体的一次次文化活动的实现，也是一次次创造客体的过程。客体的不断变化、增殖又对主体的活动动机产生新的外引力。

就这样，群众文化活动得以循环往复，不断推向新的高度；群众文化的发展，也因需要与满足这对矛盾的无止境运动而不断进入新阶段。尚须指明的是，上述一个单独、完整的群众文化活动的主体心理行为过程，是一种理论上的抽象。实际上，这种主体心理行为过程并非都是一个接一个地完满地进行和实现的。一方面，群众文化活动的主体心理行为过程的规模和时空跨度有大有小，大过程中可有许多小过程。另一方面，愿望性动机与行为结果之间，受着许多来自主体或客体方面的条件限制，因而会使一些活动主体的心理行为过程不完整或者是行为结果达不到期望值。所以说，具体分析各种活动主体的心理行为过程时，要充分了解它的复杂性。

五、建立群众文化活动常态化工作机制

群众文化活动的时起时落，不能坚持常态化、经常化，是因为缺乏一种具有常态化功能的工作机制。现在从国家到省、市、县、乡镇都有文化组织，但是沙滩流水不到头，群众文化活动的基础——村或社区都没有专门的文化活动组织。建立群众文化活动常态化工作机制，必须具备以下几个关键条件：

1.把工作纳入政府目标管理

群众文化活动是文化建设的重要内容，它应该像政治建设、经济建设、社会建设一样，纳入地方五年发展计划，这是落实科学发展观的必然要求。

2.把经费列入政府财政预算

群众文化活动是社会公众消费，没有一定的经费供给，群众文化活动也就搞不起来，也发展不下去。在市场经济的条件下，可以提倡"群众办文化"、"多元办文化"，但是政府的主导作用不能减弱。文化建设是建设小康社会的重要内容和目标，群众文化活动是公益事业，是公众对文化产品的共享需求，是政府为满足群众对文化需求应该提供的公共服务。群众文化活动经费的使用，要做到政务公开，向人民代表大会报告，并向人民群众公示。

3.把队伍纳入政府团队建设

建设文化队伍是发展群众文化活动的载体，没有这个载体，群众文化活动就无从谈起。政府抓文化建设，首先就要抓好文化队伍。抓队伍首先要抓培训，提高人员素质，培养文化骨干，使文化队伍中有各类人才。经过精心培育，使社区和村都有专业文化队伍，做到有需要时拉得出去，表演时功底过硬、叫得响，日常在群众中有吸引力、感召力，引领群众文化活动健康发展。

4.把活动纳入政府工作日程

群众文化活动是群众生活的一部分，是不应该随便停止的。前些年在"服从服务于经济建设"的口号下，群众文化活动往往被挤掉而取消了。这种把文化建设与经济建设对立起来的做法，显然不符合科学发展观。群众文化活动应该纳入政府的工作日程，与其他工作一样，统筹安排，及时部署，经常检查指导，及时总结交流经验。日常活动要有计划，集中活动要有重点，每年以县为单位，搞几次大型活动，都要认真谋划组织，带动乡镇村区同频共振，上下齐动。既营造了建设新农村的浓厚文化氛围，又有力地推进了新农村的全面建设。

5.把业绩纳入政府综合表彰

文化建设是一项伟大的事业，对于促进人的全面发展、推动社会的文明进步，具有不可替代的作用。要促进文化事业的大繁荣，推动群众文化活动的大发展，必须把文化建设上的业绩纳入政府的综合表彰奖励中，享受与经济建设一样的待遇。要以科学发展观为指导，制定出群众文化活动的目标、标准，完善群众文化事业发展状况的评价考核体系，严格考核验收，年终或阶段性对于各区域取得的成果，予以综合表彰奖励，与此同时，促进经济建设又好又快地发展，推动社会的文明进步，进而加快实现小康社会目标的历史进程。

第二节 群众文化活动的构成

一、群众文化的种类

群众文化活动的形式与种类主要有以下几种。

群众文娱活动有文学欣赏和创作活动、书法绘画摄影、音乐舞蹈。

群众民俗活动有饮食民俗活动、服饰民俗活动、保健民俗活动、艺术民俗活动、宗教民俗活动、娱乐民俗活动。

群众体育活动有田径群众体育活动、球类群众体育活动、棋牌群众体育活动以及其他群众体育活动。

群众教育活动有思想道德教育、艺术审美教育活动、生活知识和技艺传授活动、科技知识普及、职业技能训练、法律知识宣传、少年儿童心理咨询活动。

群众环境保护与美化活动有生态环境建设和保护活动、文物保护活动、建筑园林雕塑等环境美化活动。

群众精神文明创建活动有文明社区、文明村镇创建活动、军警民共建活动和群众志愿者活动。

二、群众文化活动的形式与种类

（一）群众文娱活动

1.文学欣赏和创作活动

组织所在地社区、街道、学校、厂矿企业等文学爱好者，参加各种文学讲座、培训和创作学习班活动，开展各种丰富多彩的征文活动。创办群众性、社会性的小报、刊物等文化阵地活动。

2.书法绘画摄影

组织所在地社区、街道、学校、厂矿企业等书画、摄影爱好者，参加各种书画、摄影讲座、培训和创作学习班活动，开展各种书画、摄影展览、比赛活动。采用"走出去、请进来"的联系方式，广泛开展群众书画、摄影交流活动。

3.音乐舞蹈

随着政府安排的重大节假日庆祝活动、民间庆典活动，组织广大音乐爱好者积极参加各种活动。

（二）群众民俗活动

群众民俗活动包含：饮食民俗活动、服饰民俗活动、保健民俗活动、艺术民俗活动、宗教民俗活动、娱乐民俗活动等六种。饮食民俗活动。随着当地节假日庆典活动，开展各种饮食活动，如中秋赏月、品当地风味小吃、五月端午节品粽子等活动。服饰民俗活动。组织当地群众开展具有当地民俗的回族服饰展示会、群众服饰展览会等形式。保健民俗活动。开展群众性的全民健身活动，冬季长跑活动，清凉游泳比赛、回族烤烤比赛等活动。艺术民俗活动。如在庙会、开斋节、圣诞节等节假日开展民间秧歌赛、民俗展示会等。宗教民俗活动。各种宗教活动开展的一切活动等。娱乐民俗活动。乡镇庙会、民俗演义等活动。

（三）群众体育活动

群众体育活动包括田径群众体育活动、球类群众体育活动、棋牌群众体育活动、其他群众体育活动等四种。

（四）群众教育活动

群众教育活动包括思想道德教育、艺术审美教育活动、生活知识和技艺传授活动、科技知识普及、职业技能训练、法律知识宣传、少年儿童心理咨询活动等七种。

（五）群众环境保护与美化活动

群众环境保护与美化活动主要有：生态环境建设和保护活动、文物保护活动、建筑园林雕塑等环境美化活动等三大类。

（六）群众精神文明创建活动

群众精神文明创建活动主要有：文明社区、文明村镇创建活动、军警民共建活动、群众志愿者活动等三类。

第三节 群众文化活动在群众文化体系中的核心地位

通过对群众文化活动从个体角度上的形成机制和总体角度上的构成体系两方面的

探究，已经明确，所谓群众文化活动就是人们职业外为达到满足自身精神需要之目的而采取的文化行为。那么，它在群众文化结构体系中的地位如何？它与群众文化的其他构成要素之间的关系如何？群众文化是一种复杂的社会现象，它由群众文化活动、群众文化事业、群众文化工作、群众文化群体、群众文化理论等要素构成一个完整的体系。在群众文化这一客观事物的历史过程中，群众文化活动是核心要素，即主要矛盾。群众文化活动的存在和发展，决定着其他处于次要和服从地位的要素的存在和发展。

纵观人类社会群众文化的发展史，群众文化体系的发育、成熟的过程，就是以群众文化活动的发展为孕育和催长的内在动因的。据考古发现，从猿进化为人之后，文化艺术活动就出现了。早在距今数万年之前的旧石器时代中晚期的母系氏族公社，人类就开启了艺术活动的先河。在地中海整个沿岸和欧亚大陆上发现有此期间的小型雕刻品和大型壁画、雕刻及浮雕，东欧和西班牙、法国部分地区保存有大量的这类古代艺术品。原始艺术活动的样式上可说与文明时代约略相等；各原始民族的艺术活动种类和特色也有大端上的一致性。尽管原始艺术活动带有明显的实用性功利目的，但审美意识动机在原始艺术活动中的渗透是客观存在的。人类的不断进化，社会的不断演变，群众文化活动也随之逐步得以发展。在原始社会向奴隶社会过渡时，歌舞、美术等种类的群众文化活动已比较普遍，为群众文化群体的产生奠定了基础。比如在中国秦代民间出现了角抵，发展到东汉，出现了百戏，包括角抵、杂技、武术、幻术、滑稽表演、音乐演奏、演唱、舞蹈等项目。在这种日益兴盛的群众文化活动中，孕育、诞生了群众文化的群体，百戏中以文艺活动团体雏形的面目出现的群众文化群体，完全是群众文化活动发展到一定阶段的产物。群众文化活动的发展继之也滋生了群众文化工作和群众文化事业。在原始社会的蒙昧状态下，群众文化活动主要是人们对社会生活的简单模仿和再现，不可能形成一种作为分工的工作和事业。在奴隶社会，奴隶主和封建地主役用大批乐舞奴隶、工艺奴隶从事专业性文艺活动：民间与祭祀乐舞并行的庶民自娱歌舞和卖艺娱人歌舞也不断发展。进入封建社会以后，以阶级为分野的统治阶级和被统治阶级的文化艺术活动都进一步发展。

群众文化的工作和事业，也就在这样的群众文化活动的历史阶段上得以萌芽与成长。统治阶层的"宫廷文化艺术"，即使不把它列入群众文化的范畴，它与民间文化艺术也是不能分隔的。如中国西汉以后封建王朝设置"乐府"官署，做采集民歌、整理歌词、编配乐曲和演奏等工作，这种文化工作客观上起到了记录，保存民歌的作用。从某种意义上讲，这些文化工作也都是群众文化活动发展的产物。进入现代社会以来，国家政府根据群众文化活动发展的要求，促使现在理解意义上的群众文化工作和群众文化事业逐步形成了群众文化体系的构成部分。在社会主义制度国家，群众文化的事业和工作已发展成为社会福利事业的一部 分。

各个社会历史阶段的自身不断发展中的群众文化活动，在孕育、促生群众文化的群体、工作和事业的同时，也在孕育着它的科学理论。在漫长的群众文化发展史中，人们对群众文化的理性认识越来越丰富和深刻，为科学体系的诞生作了长期的准备。至 20 世纪末，作为人类社会群众文化活动发展到一定历史阶段之产物的群众文化学，终于在中国应运而生，并开始跻身于社会科学之林。

上述对群众文化体系生成的粗略勾勒，说明了群众文化活动对于群众文化的群体、工作、事业、理论的作用，同时群众文化活动又是作为它们的服务对象而存在的。

第四节 群众文化产品

一、群众文化产品

群众文化产品是指群众以满足自身精神文化需求而进行的文化创造活动产生的成果。

群众文化产品生产的直接目的是满足自身的群众文化需求，服务对象主要是自己，为他人的服务作用是建立在服务自己的基础上的。群众文化产品的过程就是群众文化活动的过程，活动的特点决定着产品的特点。

二、群众文化产品的特征

群众文化产品的生产是一种群众性、民间性的文化产品生产，其大部分属于集体劳动的共同成果。

群众文化产品是一种在满足自身精神文化需要活动中产生的成果，其生产者同时又是消费者。

群众文化产品是一种公共文化产品，其消费对象是广大人民群众，消费形式是公益性服务。

三、群众文化产品与群众文化活动的关系

群众文化活动与群众文化产品的统一性；活动本身又是产品。

对于群众文化活动的主体来讲，它是为满足自身文化需求而直接或间接展示的群众文化活动，是一种"自产自用，边产边用"的特殊产品。

对于群众文化活动的接受欣赏者来说，群众文化活动就是一种产品。

四、构建和谐的群众文化供求关系

1.强化主导，拓宽群文受众

首先，必须从战略和全局的高度深刻认识全面推进群文事业发展的重要性，强化政治意识、大局意识、责任意识，这是群众文化的导向，所以，我们要发展先进文化、建设和谐文化，提高精神文化产品供给能力，大力拓展群众文化活动的受众面。其次，群众文化工作的最终目标不是普及和提高，而是通过开展一系列文化活动，引导广大群众追求积极向上的精神文化品位。一段时间以来，群众文化工作不受重视，只是烘托氛围、为时事服务，其所具有的很多功能被忽略。随着社会的发展，群众文化工作的巨大作用逐渐显现出来，从"拉郎配"逐步发展为"主力军"。作为群众文化工作者，更要适应时代，与时俱进，重新认识群众文化工作的功能和作用，以科学发展的眼光开展群众文化工作，为社会主义先进文化建设贡献力量。

2.细分市场，满足基本需求

群众文化工作要让群众广泛参与其中，就必须细分群文市场，充分认识群众文化所具有的群众性、倾向性、传承性等特征，这是由于群众文化是面向社会大众的属性所决定的，我们要站在大众的角度，分析每一组不同的群文消费群体的不同需求，以满足细分市场里消费群的基本需求，使人民群众在良好的社会环境和丰富的文化实践中得到身心健康和综合素质的全面提高。

3.筛选产品，引导文化需求

客观地讲，一段时间以来，尽管我们对于文化事业的发展十分重视，财政投入逐年增加，文化场馆建设快马加鞭，文化产品的产出今非昔比。然而，也必须看到，随着广大群众生活水平的提高，精神文化需求层次快速提升；另一方面，一些文化产品内容缺乏新意、形式相对单一，无法更好地满足群众旺盛的文化需求。提高供给能力，要先弄清群众需要什么样的"文化餐"。在满足群众基本文化需求的基础上推陈出新，树立品牌，不断提升人民群众的文化需求满意度。

4.创新服务，激发潜在需求

对人民群众的文化需求，我们不光被动地去满足它，在更深层次上，还需要主动地创造它，这样才能真正地想人民群众所想、乐服务对象所乐，丰富中华民族整体的精神文化生活。在强调满足社会各阶层文化娱乐需求的同时，我们还要充分融入政府主导的公益性文化、市场主导产业性文化之中。在这样的氛围里我们会发现，文化需求是可以满足的，也是可以创造的。

第二章　群众文化活动的分类管理

群众文化活动是以群众为主的文化活动，主要是通过各种文化活动，来丰富人民群众的文化活动，丰富群众的业余生活。群众文化活动的形式目前已经多样化，而广大的人民群众从原有的被动转换成积极。本章主要就群众文化的分类管理进行了讲述。

第一节　群众文化演出、展览及相关比赛活动的管理

一、群众文艺演出及比赛活动的管理

（一）群众文艺演出活动

1.演出活动内容的管理

即保证群众文艺演出活动的内容能够做到思想性、艺术性、观赏性的有机统一。在演出活动内容的管理上，需要通过"四个坚持"，不断提升群众文艺演出内容的政治质量、精神质量和艺术质量。一是坚持正确的宣传导向，将群众演出活动作为坚持先进文化的前进方向；二是坚持正确的文化立场，弘扬真善美，贬斥假丑恶，发挥文化引领风尚、教育人民、服务社会、推动发展的作用；三是坚持寓教于乐的演出艺术表现手段，弘扬主旋律，传承优秀民族民间文化，根据每个地区群众不同的文化需求和地方文化风俗，把群众喜爱的演出艺术活动送到基层，创作出叫得响、传得开、留得住的高水平群众文艺作品，在广大群众中引起反响、形成互动，让群众在陶冶情操、愉悦身心的同时能受到教育；四是坚持与群众的生产，生活实际相联系，群众文艺演出活动的内容要贴近实际、贴近生活、贴近群众，把握群众的文化脉搏，了解群众的活动期望，以多元化的文艺手段展示植根于基层、普通群众身边的好人好事，演群众想看的戏、讲群众想听的故事、跳群众喜爱的舞蹈，以"群众演群众""群众看群众"的专有演出活动的方式丰富演出活动的内容，使活动可亲可信、深入人心。

2.演出活动人员的管理

即通过培训、辅导、排练、表演的过程，实现发现人才，培养人才，用好人才的目标，调动人力资源完成演出的组织、筹备和演出现场的舞台表演及服务工作。群众文艺演出活动内容丰富、互动性强，参与演出活动组织、服务的人员业务种类多，大体可包括：演出活动的策划人员和决策人员、文案人员，文艺节目创编和辅导人员，导演（总

导演）、演员，演出统筹人员，舞台美术（包括布景、灯光、化妆、服装、效果、道具、音乐等）工作人员、摄像（照相）人员，后勤保障人员和安保人员等。各个岗位的工作人员应在决策人员和总导演的指挥下，分工合作、密切联系，形成一个完整的演出活动现场工作管理组织，共同完成制定演出活动方案和流程，编排文艺作品，辅导组织演员，舞美设计布置，演出协调，领导、嘉宾、评委等的邀请接待，观众组织，后勤服务及撤场，安保巡视等工作。因此，做好演出人员管理工作的重点是科学领导，智慧决策，分工明确、责任落实，密切配合、协同作战。

3.演出活动质量的管理

即通过比赛、观摩、交流、评比等手段，不断提高演出活动的策划组织水平、艺术表演质量。无论是通过竞争的方式还是通过学习的方式，群众对演出活动的要求通常受到活动时间、活动地点、参与活动对象、社会环境和活动竞争等因素的影响。这些因素变化，会使群众提出许多不同的新的活动要求。活动的策划组织水平和质量不仅体现在活动的内容和形式上，而且也体现在活动的服务管理环节中，并随着社会的发展、技术的进步而不断更新和丰富。加强对群众文艺演出活动的创新，不断挖掘活动的文化特色，努力满足群众对演出活动不断提高的适用性文化需求，是提高演出活动水平和质量的关键。

提高活动的策划组织水平要注重提高获取和科学处理各方面相关信息的能力，提高对群众文化发展变化的预见能力及根据文化资源发挥创造性思维的能力。提高在活动组织实施过程中科学决策、统筹协调、调整反馈的能力。提高演出活动的质量则要注意树立以群众的文化需求为中心和打造群众文化活动品牌的观念，加强对活动组织者履行标准化服务流程、开展个性化服务的教育与培训，完善活动的监督执行和整改评估机制。

（二）群众文艺演出类比赛活动

演出类比赛活动的内容主要包括：比赛方案的确定、比赛场地的选择、比赛流程的安排、比赛标准的拟定、比赛评委的落实、比赛结果的公布、工作人员的分工、比赛过程的掌控等。演出类比赛活动的特点是：具有明确的演出规则、严格的评审标准、确定的演出次序、明晰的比赛结果。演出类比赛活动过程的管理应注意的问题是：人员分工要明确，指挥调度要严格，应对变化有预案，比赛结果要公平。

1.比赛方案的制定

制定演出比赛活动方案除对常规的活动要素作出说明外，要重点根据不同艺术门类的特点和比赛的目的对参与比赛活动的形式做出准确的说明。以舞蹈比赛为例，要明确参赛的舞种和形式，如民族舞、古典舞、现代舞、拉丁舞和独舞、双人舞、三人舞、群舞等，对各单位报送参赛作品的名额做出明确的分配，对舞台上的统筹和布置工作、现场观众的组织工作要做出明确的部署。

2.比赛场地的选择

对于演出比赛场地的选择，要围绕演出活动的经费、活动定位、活动规模、气候和自然环境条件、交通情况、场地设施情况、出席活动领导和嘉宾的情况等做出综合分析和选择。

3.比赛流程的安排

演出比赛流程是对活动方案主要内容安排的程序化介绍，按照活动开展的先后顺序和时间节点对各项比赛工作进行简要说明，让人一目了然。

4.比赛标准的拟定

比赛标准、评委打分和公布比赛结果关系到比赛活动的质量和公平性。因此，制定比赛标准要公开、透明，并与群众演出的实际水平相适应，邀请的评委应老、中、青结合，不仅要求具备较高的.专业水平，而且应当熟悉群众文化活动的规律，重要演出比赛的结果应进行公证和公示。

5.比赛过程的掌控

演出比赛过程的掌控是指对比赛开始到比赛结束全部过程的控制、协调，包括：制订计划、发出比赛通知、组织报名、训练彩排、赛前准备（场地布置、人员分工、组织评委、准备奖品等）、赛前检查和向上级汇报组织比赛、接待领导、组织观众、维护现场秩序、解决比赛中的问题、核对分数、宣布比赛结果、颁奖、组织退场等。演出比赛的掌控工作一般由现场总指挥和活动总导演牵头负责，并组织各个岗位工作人员分工实施。

群众性演出比赛活动不同于专业演出比赛活动，它不仅承担着参与比赛的群众间、演员间、地区间交流技艺、自娱自乐的任务，而且带有浓厚的"友谊第一、比赛第二"的艺术竞技的特点。比赛的规则、标准、次序要明确，要有利于参赛者和参赛团队在同一标准上发挥和展示各自的艺术水平，方便互相比较和学习。对于演出次序，要结合实际情况有依据、按程序制定，还要人性化地体现"群众文化为群众"的特点。如在条件允许的情况下，应尽可能安排老年组、少儿组演出项目优先比赛，体现"尊老扶幼"的比赛理念。参与演出比赛活动的人数多，在台上台下、场内场外有参加比赛的选手、观看比赛群众、参加打分的评委、参与比赛活动的组织人员、场地的物业工作人员、媒体记者、安保人员及为比赛提供服务的临时雇佣人员等，具有岗位类别多、分工细腻的特点。

因此，在组织演出比赛活动时必须构建统一、高效的指挥、通讯系统，严格按照业务流程和岗位职责开展工作。比赛活动，特别是大型比赛活动都可能面临着因突发性自然力量或人为力量导致的变故。针对这类情况，比赛的组织者要有清醒的安全意识和超前意识，在制定活动方案时就要将突发变故的偶然性当做必然性来对待，有预见性地制定活动预案，从演出安全、人员疏散、紧急救治、安全保卫、信息发布、通讯联络等方面作出周密的部署，有条件的应进行赛前演练。

二、群众文化展览展示及相关比赛活动

（一）展览展示类活动

1.展览展示活动内容的管理

群众文化展览展示活动内容的管理主要包括：设计方案的制定、展出内容的把握、展品展台的选择、布展设台的合理、现场观众的组织、场地安全的布控、展后工作的处理等。

设计方案要包含展览展示的名称、目的、主题、时间、地点、主办与承办单位、展览展示的内容、艺术表现形式和环境氛围营造、展品要求以及仪式宣传等总体安排、后勤服务等内容。群众文化展览展示内容要重点把握：主题性一即弘扬主旋律、倡导积极健康的文化理念，切合展览的文化主题；代表性-即能代表一个地区或一个领域内的群众文化艺术水准；独特性-即能展示独特的文化魅力。布展的重点是以展品为中心，以展台、展架和辅助性器材为依托构建完整的展览展示系统。展品可以是实物、模型、图表、资料、照片、道具等，借助视频、音响、灯光、讲解人员等增加视觉冲击力和渲染力。要采取多种安全措施保护好现场有较高价值的珍贵群众文化展品，提前准备好解说词，对参观的群众要进行通俗易懂的讲解，对前来学习交流的群众文化同行要给予深入、详细的专业讲解。

2.展览展示活动形式的管理

展览展示活动形式的管理包括：布展场地的确定、展览规模的控制、展线长度的设定、科技手段的运用、辅助设备的准备、参展资料的编发等。

群众文化展览展示活动具有较强的灵活性，展出场地根据活动的需要，既可以在室内或室外举办，也可以在专业展览馆或文化站（室）、社区（村）举办。展览的规模、展线的长度取决于展品的数量和内容，并与展览展示的设计思路、管理方式、经费预算有关。对展出规模和展线的控制要适量、适度，要以能够传递给观众清晰、准确、整洁的展览展示信息为主要依据。办展览时运用科技手段、使用辅助设备发放参展资料，能起到事半功倍的宣传效果。例如，在互联网上举办展览被称为"永不落幕"的展览会，不仅能够补充实物展览的不足，而且成本低、影响广泛；灯光、音响、视频、广告板等辅助设备能够为展品制造出高雅、厚重、时尚等不同格调的文化氛围，是对展品的生动解读；参展资料可以图文并茂、声像并茂，便于参观群众随身携带、随时阅读。此外，还要注意参展项目现场表演人员与观众的互动交流，选择合适的展位和空间，便于人流的活动，准备必要的交流材料，以增强互动交流的效果。

3.展览展示活动质量的管理

展览展示活动质量的管理包括：受众人群的统计、观众舆论的收集、展出水准的评估、效益效果的评价等。

群众文化展览展示活动是群众展示文化艺术才能、交流文化艺术体验、继承文化艺术传统、传播先进文化理念的群众性宣传教育活动。展出活动应以群众创作的艺术作品为主要媒介，营造人与人进行文化情感沟通的特定文化氛围。参与展览展示活动的群众不仅包括展品的作者，展览的组织单位和支持单位的人员，以及观赏展品的普通群众和各级领导，而且还包括参与交流学习的群众文化工作者和具有一定技艺水平的文艺爱好者、媒体记者等。

对以上受众人群参展后感受的收集整理，要作为展览展示活动质量管理的重点，纳入展出水准的评估、效益效果的评价之中。评估、评价工作包括对展出成本效益的评估、宣传质量效果的评估、预期目标完成情况的评估、参展人员数量和构成、参观平均时间的统计、相关社会意见建议的反馈分析、展位展线艺术表现效果的满意率等。评估、评价工作的意义和作用在于对展出活动的全面总结和科学分析，对展览的实际效果提供客观的结论，为今后办好相关展览提供依据和经验。

（二）展览展示类比赛活动

展览展示类比赛活动内容的管理主要包括：比赛作品的选定、比赛场地的选择、比赛标准的拟定、比赛结果的公布等。比赛活动管理的重点主要包括：比赛组织的严密性、作品安全的保障性、现场人员的流动性、评审结果的相对性等。比赛活动过程的管理，包括作品安全的管理、现场秩序的管理、作品评审的管理等。

1.比赛作品的选定

群众文化展览展示类比赛活动主要有书法比赛、绘画比赛、摄影比赛、手工艺作品比赛等，对这些艺术门类参赛作品的选定，主要应涉及作品的主题、作品的艺术表现手法、作品的数量、作品的规格、作品的知识产权等。

2.比赛场地的选择

展览展示类比赛活动可以根据展览的目的、展览的规模、展览的经费预算、展品的性质等做出灵活的选择。适于组织展览展示类比赛活动的场地可以分为室内场馆和露天展馆、专业展馆和综合展馆以及近些年随着科技发展兴起的网络展馆、手机展馆等。

3.比赛标准的拟定

比赛标准要根据不同艺术门类的特点拟定,一般要根据不同的参赛组别从参赛作品的健康性、完整性、美观性、艺术性、创新性等方面进行综合的评定。如摄影比赛可以从主题内涵、画质构图,视觉效果、创意方向、文字描述等方面设计评定标准。各项群众性展览展示比赛都不尽相同,比赛组织者应根据地方的实际情况设计具体的比赛标准,广泛调动群众参与活动的热情和积极性。

4.比赛结果的公布

公布比赛结果要按照"公平、公正、公开"的原则进行,应对比赛的参与情况和评审情况做出总结,可以举办规模灵活的颁奖仪式并组织适当的宣传,避免活动"虎头蛇尾"的现象出现,规格高、规模大的比赛活动要对比赛结果进行公示和公证。

群众文化展览展示类比赛活动具有严密的组织程序,要认真制定展览展示方案、规范比赛程序和评选细则、发布比赛通知、开展比赛宣传、收集各类参赛展品、确定比赛场地、组织布展和撤展、组织群众参观、邀请评委打分、汇总比赛成绩、公布比赛获奖结果、组织比赛颁奖仪式、完成赛后总结评估和归档等项工作。

群众文化展览展示类比赛活动还应采取多种措施保证展品的安全。比赛过程中要加强与公安、消防、场地保卫部门的密切协作,要加强对比赛组织机构工作人员的专业培训,在展品收集、保存、运输、布(撤)展、展品返还的各个环节中按照规范进行操作,选择安全可靠的邮递、仓储、包装、展览等比赛合作服务商,要为展品选择合适、安全的展览场地和展台、展柜,为价值高的展品上保险,要加强参赛者对保护自己展品的意识等。

与欣赏演出比赛的观众不同,欣赏展览展示类比赛的观众流动性强,要注意做好场地卫生、秩序维护、控制人流密度、预留紧急疏散通道等工作。展览展示类比赛往往举办时间相对较长,而且比赛环节较多,对比赛过程的管理重点涉及相关人、财、物的安全秩序维护,比赛评审过程的公平。由于很难为艺术作品评审划定精确、统一的比较尺度,而且每个评委不同的艺术阅历,不同的艺术喜好,不同的艺术审美倾向往往导致了"仁者见仁、智者见智"的评审结果。因此,比赛组织者要加强学习和研究,尽可能科学地制定比赛程序、因地制宜地制定好比赛评审细则、建立评委专家库、选拔组建好评委会,用好媒体的监督服务功能。同时,参赛者对艺术类作品评审结果要带着包容、欣赏的态度去看待,以重在参与、学习、交流的目的参加比赛活动。

第二节 群众文艺创作与理论研究活动的管理

一、群众文艺创作活动的管理

（一）创作活动的组织

群众文艺创作活动的组织包括创作活动选题与策划、创作人员的选择、创作素材和所需材料的准备、创作活动场地和设备的安排、创作作品的审定、创作作品的展示等工作环节。文艺创作活动的管理者要指导业余文艺作者以火热的现实生活为源泉、以掌握的创作素材和创作灵感为基础，选择和确定所要创作文艺作品的主题，并围绕该主题对创作目的、创作内容、创作方法、创作风格、作品传播途径等进行全面设计、构思，提出创作实施计划。

由于群众文艺创作具有创作时间业余化、创作群体分散化、创作形式多样化、创作水平差异化的特点，为保证文艺创作计划顺利实施，首先，要选择优秀人员组成一支包括活动的组织者、辅导者和创作者的文艺创作队伍，其中要重点发挥好群众文化事业单位文艺干部的骨干作用。其次，要从文艺创作所需的软件和硬件两方面，做好前期准备工作；在软件准备方面，要推敲、找准、细化创作素材，并广泛搜集与创作主题有关的历史风俗、创作技法等相关材料，不断完善创作构思；在硬件准备方面，要根据文学、美术、摄影、音乐、舞蹈、曲艺、戏剧等不同艺术门类的创作规律，提供必要的创作室、排练场地和创作器材、创作设备等。再次，创作活动的组织者、辅导者要积极主动地帮助创作者审查、核定各类作品的初稿，既要集思广益，努力帮助作者提高创作水平，又要尊重作者的意见，保持鲜明的创作风格。最后，要搞好文艺创作作品的展示，用出版发行、组织演出、举办展览等方式，并结合广播、电视、报刊、网络等新闻传播媒介，充分发挥其宣传、教育功能。

（二）创作内容的管理

对创作内容进行管理的重点是：坚持先进文化的前进方向、践行核心价值观；体现中国特色的共同理想；体现以爱国主义为核心的民族精神和以改革创新为核心的时代精神；体现社会的荣辱观和价值观。要全面贯彻"百花齐放，百家争鸣"方针，按照"贴近实际、贴近生活、贴近群众"的要求，遵循以人民为中心的创作导向，坚持正确的文化立场，弘扬真善美，贬斥假恶丑，力求创作出思想性、艺术性、观赏性相统一与群众喜闻乐见的优秀群众文艺作品。

群众文艺创作的内容要从实际出发、从文艺创作规律出发，树立群众文化精品意识，坚持遵循"小题材、小投入、小制作、大效益"的创作方针。坚持"四个结合"：即坚持弘扬主旋律与提倡多样化的结合、坚持民族文化传统和发掘时代创新精神的结合、坚持群众文艺创作新品与精品的结合、坚持舞台艺术与非舞台艺术的结合。处理好主旋律与多样化的关系、地域性题材与多样性题材的关系，在热情歌颂中华民族的文化传统和精神风貌、热情歌颂新时代的辉煌成就和模范人物的前提下，创作出群众喜闻乐见、生动活泼、风格迥异的各类群众文艺作品。

（三）创作队伍的建设

对群众文艺创作队伍的建设，主要应从四个方面入手：

1.坚持业余创作队伍与专业创作队伍的结合，不断扩大和壮大群众文艺创作队伍

业余文艺创作者来自社会各行各业，他们的优势是能够广泛收集生产、生活各领域中极其丰富的文艺创作素材，同时对文艺创作充满热情，能够自觉、主动地参与文艺创作；专业文艺创作者具有接受过某个艺术门类的专业训练、有敏锐的创作捕捉能力和创作研究能力的优势。在文艺创作中，将两者的优势相结合，通过各类活动搭建彼此学习、交流的平台，有利于提高群众文艺创作队伍的整体水平。

2.通过活动发现和培养创作人才，组建文化艺术团队、协会等团体

举办各类群众文艺创作比赛、交流、展览等活动，能够为广大文艺创作爱好者提供展示、交流的平台，能够为文艺创作活动管理者提供发现和培养有潜力的文艺创作人才的机会。在举办文化活动以外，日常培养创作人才的有效手段是组建专门的业余文艺创作组织，并能够让群众文艺创作者有机会接受专业的、长期的、系统性的训练，不断培养他们的创作个性和创作风格；同时，有利于培育和形成以群众文艺创作团队、协会等为主体的地区群众文艺创作骨干力量。

3.通过举办高水平的群众文艺创作活动，呈现"出作品、出人才"的群众文艺创作格局

举办高水平的文艺创作活动，可以对群众文艺创作起到积极的引领和导向的作用。通过对参加活动人员的范围、结构等提出要求，对创作作品的主题、内容、形式，艺术技法等提出要求等，有利于促进群众文艺创作人才和作品的目标化、精细化培养。在群众文艺创作活动举办过程中，群众文艺创作人才、作品之间的同台竞技与展示，可进一步加强彼此间的学习与借鉴，多项优秀的文艺创作作品通过活动集中涌现，表现出群众文艺创作活动发展，繁荣的景象。

4.运用评比、奖励等各种方式鼓励业余作者进行文艺创作，推动群众文艺创作水平的提高

评比、奖励等手段为群众文艺创作者切实提供了开展业余文艺创作的精神动力和物质动力。参与群众文艺创作活动的优胜者、获奖者不仅能够获得标志着一定艺术水准的荣誉奖项、出版相关的作品集、获得宣传报道，职称评审破格等机会，进一步增强创作的自信心；而且有机会获得奖励经费、创作设备、辅导培训、社会赞助等方面的物质奖励，为今后开展文艺创作活动积累必要的物质保障。

（四）创作成果的展示

充分发挥群众文艺创作成果的社会效益，采用各种手段进行宣传和传播。

1.群众文艺创作成果按艺术形式展示

群众文艺创作成果按艺术形式展示包括：动态艺术形式的展示、静态艺术形式的展示、动态与静态艺术形式共同展示。动态艺术形式的展示主要集中在对音乐、舞蹈、戏剧和曲艺等艺术门类的群众文艺创作作品进行演出展示；静态艺术形式的展示主要集中在对美术、书法、摄影类的群众文艺创作作品进行展览或出版图书、登载报刊等方面的展示；动态与静态艺术形式共同展示，则是对不同艺术门类的群众文艺创作作品进行动静相间的综合性文化展示。通过舞台表演、群众互动文化活动、文艺作品展览、创作实物展示、文艺创作图文资料发放及售卖等文艺展示方式，集中向社会进行宣传和传播。

2.群众文艺创作成果按传播方式展示

群众文艺创作成果按传播方式展示包括：以报刊、图书等平面媒体及广播、电视、网络等电化传媒的方式进行成果展示；以演出、展览、现场演示等形式进行成果展示。平面媒体和电化传媒是群众文艺创作成果面向社会开展普及性宣传的有效方式，具有传播范围广、速度快、受众群体分散的优点，特别是网络媒体，可突破传统媒体传播的时空局限性，实现全天候、广覆盖能互动的媒介传播方式。群众文艺创作成果以演出、展览等形式进行的现场展示方式是面向特定群体开展针对性或提高性群众文艺创作宣传的有效方式，具有欣赏效果真实、互动性与时效性强、受众群体集中、传播效果显著等特点。在实际活动中，管理者应根据群众文艺创作成果的艺术规律将媒介成果展示法与现场成果展示法结合使用，在传播推广中妥善处理好群众文艺创作成果普及与提高、一般与重点的关系。

二、群众文化理论研究活动的管理

（一）群众文化理论研究的内容和步骤

1.群众文化理论研究的内容

群众文化理论研究的内容主要包括基础理论和应用理论两大类。

基础理论主要是研究群众文化的基本规律，包括群众文化史、群众文化学等；应用理论主要是探索现阶段群众文化工作实践中出现的各种问题，包括群众文化事业的改革与发展、体制机制创新等。基础理论揭示了群众文化的本质和普遍性、抽象性的发展规律，注重理论的科学性、系统性和逻辑性；应用理论是以基础理论为指导，摸索群众文化实践中总结的特殊性、具体性发展规律，注重遵循实事求是、以人为本、与时俱进的理论研究原则；两者间存在着相辅相成、指导与被指导、发展与创新的理论研究关系。

2.群众文化理论研究的步骤

群众文化理论研究活动主要包括研究课题的设定、工作方案的制订、参加人员的选定、相关资料的搜集、研究报告的形成、研究成果的应用等步骤。

课题是理论研究的最基本单元，研究课题的设定即是将群众文化工作中存在的主要问题或亟待解决的重要事项，确定为研究和讨论的对象。工作方案的制订即是针对研究对象制定可操作的工作实施方案，应包括课题的基本情况、课题的研究目的、课题研究的基本思路和具体措施、研究成果的应用与推广等内容。选择合适的人员参与课题研究，就是要保证课题组内，既有具备理论研究能力和组织协调能力的课题组组长，也要有开展调查分析、整理资料、撰写报告的研究人员，还要有致力于培养青年研究者和业务骨干的人员。搜集相关资料即是要与总结自身实践经验相结合，广泛收集国内外同领域内或相关联的跨行业的数据、信息并进行综合分析及预测。研究报告的形成和研究成果的利用，则是在前期学习、交流、调研、思考、总结、鉴定的基础上起草、完善研究报告，并在实践中利用研究成果指导实际工作取得成效的过程。

（二）群众文化理论研究的基本要求

群众文化理论研究活动的基本要求是：研究课题的有效性、研究目的的针对性、研究过程的可行性、研究成果的功用性。

1.研究课题的有效性

研究课题的有效性是强调在选择和确定研究课题时，必须首先要保证研究课题对解决群众文化实践中具有普遍意义的特定问题能起到有效的指导作用，将理论同实际工作联系起来探索、创新应用的新途径，或将实践工作经验总结和提炼为能丰富群众文化基础理论内容的一般性规律。

2.研究目的的针对性

研究目的的针对性是强调课题研究要根据群众文化实践的需要，对其中某个领域中存在的主要矛盾或重要问题进行分析和研究，提出有明确指向性的解决办法及措施，对群众文化事业改革与发展具有现实意义或对群众文化应用理论建设具有学术价值。

3.研究过程的可行性

研究过程的可行性是强调研究程序上的可操作性。首先，要有适于从事该课题研究的具有实践经验和学术研究能力的人员；其次，要确定因地制宜、范围适度、目标集中的课题任务和科学规范的研究步骤；最后，要有保障课题研究能正常开展的必要经费和设备。

4.研究成果的功用性

研究成果的功用性是强调课题研究成果在指导群众文化实践、解决具体问题中所体现出的功能和发挥的作用，从而反映出群众文化理论研究的实用价值。为保证研究成果具有较好的功用性，必须从课题的选择、调研的过程入手，坚持做到贯彻落实"两方向"；坚持做到课题研究遵循"先进性、适用性，有效性"原则；坚持做到将解决群众文化事业当前存在的实际问题与长远发展规划结合起来。

（三）群众文化理论研究过程的管理

群众文化理论研究过程的管理包括研究课题的管理研究人员的管理和研究成果的管理。

1.研究课题的管理

理论研究课题管理工作的程序分为：课题的选择、课题评审、课题实施、课题成果鉴定四个阶段：一是要组织研究人员认真学习国家及地方的文化方针、政策，结合当前的群众文化工作任务明确课题研究服务方向，认真调查研究，了解国内外有关领域内的文化发展动态并经过综合分析和预测做出研究价值评估，确定合适的选题；二是要从研究目标和内容的重要性与必要性、研究方案的可行性、研究成果的预期前景等方面对课题研究进行评审；三是在课题实施阶段要依据签订的课题研究合同，认真抓好组织检查与分工落实工作；四是对于群众文化理论研究成果的鉴定，要从创新性、先进性、适用性、效益性四个方面给予科学的评价。

2.研究人员的管理

课题研究是一项团队合作任务，体现了研究团队的集体智慧和团结协作的工作作风。对课题研究人员的管理，应重点从合理安排人员分工协作、发挥研究人员专长、建立研究课题激励约束机制三个方面做好管理工作：首先，要合理分工，要有负责课题工作总体规划的组织负责人员，要有负责参与课题调研、分析资料、撰写报告的课题实施人员，要有在课题组内负责传递和汇总信息、收集相关信息资料、安排研究工作日程、做好后勤服务的课题协调人员，要有向课题组提供专业指导和咨询的专家（课题顾问人员）等；其次，要根据以上四类人员的分工、专长、年龄、职称、性格等特点进行合理的人员搭配，在课题研究中尽可能地发挥他们的业务特长；最后，要通过实施合理的奖惩管理制度调动他们的积极性，在团队内部营造良好的学术研究氛围和业务交流环境，从"以人为本"的角度保证课题研究的质量和效果。

3.研究成果的管理

研究成果的管理是在学术研究成果鉴定的基础上，对研究成果进行登记、建档、上报、申请奖励、交流、推广、应用等工作环节实施的管理。对研究成果的管理，既是对课题研究过程做全面、系统的梳理和总结的过程，也是将课题研究理论成果转化为长期推动群众文化事业发展创新的实践动力的过程。因此，课题管理者要把研究成果管理作为推动课题实现社会效益和经济效益最大化的关键工作，常抓不懈。

（四）群众文化理论研究成果的转化与利用

理论研究从实践中来，最终还要到实践中去检验。理论研究成果的转化与利用是理论研究工作的重要目的，也是理论研究为群众文化工作服务的出发点和落脚点。研究成果转化与利用的目标，就是要发挥理论研究成果对群众文化实践活动的指导作用、对政府文化决策的参考作用、对群众文化理论研究的推动作用。

为实现以上目标，首先，要对群众文化理论研究成果有正确的认识，研究成果的数量和质量是一个地区群众文化事业发展水平的主要标志，是衡量各项群众文化工作成效的重要尺度，也是推动群众文化创新发展的宝贵信息资源；其次，要为理论研究成果的转化与利用提供试验田，采取先试点、再推广的方法，在充分总结试点经验和教训的基础上逐步推广；再次，要加强对群众文化理论研究成果的广泛宣传，通过各类社会媒体和群众文化理论学习交流活动推广研究成果，力争使其在更多单位和地区使用；最后，要在实践中不断完善和发展理论研究成果，任何理论研究成果都有一定的适用条件，随着地区精神文明和物质文明的进步、群众文化事业的日益发展，群众文化理论研究成果要不断适应新形势的需要，自觉补充和更新内容，在有必要、有条件的情况下，应深入开展二次课题研究。

此外，还要以积极、客观、包容的态度对待理论研究成果的转化与利用。既要肯定理论研究成果对推动事业创新发展的必然性作用，在实际工作中大胆运用理论研究成果；同时也要正视新事物、新成果的风险性，要结合实际工作，以稳中求进的方式逐步推进理论研究成果的转化与利用，客观地降低并化解风险。

第三节 基层群众文化活动的管理

一、社区（村）群众文化活动

（一）社区（村）群众文化活动的地位

1.社区（村）是文化建设与社会建设的契合点，是和谐社会建设的最基层阵地，社区、村落是开展群众文化活动的重点

社区（村）将生活或工作在固定地理区域中的人们密切联系在一起，共同的生存环境和需求，让居民（村民）之间在许多方面形成了一致的意识和利益，并体现出带有鲜明地域特色的文化。社区（村）文化是社区（村）建设的基本要素，具有满足群众基本文化需求、教育娱乐群众、规范思想行为方式、传承文化成果、增强群众地域认同感和归属感、促进地区经济发展等功能。村落与社区不同，村民间往往有着世代相传的血缘关系，基本的生产、生活方式趋同，许多村落的地理位置相对偏僻，这让在村落举办群众文化活动方面有着更加扎实的群众基础和更加迫切的群众文化需求。

2.社区（村）群众文化活动是居（村）民享受基本文化权益的重要形式

社区（村）群众文化活动便于群众就近参加，符合便利性原则，也符合群众文化活动灵活机动小型多样的原则。同时，社区（村）举办的群众文化活动一般具有较强的针对性，通常活动组织者来自街道乡镇或社区居委会、村民居委会和驻地单位，能够比较充分地了解地区群众的人员结构、知识层次、兴趣爱好、作息时间等情况，在此基础上结合自身区域文化资源优势，组织开展艺术类群众文化活动及与体育、教育、卫生、普法等相关联的文化活动，容易吸引当地群众积极参与。

这些活动既有定期组织的群众性文化娱乐活动，如在春节、端午节、中秋节、劳动节、十一国庆节等节日期间举办的社区（村）节庆文化活动，也有长年累月坚持开展的社区（村）阵地文化活动，如扭秧歌、跳交谊舞、读书、看报等，许多群众将社区（村）开展的各类群众文化活动比喻为"文化娱乐穿线，集体活动织网，共建欢乐家园"。社区（村）文化活动中常出现以本社区（村）真人、真事为素材创编的群众文化艺术创作，鲜活的艺术形象和内容也是较容易引起群众关注和共鸣的主要原因。社区（村）群众文化活动在家门口举办，在客观上为群众就近参与活动提供了交通上的便利和地域上的亲切感，能够与亲戚、朋友、同事、邻居等一同参与活动并形成互动，在轻松休闲娱乐的同时达到人与人之间沟通交流、增进感情的目的。社区（村）群众文化活动"灵活机动、小型多样"的特点，保证了活动的普遍性、连续性、丰富性、创新性，让群众有机会随时随地地参与活动、抒发文化情感。

虽然社区（村）文化建设总体上呈现出蓬勃发展的态势，但由于文化资源相对匮乏，使其开展群众文化活动的能力与地位很不相称。主要存在的制约因素：一是部分领导干部对社区（村）文化建设的重要性认识不足，相当一部分社区（村）的群众、驻地单位对社区（村）文化建设的内涵和功能缺乏认识；二是社区（村）文化建设机制需要进行改革，如活动经费的保障机制、社区（村）单位共建机制、活动管理组织机制、活动评估激励机制等都应适应文化建设的需要；三是社区（村）文化设施建设的普遍水平有待提高，设施建设率与利用率、设施器材设备的现代化率等都不适应群众需求；四是社区（村）文化骨干队伍总体上比较缺乏，社区（村）文化管理员队伍、中青年文艺骨干队伍、文化志愿者队伍、文化艺术辅导教师队伍等都亟待培育和加强。

（二）社区（村）群众文化活动的管理

1.明确责任主体

县（市、区）和街道（乡镇）政府是开展社区（村）群众文化活动的责任主体。社区（村）群众文化活动属于基层公共文化建设和导向性文化宣传的重要组成部分，因此基层政府在对其管理上处于主导和优势地位。对社区（村）群众文化活动的管理，应形成县（市、区）文化局、街道（乡镇）文化科（室）指导支持，文化馆、综合文化站辅导帮助，社区（村）村委会、文化室负责组织实施的活动管理机制。

2.明确主管人

在社区（村）的居（村）委会内，宜设定一名主管群众文化工作的领导成员。居（村）委会作为政府指导下依法办理群众自己事情的社会基层自治管理组织，应根据有关法规担负起发展辖区公益文化的职责，并本着高度重视和主动维护辖区群众基本文化权益的态度，指派热爱文化事业、有基层文化管理能力的领导成员负责群众文化工作，组织开展好本社区（村）的群众文化活动。

3.建立协调组织

即联合地域文化、体育、精神文明建设等相关部门，建立社区（村）群众文化活动协调组织。社区（村）文化活动内容广泛、形式多样，涉及辖区内人们的信仰、价值观，行为规范、历史传统、风俗习惯、生活方式、地方语言和一些特定象征的内容等，并且许多社区（村）中的文化管理人员、文化活动设施都担负着开展文化活动、体育活动、团体活动、精神文明创建活动等一体化的工作任务。因此，建立相关的协调组织，多部门一起齐抓共管，有利于节约人力、财力和物力，也有助于扩大文化活动规模、丰富文化活动内涵。

4.调动社区（村）资源

即充分挖掘社区（村）内的文化资源，为社区（村）群众文化活动提供服务。这些资源主要包括：社区（村）周边的企事业单位、学校以及社区（村）家庭的活动场所资源，文化艺术产品资源，各类文化艺术人才资源等。调动社区（村）丰富的社会资源参与群众文化活动，是在辖区内形成文化共建、文化共享、文化共荣良好局面的基础。重点加强政府引导下的文化共建激励措施、组织保障措施的建设，不仅有利于形成高水平开展社区（村）文化活动的长效管理机制，也能为辖区单位的文化建设增添新的内容，符合辖区单位科学发展的长远利益。

5.建立援助机制

各级政府、社会各界应帮助社区（村）建立群众文化活动的援助机制。县（市、区）文化馆、乡镇（街道）综合文化站要加强对社区（村）群众文化活动的指导和帮助。县（市、区）、乡镇（街道）级文化部门要分别整合两级区域文化资源，提升社区（村）群众文化活动水平。组织家住社区或农村在外工作的知名人士、企业家或团体，参与社区（村）的群众文化活动。以个人或组织的知名度带动外界文化资源的引进，推动辖区文化活动的活跃开展，逐步彰显地区文化活动的风采。

6.发展特色品牌

即大力发展"一社区一品"、"一村一品"的特色群众文化活动。注重传承和保护民俗生态文化，加大对优秀民间文化资源的发掘、整理和保护，积极培育具有当地文化特色的项目。以文化活动为抓手，联结和整合辖区内不同类型的文化资源和同类型的上、下游资源，以举办品牌活动的手段，实现全方位推动社区（村）文化活动的目的。

7.改善活动设施

即依托社区（村）综合文化室，加强对社区（村）级文化设施的整合。积极争取上级有关部门的支持，不断增加和改善开展群众文化活动所需的场地、设施和设备。逐步建立和完善有专人管理的社区（村）群众文化组织队伍，统筹属地内的文化活动设施和文化活动设备，提高使用效率。因地制宜地完善活动设施建设、维护、升级制度，保证活动设施稳定持久地发挥其文化服务功能。

二、广场（公园）群众文化活动

（一）广场（公园）是开展群众文化活动的重要载体

广场（公园）是覆盖城乡的公共文化空间，它为群众交流思想、联络感情、强身健体、娱乐休闲、展示才能、切磋技艺等提供了良好的文化环境，是开展露天性群众文化活动的理想场所。文艺表演类活动、休闲健身类活动、主题展览类活动、民间收藏活动、文学美术创作类活动及文化市集类活动等，都是广场（公园）群众文化活动的主要形态。

广场（公园）群众文化活动总体上包括两种类型：一类是城乡居民自发组织的、以广场（公园）公共活动场地为基本阵地所进行的群众文化活动；另一类是由有关部门和单位在广场（公园）开展的、有组织的群众文化活动，如广场文艺演出、比赛，公园的游园、灯会、庙会等。这些活动有效地调动了群众的文化热情、从不同层面上满足了群众多元化的文化心理需要，实现了群众业余文化需求个性化与共性化的统一、随机性与导向性的统一、专业文艺活动与群众业余文艺活动的统一，使广场（公园）群众文化活动呈现出雅俗共赏、兼容并蓄的景象。

广场（公园）群众文化活动具有多重功能。一是作为面向群众开展宣传思想教育的重要阵地，广场（公园）活动让群众在身心娱乐之际，自觉地领会、宣传和贯彻国家政府的各项方针政策，在潜移默化中推动核心价值体系建设和公民思想道德建设；二是作为群众休闲娱乐、交流沟通的舞台，广场（公园）活动荟萃了社区（村）文化、校园文化、军营文化、企业文化、机关文化等，让人们有机会在自由接受艺术熏陶、展示艺术才能、提高艺术素养的同时沟通感情、凝聚心智；三是广场（公园）活动是塑造地区文化形象、保障群众基本文化权益的举措，对于加快推动公共文化服务体系建设、提高政府基层文化工作能力、改善服务质量起着重要作用。

（二）广场（公园）自发群众文化活动的特点

1.群众自发开展，自然形成

广场（公园）自发的群众文化活动一般以群体为组织形式，以单一性的文化娱乐活动为内容，组织者多为有一定号召力并热心群众文化活动的文艺骨干。在广场（公园）有着共同兴趣的文艺爱好者具有彼此切磋提高技艺、互相展示欣赏的文艺需求，经过较长时间的共同活动和人员聚集，而自然形成了群众业余文艺组织。其中那些组织能力强、文艺技能水平高的人员从中发挥了协调组织、指导服务的重要作用。有的群众业余文艺组织由组织者按照约定标准收取一定的费用，但大多用于团队活动的一般性支出，包括聘请教师、购置设备等。

2.活动的组织者、活动骨干、地点、时间相对固定，活动规律呈日常化

广场（公园）群众业余文艺团队的组织者和文艺骨干，由于坚持为组织成员提供热心周到的服务和耐心规范的辅导，得到大家的认可和肯定，在团队中树立起了威信，成为带领文艺团队长期开展活动的领导者，也使这些团队在一定时间内具有较强的凝聚力和稳定性。参与团队活动的成员一般多是居住在广场（公园）附近的群众，他们基本相同的生活作息时间与松散的团队活动纪律要求结合起来，形成了定时、定点、定内容的日常活动规律。

3.自我组织、自我管理，但没有明确的组织章程和组织形式

在广场（公园）参与自发性群众文化活动的文艺团队，一般是某一门类文艺爱好者出于强身健体、休闲娱乐、联络感情的需要而共同设立的，活动目的比较单一。团队成员大多来去自由，且一般不受团队其他成员的约束，团队主要依靠文艺骨干的号召和成员之间的诚信关系实行松散的自我组织、自我管理。大多数广场（公园）的群众文艺团队既未在民政部门办理过社团登记手续，也未在本地区街道、乡镇备案，属于非正规的群众文艺组织，因此没有明确的组织章程和组织形式。

4.自然有序、受众面广，是广场（公园）最普遍、最活跃的活动

在广场（公园）自发举办的群众文化活动性质决定了参与活动的群众都是自觉自愿的，很少存在指派人员强制参与或群众被动参与的情况；同时，自发举办的群众文化活动对于愿意参与其中的群众不设条件限制，并且符合绝大多数人的文化娱乐需求和意愿，这使得参与活动的群众范围不断扩大、人员不断更新，呈现出自然有序、受众面广、普遍、活跃的特征。

（三）广场（公园）自发群众文化活动的管理原则

1.切忌生硬介入，过多干涉

在广场（公园）自发举办的群众文化活动一般有着比较坚实的群众基础，反映了当地部分群众的文化审美取向，体现了比较一致的文化需求。对于此类活动只要主题格调健康、积极，同时对他人或对环境不造成影响，群众文化管理者就要尊重群众的文化意愿，防止生硬介入、过多干涉所引起的不必要的矛盾和纷争。

2.调查研究，建立沟通渠道

要加强在广场（公园）自发举办群众文化活动的调查研究工作，对活动内容、活动形式、活动时间、活动地点、活动经费、参加人员、组织方式、群众文艺创作等方面进行系统的调研，并及时总结、推广活动的成功经验，加强与活动组织者的沟通，用群众易于接受的方式给予适度的指导，引导活动高水平健康开展。

3.发现群众文化骨干，将其纳入群众文化骨干管理范围

在广场（公园）自发举办的群众文化活动中涌现出的文化骨干，一般都是具有较高综合素质或突出文艺专长的人员，并且在群体中得到了多数人员的拥护和肯定，具有较高的威信和号召力。对于这类群众文化骨干人才，要及时将他们纳入群众文化骨干的管理范围，有针对性地加大培训力度，通过以培养骨干促活动的方式，提高自发性群众文化活动的水平。

4.发现和扶持优秀群众文艺团队

对于在自发性群众文化活动中发现的优秀群众文艺团队要加大帮扶力度，一方面要帮助其规范自身的组织结构及管理机制建设、培养团队管理者、在经费和设备上给予支持；另一方面要帮助其健全组织、开阔眼界，加强业务辅导、培育文艺骨干、提供参与相应比赛的机会，并将其纳入业余文艺团队管理范围，使其逐步走向规范化、正规化。

5.发挥广场（公园）群众文化资源的效力

调动广场（公园）自发群众文化活动中表现优秀的文艺团队的积极性，发挥和利用这些团队的优势和特长，组织他们参与社区（村）的群众文化活动，并促进其与辖区内其他文艺团队的沟通与交流，引导他们由以满足个人文化需求为中心的活动理念向展示有特色的地区文化风采的活动理念方向转变，由自娱自乐的活动方式向参与社区（村）文化共建、共享的活动方式转变，以此促进区域文化资源的整合。由有关部门和单位在广场（公园）开展的有组织的群众文化活动，应根据地区群众的需要、地方政府年度文化宣传工作的安排，结合广场（公园）的建筑设备情况有序开展，并积极发挥示范、引领作用，引导广场（公园）自发群众文化活动健康地发展。

三、家庭群众文化活动

家庭群众文化活动的管理一般应遵循的原则和办法是：

（一）尊重历史文化传统和群众意愿

家庭群众文化活动是以家庭为基本载体，成员间根据个人的兴趣爱好、审美取向、文艺特长共同组织开展的创办于家庭、服务于家庭的群众性休闲娱乐活动与文化教育活动。组织开展家庭群众文化活动，要尊重历史文化传统和活动规律，尊重群众意愿，活动方式能够适合以家庭为单位进行或适合家庭成员集体参与，注重引导家庭群众文化活动健康发展。

在举办家庭文化活动时，既要保持尊老爱幼、勤俭节约、助人为乐等中国家庭的传统文化美德，又要尊重家庭成员和周围街坊邻居等与家庭相关人群的意见和建议。一方面要启迪文化活动思路，努力营造和谐的文化氛围；另一方面要告知他人，争取别人的支持和理解，不妨碍他人的日常生活。开展活动的形式和内容要符合家庭的实际情况，应多举办如书法、绘画、音乐、摄影、舞蹈、文学创作、手工艺制作、影视欣赏和评论、棋牌等家庭成员易参与、互动性强、对空间需求有弹性的文化活动。各种家庭文化活动都应积极传播核心价值观、践行"八荣八耻荣辱观"，在文明、祥和的文化艺术氛围中融洽家庭成员间的感情，提高家庭的凝聚力。

（二）融入区域文化建设规划

家庭群众文化活动是群众文化活动的有机组成。家庭群众文化活动应当纳入地域文化建设的整体规划，并应与社区（村）群众文化活动共同规划，形成互动和互补。

家庭群众文化活动既有其独特的文化魅力，也是构成各类群众文化活动的基本组成要素。几乎每个群众文化活动参与者的背后都有来自家庭的支持和鼓励，大部分文艺骨干在成长中都得到过家庭的艺术引导或熏陶，家庭文化活动作为社区（村）文化的细胞，在细微处体现和展示着不同地域的文化内涵。群众文艺骨干的培养、群众文化特色的彰显、群众文化活动的参与、群众文化创新力量的激发，都离不开家庭群众文化活动高水平地开展。

在地区文化建设规划中，不仅要对开展标志性、主题性的群众文化活动提出发展思路，而且要把家庭文化活动当做保证各项优秀基层文化活动可持续开展的基石，对其进行认真的研究和规划。做好家庭文化活动规划，要从地区文化建设的总体目标入手，结合不同家庭文化活动开展的实际情况，从活动特点、参与活动的成员、家庭文化氛围的营造、政府拟定的扶持措施等方面综合考虑，统筹做好相关规划的酝酿、制定工作。

（三）搭建家庭群众文化活动平台

以演出、展示、交流、比赛等各种形式搭建家庭群众文化活动平台。家庭群众文化活动不只是在一个家庭内部成员之中开展文化活动，更多的是要在不同家庭成员之间开展共同参与、互相切磋、同台竞技的文化活动。举办多种形式的家庭群众文化活动是提高家庭文化活动水平、发现群众文艺人才、丰富地区文化内容、展示群众精神风貌、倡导健康文明生活方式的需要。地域政府及文化部门要努力发挥家庭群众文化活动中所突出的充满人类高尚亲情与爱情的文化感召力的作用，将搭建家庭群众文化活动平台作为建设地区基层文化阵地的重要内容，落实推动家庭文化活动"自我参与、自我发现、自我欣赏、自我发展"的工作措施。

在家庭群众文化活动中应注重发挥当地妇女联合会（以下简称"妇联"）的组织协调作用。

多渠道搭建家庭群众文化活动平台，充分发挥其多层面的社会文化价值。例如精神文明建设、文化宣传、人员学习、司法普及、体育健身、卫生保健、计划生育、校外教育、公益慈善等主题工作，都能够通过不同的活动内容和形式与家庭群众文化活动相结合。各地区的妇联组织在推动和谐家庭文化建设方面具有丰富的经验，他们组织开展的相当一部分家庭文化活动已具有地区文化品牌效应，因此文化部门要加强与当地妇联的合作，共同搭建起广阔的家庭文化活动舞台。

（四）培育和发展文化户

培育和发展具有特色的文化户（文化家庭），在家庭群众文化建设中具有重要作用。培育和发展文化户（文化家庭）重点应做好三个方面的工作：一是抓好文化户（文化家庭）的基本硬件条件建设。作为文化户要遵纪守法、操守社会公德、热爱公益事业、邻里关系良好、知书达理、愿意为群众服务；家庭成员要有一定的文化艺术特长和修养，能继承中国家庭的优良传统文化；家庭主要成员应长期居住在本地，家庭居室环境整洁，具有一定的接待能力；能够积极主动地参加文化部门、街道（乡镇）及社区（村）组织的各类文化艺术活动；有条件的应能完成上级布置的宣传任务，乐于配合媒体的采访。二是帮助文化户（文化家庭）达到文化部门或街道（乡镇）制定的有关艺术水准的量化标准，例如，对本地区的文艺展演类特色家庭可以提出"家庭成员中有 X 人以上具备舞蹈、音乐、戏曲、曲艺等艺术门类的展演才能，有一定的表演水平；展演节目的内容比较丰富，应达到 X 个以上，既有传统的，也应有自创的；具有演出所需的简单服装、道具和相应的化妆能力；具有组织小型群众文化活动，辅导小型群众业余文艺演出团队的能力等"。三是抓好文化户（文化家庭）的日常管理。管理部门要经常关心文化户的活动情况，对于遇到的困难和问题应提供必要的帮助，对文化户开展的文化艺术活动应给予必要的辅导，搭建平台给予文化户必要的表演展示机会，对成效突出的文化户可按照"家庭自荐、群众推荐、组织公示"的程序给予必要的表彰和资格审核。

（五）提供辅导、指导等各类服务

抓好家庭群众文化活动的管理，还应组织群众文化优势资源，根据需求为家庭群众文化活动提供辅导、指导以及必要的服务。首先，可以通过举办各类讲座、展览、交流、竞赛和参加地区群众文化活动的方式，定期对家庭群众文化活动骨干进行培训，根据活动组织者的要求有侧重地讲授活动组织、文艺技能等方面的知识，提高他们的文化艺术水平和组织活动的能力。其次，要以优秀群众文化工作者和文化志愿者为主体，邀请部分专业艺术人才对家庭群众文化活动骨干进行辅导培训，并积极整合地区工会、共青团、妇联、教育、民政系统及驻地共建单位的相关文化人才资源，对家庭群众文化活动骨干进行业务指导。最后，要利用好图书馆、文化馆、文化站、工人文化宫、青年宫、少年宫、少年之家、社区（村）文化活动中心（文化大院）等公共文化设施资源，为家庭群众文化活动提供服务，各级政府和文化管理部门也可以根据实际情况为骨干文化家庭添购必要的活动器材、学习资料或适当给予补贴、奖励。

第四节 民族民间群众文化活动的管理

一、民族民间群众文化活动的内容、原则和管理

（一）民族民间群众文化活动的内容

以往对民族民间群众文化活动的内容主要界定为：各民族不同信仰、习俗、风情、生产生活习惯的文化活动；各民族群众从事改善聚落区域内生存环境的文化活动；展示各民族繁衍、生存顽强精神的文化活动；各门类民族民间文化艺术活动。在非物质文化遗产保护日益得到国家重视的大环境下，民族民间群众文化活动可更多地围绕民族民间文化遗产的保护工作展开。按照文化部对"民族民间文化遗产保护收集范围"的界定，民族民间群众文化活动可围绕以下五个方面进行。

1.民族民间口头文学传习活动

即各民族群众以口头创作、口耳相传的方式集体修改、加工、流传的，反映各族群众社会生活历史、信仰与情感、审美与艺术情趣的民间文学作品（民间传说、民间故事，民间神话、民间歌谣、长篇叙事诗、史诗以及小戏、说唱文学、谚语、谜语等）的群众文化活动。

2.民族民间传统技艺创作和展示活动

即各民族群众为满足生产生活的需要，利用各种物质材料和技术手段开展的，带有地域文化艺术特征的手工艺类（建筑装饰、剪纸工艺、织染工艺、雕刻工艺、烧造工艺、编扎工艺等）的群众文化活动。

3.民族民间节庆文化活动

各民族群众以传统节庆为载体，并和与节庆相关的农业耕作、民间祭祀、重要人物纪念等习俗相结合，深入挖掘节庆文化内涵，组织开展寓教于乐的群众文化活动。

4.民俗文化活动

各民族群众开展的蕴含每个地区独特的生产生活风俗文化成果与文化传统（如民间服饰等生产民俗、人生礼仪等社会民俗、民间信仰等精神民俗）的群众文化活动。包括城市举办的庙会活动、少数民族地区举办的与民族特色传统相关的歌舞活动等。

5.民族民间艺术活动

历史悠久、广泛流传于各民族各地区民众中间的，内容丰富、形式多样的群众文化活动，包括民族民间音乐活动、美术活动、舞蹈活动、戏曲活动、曲艺活动、木偶、皮影、杂技活动等。这些不同民族、不同地域的群众文化活动是中国先进文化的根基，是展示地区文明的重要标志，凝聚着不同地区人民群众精神创造和劳动智慧的结晶。

（二）民族民间群众文化活动的原则

民族民间群众文化活动需要把握三个原则：民族性原则、传统性原则、政策性原则。

1.民族性原则

民族性既是各民族群众文化活动的主要特征，也是民族民间文化活动管理的第一位原则。民族性是民族群众文化活动管理需要贯彻始终的主题。民族民间群众文化活动中的民族性，主要表现在将一个民族的生活特色、风俗习惯、情感素质、审美方式、思想内容、语言思维等带有独特民族风格、民族气派的精神气质和行为模式艺术化，并充分体现在群众文化活动的内容和形式上。一个地区民间文化活动中的民族性，往往代表着该活动在各地区众多同类活动中的特殊性、品牌性和吸引力。对文化民族性的挖掘深度，很大程度上决定了民族民间群众文化活动的质量和水平。

2.传统性原则

民族民间群众文化活动中的传统性，主要指在民间群众文化活动中，按照一定的规则将民族发展史上所传承的表现优秀民族文化特质和文化风貌的思想文化、观念形态、艺术技能、历史实物等稳定地展示和体现于活动当中。如世代相传的民族文化精神、文化信仰、文化习俗、文化艺术等，在民间群众文化活动中表现出地位的稳定性、内容的地域性形式的融合性、发展的渗透性，将继续留存于现在的活动之中并影响未来的活动。应按照"取其精华，去其糟粕；批判继承，古为今用"的态度，贯彻落实活动的传统性原则。

3.政策性原则

民族民间群众文化活动中的政策性原则，主要指在举办活动的过程中要遵守各项法律法规和各级政府及文化行政部门制定的民族、宗教等相关政策。民族民间群众文化活动常具有鲜明的地域色彩、民族色彩、历史特色和风俗特色。因此在活动中，特别要注意贯彻宣传文化政策，坚持正确的舆论导向；贯彻保障少数民族权益和传统的政策，尊重少数民族的风俗习惯；贯彻国家宗教政策以及涉及国家社会公共安全的政策，坚持移风易俗，确保活动的健康有序。

（三）民族民间群众文化活动的管理

对民族民间群众文化活动的管理需要把握的基本原则是：

1.尊重各民族的不同信仰和习俗习惯

在活动的策划、组织过程中，要充分考虑活动的内容和形式是否与活动举办地各民族的信仰和习俗习惯保持一致。在少数民族地区举办活动时，要提前做好调研和咨询论证工作，避免有违于民族政策和民族传统的事件发生。在活动举办过程中，如与民族传统、风俗习惯产生矛盾时，应及时依靠当地政府部门向民族群众做好沟通和道歉工作，并对活动内容进行整改或停止举办。

2.加强民族团结和国家统一的思想引导

一方面要依法举办活动，在活动中广泛宣传国家的民族团结政策、国家统一政策；另一方面要根据举办活动的目的、参与活动的群体情况，巧妙构思、有计划地安排能够增进民族感情、促进民族团结、有利于宣传维护国家统一的活动内容。

3.立足提高各民族群众的整体文化素质

组织民族民间群众文化活动既要继承和弘扬优秀的民族文化，保持健康有益的风俗习惯，适应当地群众普遍的文化需求，而且要不断与时俱进，将群众能接受的有时代感、有科技含量及其他民族的优秀文化活动内容，充实到原有的活动当中去，立足于逐步提高群众文化活动的档次，逐步提高民族群众的科学文化水平。

4.注意对民族民间文化遗产的发掘与保护

要把民族民间群众文化活动作为促进地区文化遗产传承和展示的有效载体，在加强文化遗产保护宣传的同时，以丰富活动内容、创新活动形式为契机，深入发掘文化遗产的社会价值、经济价值，使其保持历久弥新的文化生命力。

二、民间传统节日群众文化活动的内容、特点和管理

（一）民间传统节日群众文化活动的内容

民间传统节日群众文化活动是中国悠久的历史文化及传统节庆文化的重要组成部分，也是世代相传、不断创新的珍贵的民族精神文化遗产。群众在民间传统节日期间开展的舞蹈、音乐、戏曲、游戏、手工艺制作、美术、书法等民俗文化活动，都展示出每一个传统节日的独特文化魅力和深厚的文化底蕴。丰富的节日群众文化活动内容是各个门类艺术与传统节庆所特有的时令性、农业性、纪念性、宗教性、商贸性、社交性文化的结合。这些活动周而复始地定期举办，在愉悦身心的同时不断强化着人们的节庆文化意识，弘扬了优秀民族文化传统，在身临其境中实现了传递与继承，体现了共同的民族心理和民族性格，增强了民族的凝聚力和感召力。

最有代表性的民间传统节日群众文化活动包括：在春节、元宵节时举行的庙会、灯会等民俗文化活动等；在清明节、端午节、中秋节、重阳节等传统民俗节日举行的传统民俗活动；遵照历史传统并利用节令、节气举行的群众文化活动等。这些节庆文化活动深受百姓喜爱，参与面广泛，流传至今而经久不衰。

（二）民间传统节日群众文化活动的特点

民间传统节日群众文化活动具有鲜明的特点，主要体现在严格的周期性、广泛的群众性、参与的普遍性、鲜明的主题性。

1.严格的周期性

节日活动的周期性主要体现在伴随传统节日每间隔一定时间段的到来，节日群众文化活动就会按照传统程序和规则周而复始地举办。群众通过周期性地参与活动，反复感受基本相同的活动内容与活动形式，对传统节日文化内涵的认识不断深入，文化心理的感受趋于一致。

2.广泛的群众性

节日活动的群众性主要体现在每一个传统节日都表达了一个或若干个民族群众在思想精神领域某些方面的共同文化愿景。各民族群众在节日期间自觉参与文化活动，将自己对节日文化的认同充分表达出来，把文化活动作为每个群众感受和认识节日文化精神与体验和分享节日文化成果的媒介和载体。

3.参与的普遍性

节日活动的普遍性主要体现在各地区传统节日活动普遍开展、活动总体规模较大，这得益于对民族有认同感并乐于体验节日文化人群的广泛分布，有时甚至跨越了民族和国界；同时，社会各行各业根据自身的文化需求、经济需求参与到各项节日文化活动中去，让活动表现出更加社会化、普遍性的特征。

4.鲜明的主题性

节日活动的主题性主要体现在不同传统节日的文化活动中，因为承载了独特的节日文化内涵表现出与众不同的活动主题。节日活动的主题与宗教信仰、农业耕作、时令节气、健康辟邪、纪念祖先和英雄等有关，并通过活动内容和活动形式进行具体的诠释，也由此显示出节日文化活动主题的丰富性。

（三）民间传统节日群众文化活动的管理

民间传统节日群众文化活动管理的原则主要体现为：组织管理是关键，活动管理是主体，安全管理是保障。民间传统节日群众文化活动管理的方法是：将活动安全管理置于第一的位置；尊重历史文化传统、民族民间习俗和活动自身规范；尊重人民群众的意愿和需求，并引导活动健康发展；提供完善到位的服务。可总结概括为：尊重历史传统、尊重民族习俗、遵守活动规律、尊重群众意愿、重视活动安全。

一些群众文化工作者经常将注意力集中在具体活动内容、具体活动形式的组织安排上，反而忽视了对决定和指导活动方向、内容、形式的管理原则和管理方法的考量，造成活动在实际举办过程中出现宣传有偏差、组织不周密、安保措施不完善等问题。因此，活动组织者在策划、开展传统节日文化活动时要坚持微观管理与宏观管理相结合的方法才能做到活动导向正确、活动安全稳妥、活动创意新颖、活动内容丰富、活动形式多样、活动程序清晰。

第五节 对外群众文化活动的管理

一、对外群众文化活动管理的意义

1.加强对外群众文化活动管理，有助于促进中国群众文化与国际间的友好交流和融合

随着我国改革开放的深入、社会文明程度的进步，以及群众文化活动水平和规模的不断提高，群众文化活动的内容也越来越丰富，在满足国内广大群众基本文化需求的同时，焕发出勃勃生机。群众文化活动发展的趋势表明，加强对外群众文化活动管理，有利于文化活动自身又好又快地发展；有利于以群众文化活动为纽带，推动优秀民族文化"走出去"；有利于其发挥群众文化活动的社会性、民族性的文化优势，担当起促进中国与国际间多元化民间文化交流的光荣使命。

2.加强对外群众文化活动管理，有助于对外展示和宣传中国悠久的传统文化和浓郁的民俗风情

我国是世界四大文明古国之一，中华文化绵延至今，表现出强大的生命力。我国群众文化的发展历史、本质特征和其所具有的精神调剂、宣传教化、普及知识、团结凝聚的社会功能，决定了群众文化传承博大精深的中华文化的能力和责任。群众文化活动遍布全国 34 个省级行政区和 56 个民族之中，活动与各地群众的生产生活密切联系，一年四季不断线，内容及特色各不相同。群众文化活动体现了我国民间丰富的地域化、民族化、习俗化、传统化、多元化的文化风采。配合文化外交的需要，进一步加强群众文化活动涉外管理，有助于更加科学地利用这一对外平台，形象、生动地宣传中国多样性的传统文化。

3.加强对外群众文化活动管理，有助于中国群众文化与各国民间文化的相互借鉴和共同进步

自改革开放以来，群众文化活动参与对外文化交流的机会日益增多。尽管中国与世界各国的国情不同，在经济发展、政治体制、历史文化及社会形态等方面存在较大的差异，但是各国、各地区在文化建设的相关领域都有许多优秀的经验和成果，值得学习和借鉴。俗话说："他山之石，可以攻玉"，实事求是地借鉴世界各国不同民间文化的长处，吸取他们的教训，是促进我国群众文化活动又好又快发展的捷径。同时，通过加强

管理还可以在文化交流中塑造更有中国特色的群众文化活动形象，有力地提高对外文化的输出能力，广泛传播中华文化，促进世界各国民间文化、群众文化的共同进步。

4.加强对外群众文化活动管理，有助于我国专业文化和文化创意产业的发展和提高

群众文化活动属于人们生活中不可或缺的寓教于乐的业余文化活动，具有受众面广泛、通俗易参与、老少皆宜、文化传播能力强的特征，对外文化交流中对境外参与者没有或较少有艺术门槛的限制。这就可以较容易地形成活动互动，让更多的人感受中国文化的魅力，为引导和培养境外人群带着兴趣自觉地了解和参与我国专业文化和文化创意产业打下一定的基础。群众文化活动在对外文化交流中，有机会广泛地了解各地的风土人情、文化市场发展情况，能为专业文化和文化创意产业建设提供有价值的市场信息；同时在交流活动中，还可以为其培养一大批有对外文化交流经验的管理型、业务型的后备人才。

二、对外群众文化活动的内容

1.出访型的对外群众文化活动

出访型的对外群众文化活动是指应外国（或地区）的友好邀请，组织团队或人员到邀请国（或地区）所进行的群众文化交流活动。出访型活动在出访前要在认真领会上级部门部署的关于本次出访活动的意图及访问地的国情、民间风俗、邀请安排的基础上，制定周密详细的活动计划和团队后勤、内保方案；在出访过程中，要认真落实活动计划，如遇到一般性的意外情况要与接待方平等、友好协商，对于重大问题要及时请示上级领导，必要时应联系我国驻外使领馆以便获得帮助；在出访结束后，要认真做好活动的总结、归档、成果展示等工作。

2.接待型的对外群众文化活动

接待型的对外群众文化活动是指根据上级外事部门的安排或有关部门的批准，组织团队或人员接待来访的外国（或境外地区）群众文化团队（或个人）所进行的群众文化交流活动。含两国之间的双边文化交流和多国之间的多边文化交流。接待型群众文化活动通俗地讲，就是在群众文化活动领域里，以主人的身份在国内接待来访的客人。为此，除了协助客方团队办好入境的手续外，在接待前需要重点核实客方的活动计划是否与实际活动安排相符，活动内容的政治性、思想性、社会性和艺术性是否为主办方认可或是否与要求相符。在接待过程中，要在重点保证对方活动安全的前提下，一方面为他们提供食、住、行、向导、翻译等方面的服务，尽量满足对方提出的合理要求；另一方面要做好活动现场的组织、交流、观摩、宣传等工作。

交流活动结束后，要重点总结对方的优秀经验，以利于我们及时消化、吸收，提高

自身的活动质量。

3.合作型的对外群众文化活动

合作型的对外群众文化活动是指经上级外事部门批准，与外国（或地区）相关部门或机构以合作的方式共同开展或举办的群众文化交流活动。具体包括工作访问、考察、讲学、演出、展览展示、会议、比赛等类型。合作型对外文化活动要在遵守我国的相关法律、法规和外事纪律的前提下，遵循活动的平等互利原则和文化资源优化原则。平等互利原则，强调的是中、外文化活动交流单位在合作地位与合作关系上的平等；在满足文化需求、获取文化权益与经济权益方面的互利。文化资源优化的原则强调在合作型活动当中，参与交流各方的文化资源都应既是本国优秀文化的代表，又有鲜明的地域特色、民族特色，能够围绕共同确定的活动主题进行广泛的交流、展示，在表现多元文化魅力的同时，能够在某些领域达成文化认知的共识，共同保障活动的水平和质量。

三、对外群众文化活动管理的原则

1.规定性原则

对外群众文化活动要遵守我国的法律、法规和对外政策。文化部作为全国对外文化艺术表演及展览活动的最高归口管理政府部门，出台了《文化部涉外文化艺术表演及展览管理规定》，其中对"我国与外国政府间文化协定和合作文件确定的文化艺术表演及展览，我国与外国通过民间渠道开展的非商业性文化艺术表演及展览"等，包括对外群众文化活动在内的主要文化交流活动形式从"组织者的资格认定、派出和引进项目的内容、项目的审批程序和罚则"等方面，都作出了明确的管理规定。同时，活动组织者还必须依法接受与对外文化交流活动有密切管理关系的公安、财政、海关、工商行政管理、税务、物价、卫生、检疫、审计及其他有关部门的管理、监督和检查。此外，出访的群众文化艺术团队在境外开展文化交流活动时，要注意遵守所在国或地区的有关法律法规。

2.互利性原则

对外群众文化活动的互利性指本着增进友谊、增强交往、促进合作的精神，使参与对外群众文化活动的各方从中得到文化享受。互利性首先强调的是参与对外群众文化交流活动各方的文化地位、文化关系必须平等，应在不损害他方利益的前提下，平衡各方的需求，获得自己的利益。其次是要以互敬、互谅、互让的态度，以多赢、共赢为方向，以求同存异的方式寻找各方文化权益的交汇点统筹协调，达到兼顾各方文化权益的目的；只有参与交流活动的各方都获得各自认同并均等化的文化权益，互利性原则才能继续生根发芽、扩大影响，促进群众文化交流活动的繁荣兴盛。最后是要讲究实事求是、以人为本，不能搞绝对的均等化；西方文化依靠强大的经济、科技、管理成果做支撑，在群众文化交流活动中常处于强势文化传播地位，第三世界国家则因为经济和科技相对落后处于文化传播的弱势地位；因此，执行互利性原则不能"一刀切"、认同貌似的平等，要视参与交流对象的情况，实事求是地提出互利性要求。

3.艺术性原则

对外群众文化活动的艺术性原则旨在提高活动的质量和水准。各艺术门类的对外文化交流活动所体现的艺术表现性有较大差异。但总体上说，各种对外文化活动的艺术性都应遵循"百花齐放、百家争鸣"的文化工作方针。活动主题、活动内容、活动形式等要和谐，要在实现艺术水准的雅俗共赏与思想导向的积极向上方面形成统一。活动要具有以反映主办者文化为主、承办者及协办者文化要素都有的多元化艺术特征，在活动中要重点展示参与交流各方多元艺术的民族性和多元艺术的独创性。参与对外群众文化活动的受众所感受到的艺术性，来自他们参与活动时发现和体验到的艺术价值，即通过活动的艺术化主题、艺术化展示、艺术化装饰环境、艺术化活动环节等内容，在活动的策划者、组织者、表演者、参与者之间达到情感交流与共鸣的目的。

四、对外群众文化活动管理的特点

1.注重各国群众文艺爱好者的友好交往

群众文艺爱好者在对外文化交流活动中，用"以文会友"的方式拉近了因经济条件不同、社会制度不同、历史文化传统不同、地理环境不同等客观原因导致的彼此间的距离，在增进了个人间、团队间友谊的同时促进了不同意识形态社会间的相互理解，增进了我国与境外国家或地区的文化互信。对于起源于境外地区的文化艺术门类（如西洋乐器演奏等），通过组织文化交流活动，不仅有机会获得原汁原味的艺术交流与辅导的机会，而且可以把赋予了中国元素的境外艺术传播出去，更容易获得有关国家主流社会的认同和肯定。

2.强调对国家法律、法规和外交政策的贯彻执行

我国的对外群众文化活动是传播有中国特色先进文化的载体。它是在国家的领导下弘扬优秀民族文化、传承悠久中华文明、开展文化外交、展示改革开放成就的重要对外文化宣传窗口。因此，相关对外文化交流活动的组织工作必须规范、严密，有法可依；同时，遵守我国法律、法规和外交政策也是精心策划、顺利组织对外群众文化交流活动的基本保障。在境外举办活动时要注意既要遵守当地的法律法规，也要遵守我国的法律、法规和外交政策，不做有损国格、人格的事情。另外，活动组织者要逐步树立文化外交意识，将活动作为积极宣传我国法律、法规特别是外交政策的文化载体。

3.侧重对各国民族民间文化传统和民俗风情的展示

办好对外群众文化活动的亮点是集中力量展示各国民族民间文化传统和民俗风情。各国的文化传统和民俗风情代表了各国绝大部分人群共有的文化认同感和文化审美观，对它们进行集中展示既能得到有关各国政府的支持，也能为活动的成功组织打下扎实、广泛的群众基础。各国文化传统和民俗风情多样性、独特性的风采展示为活动增添了艺术魅力，有助于吸引社会媒体的关注，扩大活动影响。另外，对外群众文化活动对各国文化传统和民俗风情差异性的充分展示，也将会极大地调动世界各国的热情，为各国文化产业的发展提供新的机遇。

4.保障对外群众文化活动中的安全

保障对外群众文化活动中的安全，是指要做好与活动有关的生产安全、治安安全和文化输出安全。首先，要在活动的组织过程中做好人员及货物运输、舞台灯光搭建、现场环境布置、观众组织、消防、急救等安全保障工作；其次，要保证活动的治安安全，加强与活动举办地政府和警方的合作，采取周密的安保措施防止游行、示威、反恐、反邪教等事件对活动造成的治安破坏；最后，在文化交流活动中要做好中国及东方文化的输出安全工作，面对西方文化的强势宣传，要尽可能地运用科学技术手段，提高中国及第三世界国家面向全球输出文化的传播能力，努力平衡西方文化的传播力度，维护世界多元文化共存的生态格局。

五、对外群众文化活动管理的程序

1.合理选定交流项目

要根据政治、外交、经济、文化的需要，结合本地区文化资源的实际情况和对外文化交流专项经费的情况，有目的地选择交流项目，这是涉外群众文化活动管理的关键步骤；在确定了活动的意向和初步计划后，应与外方及时进行较全面的非正式磋商，但不得做出实质性承诺；根据磋商结果和主管部门的意见，在对活动计划做进一步完善后要逐级向归口管理部门申报、审批；在交流项目获得批准后，交流单位与境外活动交流机构可以签署对外群众文化活动意向书和合同草案。

2.按规定办理报批手续

对外群众文化交流活动确定后，要严格按照国家的规定办理归口报批手续；要按照文化部及各省（自治区、直辖市）文化厅（局）分级负责、归口管理的原则，履行项目审批手续。文化部通过政策指导、信息服务、总量控制、艺术品种分类管理、项目审批备案制度以及巡察监督制度和违纪处罚制度等手段，对外群众文化活动实施归口管理。各级主管、审核、审批部门负责、履行本地区归口管理和审批职责；活动组织单位要就项目的人员组成、访问目的、节目或展览内容、邀请单位的资信情况、接待标准、报酬、承办单位及场地条件等情况，如实全面地向归口管理部门进行资料申报。

3.办理进出境和通关手续

对外群众文化活动组织单位在接到归口管理部门的正式批准通知后，应持批准文件到本省（区、市）人民政府外事办公室申请办理出国护照签证和其他证件手续。出访团体为开展文化交流活动所携带出境的服装、乐器、展品、道具等必备物品须向海关申报，随团出境人员的私人物品不得与团队的公共物品混淆在一起申报。来华参与对外群众文化交流的境外团体出入我国海关前，活动主管部门或活动主办单位应提前将有关事项通知海关和出入境管理部门，以便协助其依法且快捷地办理出入境手续。

4.做好出境或接待活动的安排和实施

出访团体在出国前要精心挑选人员，既要有艺术水平高、表演能力强的群众文艺骨干，也要有政治性强、有文化管理经验的领队和服务人员；同时要认真准备参与交流的文艺节目和作品，安排好出国前的设备运输工作。在国外交流期间，出访团体要将弘扬优秀民族文化、增进中外友谊、遵守外事纪律放在活动首位。对于入境交流的国外艺术团体，要夯实交流安排，提前了解他们的生活习惯，全程做好接待服务和参观交流工作。无论是对我方出访人员还是接待人员，都要做好外事纪律与安全保密教育工作。

5.做好交流活动后的总结和资料存档

对外群众文化交流活动结束后，活动主要组织单位要领头负责活动的总结工作。如安排专人撰写总结报告（或考察报告、个人感受）、召开总结会（或交流座谈会）、收集整理相关资料并存档等。对交流活动中我方及外方的好经验、好做法要认真分析、总结规律，对活动中的问题、教训要及时吸取，提出整改意见。对在交流活动中表现好的人员要给予表彰，对违反纪律、行为不当的人员要视情节轻重给予必要的批评或处分。同时，要重视活动的资料存档工作，把宣传的现实性意义与历史性意义结合起来，把相关电子数码资料保存与重要实物保存、手写资料保存结合起来，做到相关存档资料完整和丰富。

第三章　群众文化活动的组织策划

群众文化活动是提升群众文化质量、促进民族文化发展的重要途径，随着社会的不断发展，群众文化必须要与当前群众文化相互适应，利用足够的创新与系统的策划为主要的后盾。本章将探讨新时期基层群众文化活动的主要类型，对群众文化进行组织与策划。

第一节 群众戏剧活动的策划与组织

戏剧，是人类创造的最古老的艺术之一，迄今已有两千多年的历史，也是当前非常受人民群众喜欢的一项文化艺术活动。要组织好群众戏剧活动，首先要弄清楚什么是戏剧？

一、什么是戏剧

1.戏剧的定义

戏剧，是一种综合性的舞台艺术。是把文学、表演、绘画，雕塑、音乐、舞蹈等多种艺术综合成为一种独立的艺术样式，并通过表演完成的综合艺术。戏剧的构成有以下4个因素：编剧艺术，导演艺术、表演艺术，舞台美术。由于它是以塑造舞台形象为目的并通过舞台演出，故又叫舞台艺术和表演艺术。

2.戏剧的体系

世界上有三大古老的戏剧体系：

一是古希腊体系，于公元前 6 世纪，在一年一度酒神节基础上产生的。那时，人们祭祀酒神，唱赞美歌，从有歌队的问答开始，把酒神精神和日神精神相结合发展起来的。具有代表性的是《被缚的普罗米修斯》《被释放的普罗米修斯》《带火的普罗米修斯》三部曲。

二是印度的梵剧，产生于公元前 s 世纪开始的古典梵语时期，公元前 2~3 世纪，印度普通社会中有一种表演神事的赛会，其形式是歌舞与宗教仪式的混合。相传梵剧的创始人叫"婆罗吒"，这名字就有歌者和舞者的意思。梵剧的渊源出于歌舞，最早的梵剧是"从颂神的歌曲和拟神的行为发展而来的"，如以描写宫廷生活为中心的《摩罗维迦》，在传说故事中融入新意的《沙恭达罗》，是诗剧，剧作家是迦梨陀娑。

三是中国戏曲。从先秦歌舞开始经历长时间到 12 世纪形成，历尽 800 多年的磨难，积累了 5 万多个剧目、366 个剧种，涌现了无数卓绝伟大的戏剧艺术家，《西厢记》被列为世界三大古典名剧，关汉卿被列为世界文化名人。中国戏曲的审美特征，其表演手法体现了中国文化精神，体现了先秦的理性，汉赋的气魄，盛唐的韵味，宋元的市井，明清的情缘。现在，古希腊戏剧和古印度的梵剧都已经退出舞台，唯独中国戏曲仍活跃在舞台。

3.戏剧的形态

古希腊，一般将艺术分为五类，即音乐，绘画、雕塑、建筑与诗，戏剧被划归诗的范畴。实际上，戏剧兼备诗（文学）、音乐。绘画、雕塑、建筑以及舞蹈等多种艺术成分，实属一种"综合艺术"。作为综合艺术，戏剧融化了多种艺术的表现手段，它们在综合体中外在的表现是：文学主要指剧本。造型艺术一主要指布景、灯光、道具、服装、化妆。音乐一主要指戏剧演出中的音响、插曲、配乐等，在戏曲，歌剧中，包含着曲调，演唱等。舞蹈一主要指舞剧、戏曲艺术中包含的舞蹈成分，在话剧中转化为演员的表演艺术，即动作艺术。

4.戏剧的本质

戏剧的本质是演员扮演人物讲述故事。

一是通过演员的舞台表演动作塑造人物形象来表现现实生活-已经提炼加工的生活。

二是表现矛盾的人物关系之中来寻求人类命运的本质所在。其中的冲突，不外乎是人与人之间、人与自然之间、人与社会之间、人与自身之间的矛盾冲突。

5.戏剧的分类

（1）从艺术表现形式可以分为话剧，戏曲，歌剧等。

话剧是用对话和动作来表演的戏剧。话剧的特点是以对话为主要表现手段。话剧的对话必须是规范化的文学语言，要通俗易懂，便于观众接受，适于反映生活。戏曲是我国传统的戏剧形式，包括昆剧、京剧和各种地方戏，以歌唱、舞蹈和程式化为主要表演手段。

中国戏曲在现代，它是中国各民族各时代的传统戏剧样式的通称和总称。戏曲具有综合性的艺术特征，集诗、歌、舞为一体的，其表演艺术综合了唱、念、做、打；戏曲具有虚拟性的艺术特征，传统的舞台上空无一物却能表现千军万马，通过演员唱词念白和虚拟的动作即能转化时空；戏曲具有程式性的艺术特征，从表演的手，眼，身，法，步，剧本结构、音乐设计，服饰打扮等都具有一定的程式。

歌剧是一种声乐和器乐综合而成的戏剧形式，所以也称歌剧为乐剧。有的歌剧只有歌唱，没有独白和对话，有的则是三者兼而有之。歌剧的唱词和音乐十分重要，歌词的语言应是诗的语言。舞剧是把舞蹈、音乐和戏剧结合在一起的戏剧艺术。它的特点是：

剧情的发展、人物形象的塑造，主要靠演员的舞蹈动作（还有音乐语言）来表现的。

（2）按篇幅长短分为独幕剧、多幕剧。

独幕剧，也译为一个行动的戏。如：莫里哀的《可笑的女才子》《逼婚》，契诃夫的《求婚》，约翰·辛格的《骑马下海的人》，菊池宽的《父归》。是独成一幕的短剧。由于展示剧情受到严格的时间、场景等限制，要求结构紧凑，矛盾冲突的展开比较迅速，而情节的基本部分-开头、发展、高潮、结局都均应表现出来。由于他的篇幅大部分比较小，有时候又称之为小戏。在独幕剧中，一般人物较少，情节线索单纯，一个生活侧面反映社会矛盾，构成一个独立完整的喜剧故事。

多幕剧是大型的戏剧。容量大，故事情节复杂。由于它分幕分场，用能换幕来表现时间的间隔和空间的转移，就可以把不便于在舞台上演出的事件转移到幕后，处理不同时间，不同空间的事件，反映更广阔的社会生活。多幕剧按作品形式规模划分，舞台口的大幕启闭一次为一幕，在全剧演出过程当中，大幕启闭两次以上，称为多幕剧。

中国戏曲分本、折或出，古希腊戏剧及莎士比亚时期的戏剧演出分场而不分幕。欧洲戏剧在 17 世纪以后分幕，一幕之内又可以分场，两者之间的区别：一幕标志着剧情发展的一个大段落，而一场则表示段落中时间的间隔或场景的变换，在多幕（或场）剧中，幕与幕之间往往表示着或长或短的时间跨度或场景的变换转移。分幕分场则成为戏剧处理时间和空间的特殊方式，而现代戏剧中，幕与场的界限已不明显，很多剧目不分幕，时空的转换也变得更自由。

（3）从内容、性质及美学范畴分，有悲剧、喜剧、正剧等。

悲剧最初在古希腊，是春天播种时而表演的山羊之歌，所以悲剧在希腊文中是"山羊之歌"的意思。最早的悲剧，主人公在命运支配下是无可逃脱的，常以失败和灭亡而告终。随着时代的发展变化，悲剧的概念有了根本的改变。如莎士比亚的悲剧人物则表现出理想与愿望和社会现实的矛盾是不可调和的。

喜剧在古希腊，最初是秋季收获葡萄时而表演的狂欢歌舞，所以喜剧在希腊文中是"狂欢之歌"的意思。举行狂欢歌舞之时，领队者常要说些谐谑之词，引人发笑。所以喜剧的特点多以滑稽的形式来嘲笑，讽刺生活中的丑恶现象及一定人物性格中的缺点和弱点。鲁迅说，喜剧是"将那无价值的撕破给人看"。一般地说，喜别的结局总是愉快的，圆满的。

正剧则是介于悲剧和喜剧之间的类型。在戏剧文学中，正剧是大量的。社会生活在大多数情况下，并不单纯呈现为悲剧性的，或喜剧性的，而是有悲有喜，悲喜交织。它常常反映两种势力的自觉斗争，混合着悲喜成分，代表正义的一方最终取得胜利，结局是快乐的，人们就称之为正剧，或称为悲喜剧。

（4）从题材的时代性来分，有历史剧和现代剧。

历史剧指取材于历史事件和历史人物的剧目。以真实的历史人物，历史事件为题材，经过作者艺术加工编写而成的戏剧作品。历史剧的创作要对大量的历史资料进行分析、研究，在符合历史真实的基础上，选取具有典型意义的戏剧性的事件，并适当地运用想象，虚构给予丰富和补充，构成戏剧冲突，再现一定历史时期的社会生活面貌。现代剧主要指的是 20 世纪以来从西方传入的话剧，歌剧、舞剧等，话剧是主体，外国戏剧一般专指话剧。

（5）根据地域色彩不同分：京剧（北京）、沪剧（上海），豫剧（河南）、吕剧（山东、江苏）、川剧（四川）、汉剧（湖北）、楚剧（湖北、江西）、晋剧（山西）、黄梅戏（安徽、湖北）、粤剧（广东、广西）等。我省主要有粤剧、潮剧、汉剧、雷剧和采茶戏、山歌剧、花朝戏，还有正字戏、西秦戏、白字戏。不少剧种已成为国家级非物质文化遗产项目。

（6）根据演出方式不同分：有舞台剧、广播剧、电影、电视剧等。

二、什么是群众戏剧活动

群众戏剧是指群众自编自演、自娱自乐的多以民族民间戏曲为主的戏剧活动，包括民间职业剧团和业余剧团以及校园戏剧及小戏、小品等演出活动。

20 世纪 80 年代以来，广东群众戏剧活动健康蓬勃发展。广东省文化厅从 1991 年开始，每三年主办一届广东群众戏剧曲艺花会。广东群众戏剧曲艺花会坚持为人民服务，坚持百花齐放，推陈出新的方针；反映时代风貌和民族精神。参演的节目提倡题材、形式、风格的多样化，突出广东地方特色和农村题材，注重广东地方戏剧和曲艺的传承和发展，并具有浓郁的岭南生活气息和较高的艺术质量。花会的参演节目，都是由各市业余作者（或群众文化辅导干部）创作的反映我省的改革开放新貌和岭南风情的戏剧曲艺作品。

三、如何组织群众戏剧活动

戏剧是集文学、音乐、美术、导演、表演及舞蹈等多种艺术成分为一体，以塑造舞台形象为目的的综合艺术。由编剧艺术，导演艺术、表演艺术和舞台美术构成的。因此，我们要组织开展群众戏剧活动，就要从如下这几个方面着手。

1.组织指导剧本创作

演戏首先要有戏剧剧本，"剧本剧本，一剧之本"，它是舞台演出的基础，是戏剧的主要组成部分。属于戏剧艺术创作中的一度创作，直接决定着戏剧的思想性和艺术性。戏剧文学具有两重性。一方面，它作为文学作品，除应当具备一般叙事性作品共同的要求，诸如塑造典型形象，揭示深刻的主题，以及结构的完整性等外，还应当具有独立的欣赏（阅读）价值。另一方面，它作为戏剧演出的基础，只有通过演出，才能体现出它的全部价值，因此，它又要受到舞台演出的制约，必须符合舞台艺术的要求。组织开展戏剧活动，首先要抓的就是剧本创作。

编写剧本的人叫编剧。编剧（作者）要从生活出发，将自己对生活的所思所感用文学的眼光想象出来，用文字记录下来，再用编剧技巧表现出来，成为剧本。剧本必须适合舞台演出。演出要受到时间和空间的限制，把发生在不同地点和较长时间里大事情集中在有限的舞台和两三个小时内的演出中表现出来。人物的语言和动作必须合乎各自的身份和特征。

剧本必须有集中尖锐的矛盾冲突。戏剧是反映现实生活中的矛盾冲突的，没有矛盾冲突就没有戏剧。戏剧冲突是社会矛盾的反映，它有一定的发展过程，这个过程就构成了剧本的情节结构。剧本的情节结构可分为：开端-发展-高潮-结局-尾声。开端：介绍人物关系和揭示矛盾冲突。

发展：描写情节的波澜起伏，一波未平一波又起，一步步把矛盾冲突推向高潮。

高潮：矛盾冲突发展到顶点并表现出急剧转化的局面。

结局：结局是情节发展的必然结果，也是矛盾冲突的解决，

尾声：与序呼应，对剧本的思想内容作些启示，引起人们的联想和展望。

剧本刻画人物推进剧情和表达思想的手段：

（1）舞台说明：包括人物表、舞台美术、环境、音响、人物上下场、人物对话的姿态、动作、表情、心理活动等。

（2）人物的对白和唱词：包括独白、旁白、对白。是剧本的主要组成部分，其任务是展开情节、提示人物性格、表现主题思想。

（3）结构形式：分幕分场。幕是大单位，场是小单位。

组织剧本创作必须遵循以下的原则：

生活是创作的源泉。编剧不能脱离生活去"编"，去杜撰。同时，还要对生活有所认识，有所感悟，从而产生创作冲动的前提下，选择主题、生活范围，切入角度开始进入剧本创作。主题是什么？主题是作品的总纲，是编者从生活中提炼出来的主要问题。

立意的重要性。编者确定了主题之后，用什么观点，什么态度去诠释主题必须明确。这就是写剧本的目的，即剧作的主题思想，也就是作品的立意。主题提问题，主题思想（立意）给答案。可见，作品的立意非常重要。

安排好戏剧冲突。戏剧的本质就是矛盾冲突，没有矛盾冲突就没有剧本的"骨架子"，没有强有力的行动表现，就难以成戏。所以，安排好矛盾冲突就是剧本创作中的关键问

题。

在行动中刻画人物。写剧本重在写人，写人的性格，人的命运。并在具体行动中去完成。如写英雄，必须有英雄行为，而这一行为只能在矛盾冲突中展现出来，而不是讲出来的。

剧本的语言极为重要。写剧本很重要的工作是写台词，即人物的语言。不论话剧还是戏曲，人物的思想，情感、性格都是在语言中（唱也是语言）体现出来的。

确定剧本的体裁，给全体创造者以行为的尺度，使全剧风格统一做到了以上几点，才能体现出剧本的故事性、舞台性、典型性、哲理性的特征。

2.聘请一位好导演

戏剧演出具有综合性，是一种集体创作的艺术。一次戏剧演出，一般需要剧作家、演员、音乐家、舞台美术家及舞蹈家的集体合作，他们在集体劳作中分担着不同的任务，为使创作成为整体，需要一个领导者，即近代被定名为"导演"的人。导演一方面是组织、领导这个创作集体，另一方面进行导演艺术的创作。

导演是戏剧艺术的"二度创造者"。导演根据编剧提供的文学台本进行艺术构思，拟定艺术处理方案和导演计划，组织和指导排练，与演员，舞台工作人员共同将剧本的文字变成生命，将抽象变为具体，也就是将剧本的内容体现为鲜活的舞台形象。因此，导演的艺术创造非常重要。

（1）导演是戏剧艺术的"二度创造者"，所以不能脱离剧本去构思，不能从文学剧本的表层去直译，更不能去曲解。他必须认真阅读、研究和掌握剧本原作的思想性、艺术性，剧本创作的艺术规律和美学规律，吃透作品的风格、体裁以及原作的时代特色之后才能进行再创造。

（2）导演是戏剧综合性艺术的组织者和综合者。由于戏剧艺术的综合性特质：涵盖的部门多，艺术因素多，参与的人员多，导演负担统一任务的角色，他必须有能力把一切艺术语汇汇合成导演的语汇，把所有演员的艺术创造都变成导演立意的体现。在综合与统一中，导演必须以演员表演为主体，以舞台动作为核心去组织舞台行为。因此，导演在"二度创造"中必须有主见，有一定的权威性。

（3）导演是观众的代表。导演对观众负有责任。因此，导演在选择剧本，处理剧本时必须要感时代之所感，及观众之所需，这是戏剧乃至艺术作品的社会责任。所以，导演要考虑观众的品位，更要考虑如何引导观众提高欣赏水平。也就是说要给观众提供健康有益的作品，并要使观众看得清，看得懂、看得明白、喜欢看。

（4）导演是演员的良师益友。导演的责任就是要能帮助演员理解剧本、理解角色，培养演员掌握表演的技能、技巧，启发演员的创作追求。同时，以"排戏排入"的精神培养演员高尚的艺术情操，做一个有艺德的人。

3.组织舞台美术创作

为使剧本表现立体、丰富起来，组织群众戏剧活动必须组织舞台美术创作。我们要聘请有经验的舞台美术工作者进行舞美设计。舞台美术设计者的创作，既要在剧本的框架下，又必须在导演构思之中进行，所以，他要与导演及时进入剧本的阅读和研究，然后在导演的统筹之下共同完成戏剧的"二度创作"。因此，舞台美术要完成的任务是：

（1）为演员提供演出的生活环境。

（2）要准确传达戏剧作品整体构思的思想形象。

（3）要表现剧中人物的内心生活和精神世界，同时要表达出人物的感情及人物的性格特征。

（4）要体现出统一的演出风格。

因此，舞台美术创作者通过形、线、积、色、光等手段，在有限的舞台空间里再现无限的生活境界，使其具有装饰性、绘画性、雕塑性、建筑性的再创造。

4.选好称职的演员

当导演的构思和计划基本形成后，组织群众戏剧活动的主要任务就是选拔、培训演员。

戏剧表演艺术是演员在剧作家所创造出来文字形象的基础上再创造出有血有肉的、鲜活的舞台人物形象的艺术。所以，选准演员、培训演员非常重要。

作为演员，首先要能真实的生活在假定的舞台生活空间里，做到"装龙像龙"，"装虎像虎"，在"像"字上体现出一个"真"来。其次，因为表演是艺术，从审美的角度来说，演员在运用艺术形式表达角色的"人的精神生活"时，不管这个人物形象是美是丑、是善是恶，都必须考虑艺术形式上的审美要求。如果没有真，善、美的和谐统一就谈不上艺术了。

5.做好排练的后期工作—合成、彩排、演出

当演员完成了舞台人物形象创造之后，全剧将进入合成阶段。这一阶段，主要是进一步磨合综合艺术各部门的协调统一。重点是舞台、灯光、音乐等。然后，全剧进行连排。彩排、演出。

上述各项是从戏剧艺术的规律和艺术专业层面所要做的工作。但从"活动"这一层面考量，我们组织开展群众戏剧活动还必须做好下列工作：

（1）群众戏剧活动必须有群众参与和支持。如果没有群众参与，没有群众接受和欢迎，也就没有群众戏剧活动的生存条件。所以，充分发挥群众，努力培育观众的审美情趣也是群众戏剧活动中的重要任务。

（2）做好对创作队伍，表演队伍的培训，给他们创造学习的机会和实践的机会，激发他们对戏剧的兴趣，提高创作水平。

（3）群众戏剧活动组织起来容易，坚持下去难。要想使其健康发展，不但要有业务上的培养，还必须有各级主管部门的大力支持和扶植，有计划、有目标，有具体措施地去经营，才能使这一活动持之以恒，永葆旺盛的生命力。

四、组织群众戏剧活动要把小戏、小品作为重点

在我国，戏剧艺术有着广泛而又浓厚的群众基础，戏剧是群众业余文化生活的重要内容之一，尤其是深深扎根于本地群众的小戏，小品，更受当地群众的喜爱。所以，组织群众戏剧活动要把小戏、小品重点抓好。

1.什么是小戏

所谓小戏指的是折子戏（单出戏）、独幕剧等。小戏是一种短小的戏剧样式，往往在有限的时空内，表现一个简短而完整的戏剧化行动。通常只有一个场景，也可以有两个场景。由于它篇幅大都较小，所以又称之为小戏。

2.小戏的主要特征

"小、单纯、有戏核"。"小"是指很小的事情，从小处着眼，小处入手，但写小事情的目的是以小见大。"单纯"指减头绪、立主脑，写一人一事，单纯不是单薄、简单，而是经过严格的选择，舍弃芜杂琐屑的东西，将简单的事情复杂化、戏剧化。"有戏核"指剧情发展中的矛盾核心，关键所在，没有戏核，戏就不可能出现高潮，戏核是有生长点、生命力的东西，要有爆发力和闪光点。

3.小戏的写作方法

（1）从生活中提炼真实的人生故事，戏剧情节结构要自然流畅，编织动人心弦的矛盾冲突。

（2）在急剧变化体现时代主旋律和人生的真实姿态。

（3）千方百计刻画人物的性格特征，努力塑造生动感人的人物形象。

（4）既有确定的中心点，又有完整的戏剧行动，具有大小适中的时空容量。

（5）有鲜明的戏剧动作，生动的人物语言，简朴的舞台装置，适合于大众场合的舞台表现。

（6）小戏的构思

1）从现实生活选择和提炼具有积极意义的题材。

2）认真设置戏剧冲突才有戏可看。

3）抓住一件不太复杂的小事来写戏，力求以小见大。

4.小戏写作技巧

（1）小戏篇幅短、容量小。尽量做到构思巧、立意新、选材严、开掘深。

1）要求出场人物尽可能少。

2）塑造人物不可能面面俱到，而是要抓住主要人物的主要性格特征。

3）要求矛盾展开要开门见山，进戏快，切忌拖沓，冲突要出奇制胜。

（2）选择好小戏题材。

1）选择有一定生活意义的题材。

2）选择作者自己真正熟悉，并有独特感受的题材。

3）选择当前群众最关心。最欢迎的题材。

（3）开掘主题

戏剧创作中，主题的确立、情节的安排、人物的塑造、语言的运用是剧作者必须解决的四个主要问题。

同一题材，可以写成不同的作品。相同的主题，也可以用各种不同的题材来表现。一种是在一个较长事件中，选取最关键、最重要的一段事来写。

（4）矛盾冲突在小戏中占有重要地位和作用。

常说的有戏，就是要有尖锐的矛盾冲突，矛盾越尖锐，才越会有戏。

戏不同于小说，必须在有限的时间和平台上展现生活，必须让剧中人物始终处在行动之中，人物的行动又不断推动剧情的发展，而人物行动和剧情发展的动力就是戏剧冲突。对剧中人物的行动性要求越高，矛盾冲突的基本特征就越加鲜明。丰顺文化馆的《风雨盼儿归》，表现了儿子被抓后的李母与警察张坚发生的一场情与法的纠葛冲突。在房屋倒塌千钧一发之际张坚不计冷嘲热讽勇救李母脱险，展示了普通干警的感人情怀。

要求出场人物尽可能少：如中山市群众艺术馆的《请客》，表现的是退休后回到老家的马老师，精心办了一桌酒席想请小时候一起玩大的好朋友们叙旧。

要求矛盾展开要开门见山，进戏快，切忌拖查，冲突要出奇制胜。茂名市化州文化馆的快板剧《蛇袋缘》，讲述了两位一起到婚姻介绍所的寡妇，鳏夫在相亲路上因为换错蛇袋引起相撞、相识、相误会到相爱，在喜气洋洋中展示出新农民的精神风貌。

5.小品写作技巧

所谓小品，在权威的辞书中未列为辞目。最早是培养演员的基本创作素质，常用的即兴练习、哑剧技巧、假面练习、动物模拟、人物形象小品等训练方式。后来发展到为群众文艺创作的一种戏剧样式，属于微型戏剧或瞬间戏剧。我国著名的小品表演艺术家有赵本山、宋丹丹、黄宏、陈佩斯、朱时茂、郭达、蔡明等。代表剧目有《雨巷》《超生游击队》，《相亲》《秧歌情》《理发》等。

小品的产生：源于戏剧院校培养演员所设置的练习，称为教学小品。因为教学所设，不追求故事的完整和情节的曲折，不追求刻意的塑造人物形象，也不追求对作品总体意蕴的开掘，只侧重于营造一个真实的生活空间。

（1）小品的特征。20世纪80年代初，教学小品被搬上屏幕后，经过诸多艺术家的共同创造，既保持了原有的特色，又在人物刻画、矛盾编织、主题开掘等方面有所发展和提高，逐渐成为深受群众欢迎的戏剧样式。小品通常内容简单明了，或歌颂新人新事，或鞭挞社会时弊，或讽刺丑恶现象，具有针对性、现实性、形式短小精悍、不分场次。人物性格鲜明，故事情节单一，语言生动活泼，风格多为诙谐幽默，为观众喜闻乐见。目前，小品已成为广大群众喜闻乐见的艺术品种，是文艺百花园中的一枝奇葩，小品的这类演出形式很多，有电视播出的电视晚会小品，有剧场演出的舞台戏剧小品。有从相声改编的曲艺小品，还有戏曲、歌剧、哑剧，舞剧小品等，小品这个新的艺术品种正在发展之中。

（2）小品注重写好人物，表现独特个性不管是正剧的、喜剧的、抒情的、寓意的，无论是俗中求雅，大雅若俗，还是以实写虚，虚中求实，都应力求剧中人物的言行对观众产生情感的熏陶和精神的影响，启迪观众对人生的感悟。

（3）小品创作贵在创新。创意的敌人是重复，不能重复别人想过的、做过的，可是这种重复往往在所难免。写剧本其实就是解答题目，题目都差不多，主旋律也好，非主旋律也好，别人想过很多次，从各个角度都切入过，你就要寻找其中的空白部分，并且好的答案一定是在题目思维程度之上的，偷不得一点懒。

（4）小品编剧要给二度创作留有余地。一个小品是编、导、演合作出来的，不懂合作的人将会一事无成。一个有好的戏剧情节的剧本，必须尊重导演和演员的二度创作。好的编剧要给二度创作留有余地，编剧要写出除了编剧之外还要经过导演：二度创作、演员二度创作甚至是观众多次现场反馈而形成的演出本。

选择作者自己真正熟悉，并有独特感受的题材，如乳源县文化馆的小品《一盆洗脚水》通过儿子看不惯远道从山里而来的父亲由顶牛到打水帮父亲洗脚，以朴实的行动强化其戏剧性和娱乐性，再现了儿女对父辈的孝顺，使观众在笑声中得到启迪。

小品能在短短的时间，空间限制里。演完一个故事，对剧中人物的行动性要求更高，矛盾冲突的基本特征就更加鲜明。深圳市福田区文化馆的小品《生日快乐》，表现了这一特征：一天，等级森严的总裁办公室，竟闯进了一个大大咧咧的打工妹。端来一篮红鸡蛋感谢总裁刚刚专门为她过了生日，摸不着头脑的总裁终于弄清，原来是计算机在为打工妹过生日，触发了总裁内心强烈的碰撞，以人为本真诚地为这位打工妹过了一个快乐的生日。

小品要展示真实情感，表现独特个性，注重写好人物。一是重视情感的揭示，使观众从中领会更深层次的意蕴，在较高的层面上引领观众的沟通与共鸣。二是展示个性的特征，让人物形象以其艺术魅力去感染和征服观众，使观众从内心深处产生共识与升华。三是在矛盾冲突中描写人物，在戏剧行动中展现人物，使人物有血有肉，真实可信。如江门市的小品《约会》，通过一对别井离乡南下进城的农民工夫妻，相约一起打电话回家，展示了农民工的酸甜苦辣和对美好生活的憧憬。

五、组织群众戏剧活动要下决心、动真情

组织群众戏剧活动，领导重视是主要的一条。管理者不能停留在一般号召或会议上，不能光靠行政命令、口头通知。要花力气，有手段、有措施按戏剧艺术规律去逐项抓落实。尤其在创作剧本的初始阶段就要重视起来，业余作者的作品还在幼苗阶段，就要辛勤浇水施肥，才能开花结果。

群众戏剧活动的组织者要鼓励作者写自己熟悉的生活。鼓励业余作者以群众的需求为第一信号，把视点瞄准平凡的生活，把朴素平实的生活细节、丰富多彩的生活场景，作为写作的基本素材，从现实生活中挖掘生动的事例、汲取新鲜营养，使我们的作品充满生活色彩、富有生活气息；鼓励作者多用群众身边的素材，多反映群众切身的感受，多用群众熟悉的语言，多用群众乐于接受的方式。

组织群众戏剧活动要有磨炼精品的精神，管理者要理解文艺创作的艰苦，尤其是业余作者平时有自己日常的工作，工余时间放弃休息来创作更加不容易，所以他们创作出来的东西，组织者不要轻言放弃，要树立"十年磨一戏"的观念，因为好的作品都是磨炼出来的。同时，要关心群众文艺骨干，鼓励业余戏剧作者要乐在其中不怕苦。因为一个人活在世上，不能只追求温暖、安逸的生活，还应该有点人生追求。写稿容易修改难，鼓励作者不怕烦。只有多吸取他人的意见进行加工修改，耐心才能把作品变成精品。从事戏剧创作是一件高尚的事情，要把辛苦变成快乐，出作品就有成就感。组织群众戏剧活动是一项较为复杂辛苦的工作，但只要管理者下决心，动真情、想办法，就能取得成功！

第二节 群众舞蹈活动的组织与创作

一、舞蹈的基本知识

舞蹈依其目的与作用的不同可分为自娱性舞蹈与表演性舞蹈；依其风格特点的不同可分为古典舞，民间舞和现代舞。此外，还有与其他艺术因素相结合而成的舞剧。自娱性舞蹈：一种不以剧场舞台为表现场所，不求供人欣赏，而以跳舞作为自我娱乐的舞蹈。

其动作不表明任何意义，比较简单，有一定的规律性。队形变化简单，人数可以随时增减。有的有乐器伴奏，有的则随着鼓的节奏或歌声起舞。在一定的节奏和规律的限度内，舞者可以即兴发挥。我国各民族也都有属于本民族的传统舞蹈形式，如汉族的大秧歌、藏族的弦子舞、蒙古族的安代舞、土家族的摆手舞，苗族的踩堂鼓以及丰富群众文化生活面常跳的交谊舞、青年集体舞。

表演性舞蹈：一种以剧场、舞台为主要表现场所，专门供人观赏的舞蹈，具有认识、教育、美感和娱乐作用。这种舞蹈由于是经过舞蹈家的艺术加工、整理而创作出来的，所以有着鲜明的主题思想和典型化的形象，动作也较为复杂，具有规律性和规范性，舞者不能自由发挥。表演过程须受一定舞台空间和时间的制约。同时有音乐、舞美、灯光、服装等艺术手段的配合。

古典舞：从古代流传下来具有典范性和古典风格的传统舞蹈。世界许多民族都有各具独特民族风格的古典舞蹈。如爱尔兰气势磅礴的踢踏舞，中国的古典舞大多保留在戏曲艺术中，剧中人物演唱和说白时的一举一动是舞蹈化的，也有成套的舞蹈组合，在表演上，手、眼、身、法、步的紧密配合是中国古典舞的传统特色。

民间舞：世界各民族都有独特风格的舞蹈，其中民间舞蹈占有重要的地位。我国民间舞蹈大多数是和民歌相结合，采取载歌载舞的形式，因此也叫歌舞。民间舞是具有鲜明的民族风格和地方特色，广泛流传于民间的舞蹈形式，从人们的劳动和斗争生活中产生。由于各民族各地区人民的生活、风俗习惯、劳动方式以及历史地理环境的不同，从而形成了舞蹈的风格和特色的明显差异。在世代相传过程中，经过人民群众不断的加工创造，成为珍贵的民族文化瑰宝。

芭蕾舞：欧洲古典舞剧的统称。"芭蕾"一词源于意大利语"ballare"（跳舞）。芭蕾艺术是从15到16世纪的意大利贵族余兴戏剧演出脱胎而来，形成于17世纪的法国，18世纪传入俄国，19世纪初期发展成为一门独立的、完整的艺术，创造了女演员以足尖立地跳舞的技巧，发展了各种腾空跳跃和旋转技巧，并有一套完整的训练体系，逐渐形成了不同风格的意大利、法国和俄罗斯学派，对世界文化产生了很大的影响。现在许多国家都有不同风格的古典芭蕾和著名的芭蕾作品。20世纪初，出现了现代芭蕾学派。

舞剧：以舞蹈为主要表现手段，综合音乐、哑剧、舞台美术等因素，以集中塑造人物形象，展现生活中的矛盾冲突的一种戏剧形式。具有完整的戏剧结构舞剧中的舞蹈一般以古典舞或民间舞为基础，以结合剧中人物的性格和情节发展，分为情节舞和表演舞两类，情节舞展现故事情节和人物性格：表演舞主要描写剧情所发展的时代和环境特征。根据舞蹈的作用和目的，舞蹈可分为生活舞蹈和艺术舞蹈两大类。

生活舞蹈：是人们为自己的生活需要而进行的舞蹈活动；艺术舞蹈则是为了表演给观众欣赏的舞蹈。生活舞蹈包括有：习俗舞蹈、宗教祭祀舞蹈、社交舞蹈，自娱舞蹈、体育舞蹈、教育舞蹈等。

习俗舞蹈：又可称为节庆、仪式舞蹈，是我国许多民族在婚配、丧葬、种植、收获及其他一些喜庆节日所举行的各种群众性的舞蹈活动。在这些舞蹈活动中，表现了各民族的风俗习惯、社会风貌、文化传统和民族性格特征。

宗教、祭祀舞蹈：是进行宗教和祭祀活动的舞蹈形式。宗教舞蹈是对超自然、超人间的神秘力量—神灵的一种形象化的再现，使无形之神成为可以被感知的有形之身，是神秘力量的人格化。主要用以祈求神灵庇佑、消灾祛病、逢凶化吉、人畜兴旺、五谷丰登，或是答谢神灵的恩赐；祭祀舞蹈，是祭祀先祖和神佛对自己的保佑和赐福。

社交舞蹈：是人们进行社会交往、增进友谊、联络感情的舞蹈活动。一般多指在舞会中跳的各种交际舞。另外，我国许多少数民族在各种节日所进行的群众性的舞蹈活动，因此，也可以说是各民族的社交舞蹈。

自娱舞蹈：是人们以自娱自乐为唯一目的的舞蹈活动。用舞蹈来抒发和宣泄自己内在的情感冲动，从而获得审美愉悦的充分满足。

体育舞蹈：是舞蹈和体育相结合，以艺术审美的方式锻炼身体，使身心全面健康发展的舞蹈新品种。如各种健身舞、韵律操、中老年迪斯科、冰上舞蹈、水上舞蹈以及我国传统武术中的舞剑、舞刀和象征模拟各种动物、特写形象的象形拳，五禽戏等。教育舞蹈：是指学校、幼儿园等进行审美教育的舞蹈活动，以及开设的舞蹈课程，用来陶冶和美化人的思想感情、道德情操，培养人的团结友爱、加强礼仪，以及增进身心健康，都能起到潜移默化的作用。

艺术舞蹈：是指由专业或业余舞蹈家，通过对社会生活的观察、体验、分析、集中、概括和想象，进行艺术的创造，从而创作出主题思想鲜明。情感丰富、形式完整，具有典型化的艺术形象，由少数人在舞台或广场表演给广大群众观赏的舞蹈作品。由于艺术舞蹈品种繁多，根据各个不同的艺术特点，大致可分为三类。

第一类，根据舞蹈的不同风格特点来区分，有：古典舞蹈、民间舞蹈、现代舞蹈和新创作舞蹈。

古典舞蹈：是在民族民间舞蹈基础上，经过历代专业工作者提炼、整理、加工创造，并经过较长期艺术实践的检验流传下来的，被认为是具有一定典范意义的古典风格特点的舞蹈。世界上许多国家和民族都有一定典范意义和古典风格特点的舞蹈，世界上许多国家和民族都有各具独特风格的古典舞蹈。欧洲的古典舞蹈，一般都泛指芭蕾舞。

民间舞蹈：是由广大人民群众在长期历史进程中集体创造，不断积累，发展而形成的，并在群众中广泛流传的一种舞蹈形式。它直接反映人民群众的思想感情、理想和愿望。

现代舞蹈：是 19 世纪末和 20 世纪初在欧美兴起的一种舞蹈流派。其主要美学观点是反对当时古典芭蕾的因循守旧、脱离现实生活和单纯追求技巧的形式主义倾向；主张摆脱古典芭蕾过于僵化的动作程式的束缚，以合乎自然运动法则的舞蹈动作，自由地抒发人的真实情感，强调舞蹈艺术要反映现代社会生活。

新创作舞蹈：即不同于上述三种风格的舞蹈，它常常是根据表现内容和塑造人物的需要，不拘一格，借鉴和吸收各舞蹈流派的各种风格、各种舞蹈表现手段和表现方法，兼收并蓄为我所用，从而创作出不同于已经形成的各种舞蹈风格的具有独特新风格的舞蹈。第二类，根据舞蹈表现形式的特点来区分，有：独舞、双人舞，三人舞，群舞、组舞、歌舞，歌舞剧、舞剧等。

独舞：由一个人表演的完成一个主题的舞蹈，多用来直接抒发人物的思想感情和揭示人物的内心世界。

双人舞：由两个人表演共同完成一个主题的舞蹈。多用来表现人物之间思想感情的交流和展现人物的关系。

三人舞：由三个人合作表演完成一个主题的舞蹈。根据内容可分为表现单一情绪和表现一定情节，以及表现人物之间的戏剧矛盾冲突等三种不同的类别。

群舞：凡四人以上的舞蹈均可称为群舞。一般多为表现某种概括的情绪或塑造群体的形象。通过舞蹈队形、画面的更迭与变化和不同速度、不同力度、不同幅度的舞蹈动作姿态。造型的发展，能够创造出来深邃的诗的意境，具有较强的艺术感染力。组舞：由若干段舞蹈组成的比较大型的舞蹈作品。其中各个舞蹈有相对的独立性，但它们又都统一在共同的主题和完整的艺术构思之中。

歌舞：是一种歌唱和舞蹈相结合的艺术表演形式。其特点是载歌载舞既长于抒情，又善于叙事，能表现人物复杂、细腻的思想感情和广泛的生活内容。

歌舞剧：是一种以歌唱和舞蹈为主要艺术表现手段来展现戏剧内容的综合性表演形式舞剧：以舞蹈为主要艺术表现手段，并综合了音乐、舞台美术（服装、布景，灯光、道具）等，表现一定戏剧内容的舞蹈作品。

第三类，根据反映社会现实生活的方法和塑造舞蹈形象的特点来划分，可分为抒情性舞蹈、叙事性舞蹈和戏剧性舞蹈三类。

抒情性舞蹈：又称为情绪舞，其主要艺术特征是在特定的环境中，以鲜明、生动的舞蹈语言来直接抒发人物一舞蹈者的思想感情，以此来表达舞蹈家对生活的感受和评价。

叙事性舞蹈：又称情节舞，其主要艺术特征是通过舞蹈中不同人物的行动所构成的情节事件来塑造人物，表现作品的主题内容。

戏剧性舞蹈：即舞剧。

二、如何欣赏舞蹈

舞蹈在揭示人的心灵，抒发内心感情方面，具有强大的艺术魅力。人只有在非常激动，内心情感用语言以至唱歌都难以充分表达的时候，才会情不自禁地通过手舞足蹈来抒发。舞蹈正是运用了人们表达感情的这种特殊形态，构成了它独特的艺术表现手段。它表达感情的方式是心神结合，以感情引起体动，以体动表达感情，给人以生动的直观形象。

欣赏舞蹈是一种文化审美活动，也是一种精神活动。在欣赏方法上，首先可以通过节目单、说明书了解舞蹈作品的内容和主题、形式及演员，再结合演出中演员的舞蹈动作舞台灯光，布景和服饰所表现出的气氛、情景去进一步了解和欣赏作品所表达的内容和含义，达到形（演员动作）、意（景境和动作表达的意思）。情（抒发的感情）三者统一。

其次，要对舞蹈艺术的基本特征有所学习和了解。舞蹈是文学、音乐、美术等各种艺术因素综合一起而共同塑造艺术形象的。具有一定的舞蹈知识，将有利于欣赏舞蹈作品。再则，要学会懂得音乐。舞蹈音乐和舞蹈是紧密相连的，鲜明准确的音乐形象、优美动人的旋律、丰富而有变化织体，将能更好地引导我们去深刻地理解和欣赏舞蹈作品。

我们现在介绍舞蹈的种类，是为了能更深入地了解舞蹈艺术的特性、舞蹈艺术发展的规律，熟悉和掌握舞蹈艺术反映和表现社会生活的各种样式和方法。在看演出时，将在观赏过程中对作品获得的初步印象的基础上，随着人物情感的深入表现，逐渐进入作品所创造的意境，然后根据自己的生活经验对生活的认识产生联想和思考，从而与作品产生共鸣。这时我们不仅欣赏了舞蹈，也得到了很好的艺术美的享受。

三、如何组织群众舞蹈创作

什么是群众舞蹈？

群众舞蹈是与专业舞蹈的专业性相对应的一种舞蹈文化活动，它具有自娱性、群体性、随意性、季节性等多种特征，其中自娱性是其主要特征。群众舞蹈本身是一个多层次、多元化、融普及与提高、雅与俗为一体的复合体。它有舞蹈文化的启蒙教育，有大量自娱性舞蹈文化活动，还有舞蹈艺术的创作表演舞蹈等多个品种，民间舞蹈是群众舞蹈的主体，还有各种社交舞蹈、儿童舞蹈、创作舞蹈、健身舞蹈，等等。这里仅介绍如何组织创作带表演性的群众舞蹈。

1.选择题材

舞蹈作为一种艺术形式，它是表达思想感情的一种手段，通过完美的舞蹈形象，揭示人的精神世界，反映人民不同的思想、信仰、生活理想和审美要求。因此，创作一个舞蹈，选择题材非常重要。

群众舞蹈题材的选择必须考虑以下两点：

（1）是否对社会具有积极意义：群众舞蹈非常重要的一点就是贴近生活，贴近群众，为群众可理解、可熟悉，能与群众的喜怒哀乐所相通，与群众的所需，所急相关。要让群众看明白，如果看不懂，就是对群众舞蹈最大的否定与失败。

（2）是否能以舞蹈手段充分表现：要选择可以不需要用语言而是用形态，动作可以显明表述的多数知情者。生活中有大量的人物、事件，但要选择出具有舞蹈的动态性（以肢体来体情述意）和强烈的抒情性（人物的多种内在强烈情感）的生活事件来决定舞蹈的选材。舞蹈题材的选择不要求大、求全，而要以小见大，引人深思。如计划生育是我国的基本国策，如果让舞蹈说理性的去表演计划生育的重要性及其久远的影响，是万分困难的。但可否通过一个多子女的年轻体弱的母亲与她背上背着的娇儿，怀中抱着啼哭的幼女，腹中胎儿躁动带来的不适，疲累，困惑与表现。其形体既可以把母亲情感的起伏跌宕表现得十分生动，又可以引人思考到对计划生育政策的形象理解。

2.舞蹈结构

舞蹈的结构是为了表现作品的内容而存在，因此在考虑结构时，除了作品的主题思想之外，还要考虑作品的题材风格与人物性格形象。考虑情节发展与人物情感的起、承、转、合。何时铺垫发展，何时是高潮，结尾，以达到人物性格极致的展现。而情绪舞蹈不论是二段体、三段体，还是四段体，一样要求形象鲜明，情感脉络发展清晰流畅。这需要关注以下的问题：

（1）单纯、清晰。舞蹈是视觉与听觉的艺术，为观众的听觉和视觉器官和生理、心理功能所决定一只有单纯、清晰才易于使观众理解、接受。结构的庞杂、费解，只会使观众吃力、疲劳，进而排斥、厌烦。单纯不是简单，艺术上的单纯产生自对生活，人物理解的高度集中，概括、升华为流畅自然的结构形式美。

（2）对比、和谐。任何事物的产生，发展都有其规律性，审美也不例外。人的审美感染力是有一定限度的，一定时间的紧张，单调都会使人产生感官疲劳，产生逆反心理、厌腻情绪。可以快慢相间，动静有序，对比和谐，是舞蹈结构的重要条件，是调动观众审美感官的积极性，使其保持新鲜感觉的有力手段。

3.舞蹈与音乐

"音乐是舞蹈的灵魂"，"舞蹈是可视的音乐"。乐、舞是一对孪生兄弟，互为依存。而成功的音乐又为舞蹈编导提供了形象，增加色彩，使舞蹈作品更加生动感人。

群众舞蹈音乐的合作方式大致有三种：

（1）专为舞蹈作品创作的舞蹈音乐。这是由舞蹈编导提出创作感想，讲述舞蹈结构，介绍酝酿中的舞蹈形象，提出舞蹈音乐的艺术风格要求，协商一个大致高度等。这是一个以舞蹈为核心的舞蹈音乐，可以取得较一致的艺术效果。

（2）用舞蹈艺术创作来诠释成熟的音乐作品。例如：大型舞蹈《黄河魂》就是采用了钢琴协奏曲《黄河》为舞蹈音乐，这是舞蹈编导以自己的理解，环绕音乐作品，来诠释音乐作品较被动的做法。

（3）目前被众多舞蹈编导采用的办法是：剪接音乐。电脑与CD的产生给许多舞蹈编导拓宽了音乐舞蹈之路。舞蹈编导根据自己作品的需求，自己动手选择、剪接能激动自己的音乐。第一步是替代音乐，随着排练场内的推敲，检验，最后定稿舞蹈音乐，如采用这种方法必须要注意不要引起版权纠纷。根据条件的不同，可以有多种与音乐的合作途径，但都必须有助于增进舞蹈的表现并使舞蹈得到最充分的表现。

4.编舞是编导创作的关键

编舞是群众舞蹈创作的基本功，是作品成败的关键一步。

（1）寻找典型动作任何作品要形成自己风格，必须找到自己独有的典型动作。构成典型动作有以下几个要素：造型特色。造型即是舞蹈进行中刹那间的静止，也是给观众留下强烈印象的瞬间。例如：中国古典舞的圆、含、别的造型。唐代舞蹈横向三道弯。楚舞的前后三道弯，和汉舞的手脚同顺一边等等都形成了独特的舞蹈风韵。舞蹈的韵律。韵律是两个静的舞蹈动作之间的流动过程，舞蹈好与不好，美与不美，常常是韵律在起作用，而这恰恰是被许多编导所忽略。动作的节奏特色。动作的节奏特色是由作品体裁风格所决定。跳跃欢快的小快板，必须产生轻快跳跃的动作。流畅幽雅的慢板，又会产生轻柔似水的曼舞。总之，在寻找典型动作时，要把节奏特色重视起来。

（2）舞蹈的造句—编组合舞蹈组合的编排依据是：在结构中的任务：人物情感的层次。编组合和写文章一样，不同的段落有不同的任务。文章的开篇必然会介绍时代背景。人物关系、事件前因后果，而不是东拉西扯，不知所云。编舞也一样，不论人物情感如何，第一次上场都有介绍人物的任务：谁？年龄大小，形象、行为，所以舞蹈组合相对要简单些，完成介绍人物，提出事件的任务。当舞蹈达到了高潮，人物情感也是胸怀激荡，观众也了解了冲突的由来，舞蹈组合就必然要以形体的技巧、动作的幅度、调度的速度等手段把高潮推上去，否则整个作品就平淡了。

（3）重复句子，加强语气由于舞蹈的语言是抽象的语言，观众是要通过一系列的动作来理解并感受到编导的意图，那么一个组合只出现一次，观众可能还未接收到演员传递过来的信息，所以不妨用重复的办法来加大力度。"重复"不是单纯的重复，它也是有变化发展的重复。

（4）重视舞蹈调度是编舞的重要手段。舞蹈调度不是摆队形，而是在舞蹈组合的进行中的舞蹈位置变化。舞蹈调度是有情感变化的。同是一个舞台斜线，从观众视觉看来，向前走与向后走情感是不同的。舞蹈调度之间要干净，每个调度变化的过程都要经过缜密的考虑。

5.舞台美术及其他

在综合艺术的舞蹈作品中，舞台灯光。服装、化妆、道具等是不可忽视的一部分。但它都服从于辅助舞蹈的完美体现，而不能喧宾夺主，必须以舞为本。小舞蹈作品的景，以不要为好，如必须要，就一定是舞蹈的景，而不是死的说明性的景，要能为舞蹈的组合变化增加色彩。

舞蹈的灯光是情感的灯光，而不是娱乐性的霓虹幻彩，凡是干扰舞蹈表现的灯光要下决心去掉。同时，灯光要加强舞台的深度、宽度，帮助舞蹈扩大舞台空间。舞蹈的服装是人物的服装，同时又是舞蹈的服装，所谓人物的服装，就是不要乱穿衣，穿错衣。一个反映希望工程的作品，让学生们穿上反光带亮片的彩衣，就是极大的不妥。而舞蹈的服装凡是约束了舞蹈的展示，必须加以修改，绝不可以让舞蹈演员迁就服装。

常常可以听到这样的观点："ｘｘ节目不是舞蹈"。原因是里边有咏诗、旁白、歌唱等其他艺术门类的技术手段。不必过于拘泥成法，只要是以舞蹈的肢体语言为主要表现手段，其他的各门艺术作为辅助手段，可以帮助舞蹈尽善尽美的展现其艺术魅力，都可以采用。

5.舞蹈编导与演员的关系

舞蹈编导与演员两者是合作的关系，仅是各自担负的任务不同，演员是艺术作品最后的体现者，所以编导要充分尊重演员。而舞蹈编导又是演员艺术创造中的镜子，他必须准确无误地反映出演员在排练中存在的问题，这种既合作又指导的关系，要求编导十分注意排练场中的工作方法。

（1）舞蹈编导在进入排练场前，必须做好充足的排练准备，不仅有大效果上的要求，而且要对动作规格、节奏处理、舞台调度清清楚楚，先讲动作规格，再讲节奏处理，把音乐与舞蹈动作合成。之后讲舞台调度与舞蹈组合的关系。一个组合接一个组合，一个乐段接一个乐段，让演员心中明白，掌握的大致可以，就可以往下进行了。如果排练中发生了排不下去的情况，就放下，跳过去，万不可以在现场即兴的试验性排练，这对排练现场有极坏的心理影响。

（2）排练中任务要清楚，目的要明确。这次排练的任务是什么？当任务完成后就不要拖，更不要不知要达到什么目的，"再来一遍"！这不仅对排练无益，而且会使演员失去了创作的新鲜感，"油"了下来。

排练中要先慢、先严，不要急于推进度，而是要让演员先对要负担的任务有一个感性认识，之后再推进度就不会显得那么陌生，不知所措了。

（3）排练场的严与宽是一个辩证关系。演员刚刚接触一个新舞蹈，还没有认识这个节目的风格特色，还没有对自己树立起信心，这时的导演一定要宽，以鼓励为主。当演员觉得自己已经会了，并感觉累了，可以不再那么用心时，导演要严，要准确无误，毫不留情面地指出他的问题所在，而这时，正是演员走向成熟的时机，也是节目艺术标准提高的关键时候。

（4）排练第一步是教会演员舞蹈组合，准确的合上音乐节奏，清晰地完成舞台调度。这一切完成后，进入了演员的艺术创造阶段：掌握角色的感情分寸。在"情"的带动下。掌握舞蹈的韵味，内心情感呼吸的节奏，塑造了角色，进入了表演状态。当演员还处在第一阶段，就要求演员"笑啊！笑啊！"是完全不恰当的。

6.舞台合成、彩排等

舞台合成阶段是综合各个创作部分，检查灯光、服装、化妆、道具，音响效果等是否都达到预期的效果，是否达到烘托演员一艺术效果最终体现者的目的。还需要调整哪些部分，舞蹈编导要检查舞台的大小与设计中的音乐高度是否合适，有没有影响舞蹈调度的效果，地板的质量有没有影响舞蹈技巧的发挥，等等。

彩排是编导对演员及各部门的一次总体心理把握。审查、比赛等重要场合，各个部门易过分紧张，产生变型、走样的不协调；而上演一个阶段后，又易松懈，不认真。这时导演都把握分寸进行调整，或给与鼓励，或给予激励，要酌情处理。

当所有这一切完成之后，在演出的进行中，编导可以在剧场一个角落，与观众一起，理智地审视这一个回合的创作过程，是否达到了预期的艺术追求效果。不断总结，争取以最佳的艺术质量把作品带给更多的人民群众。

第三节 广场文化活动的导向与投入

一、什么是广场文化

谈到广场文化，必须首先搞清楚什么是文化广场。

1.文化广场

广场指开阔的场地，特指城市中开阔的场地。

文化广场是含有较多文化内涵为主要建筑特色的较大型的场地，在城市区域开辟为市民提供休闲娱乐的公共空间与文化活动的场所。文化广场亦属于市民广场，是市民广场中体现更多文化特征的广场。有着更多文化内涵的市民广场被称为文化广场。

20世纪90年代后，随着城市建设的发展，一大批风格各异的大小广场在我国相继建成。各地政府投入大量资金，围绕"洁化、绿化、亮化、序化"的总体要求，有意识地将广场作为"文化超市"来建设，便产生了文化广场。从狭义上理解，文化广场是指富有特色文化氛围的城市广场。包含有美学趣味的广场建筑、雕塑以及配套设施，一般属于政府公益性设施。它是公共文化生活集中的城市空间，为专业或民间组织在此进行艺术性表演或展示提供场所，也是群众性的各种娱乐、体育、休闲等活动场地。

从广义上理解，文化广场泛指多功能、多结构、多样性的城市事物空间。它不仅是物理空间的开阔，也代指精神的、形态的空间深厚与广阔。它衍生指向人气聚集地、商业活跃地、美学与艺术胜地，产业基地。

文化广场甚至可以成为特色鲜明城市的地标，如洛克菲勒广场、时代广场。另外，美国好莱坞、英国西街、法国红磨坊、日本六本木等都可以泛称为城市广场，它们形成了的标志性品牌，把握了文化制高点，产生了巨大社会效益和经济效益。

2.广场文化

广场文化，是指在城市广场中呈现出来的文化现象以及在广场之中所展示出来的文化。广场文化体现着两方面的内容，一方面是指广场建筑本身所蕴含的文化，如具有浓郁的地域特点和文化品位的广场建筑、雕塑以及相关配套设施；另一方面则是指在广场上开展的文艺活动中所体现出的文化。比如在广场上进行的专业或业余的各种艺术性表演或展示；广场中群众性比较强的各种娱乐、体育等休闲活动等。

广场文化的主要载体是各种含有文化与审美意味的艺术性活动。广场文化活动是指在广场举行的以满足广大群众精神文化生活需要为目的的文化艺术活动。广场和文化应该是互为一体，广场是文化的载体，文化是广场的内涵，广场给文化提供了舞台和空间，文化给广场提升了人气和品位。"广场文化"体现着城市显著的特征一"文化、人群与活动"。

3.广场文化的特征

广场文化与庙会或在大型体育场所、展馆举行的各种文化性活动相比，其不同之处就在于它专属于"广场"。其主要特征如下：

（1）公共性。公共性是广场文化最突出的特点。广场是城市公共生活最集中的地方，是政府公益性最能体现的地方，也是城市公共文化集中展示的地方。广场，作为城市的公共空间，成为市民社交，休闲与受教育的场所，也成为外来旅游者旅游与休憩之处。广场上所进行的任何文化活动，均向公众开放。这种公共性决定广场文化必须走平民化道路，即使是高水平的文艺演出，也要兼顾到雅俗共赏。同时，公共性又决定了广场文化的主体是公众，广场文化如果没有公众的广泛参与就会变得枯燥干瘪。

（2）节庆性。节庆性是广场文化的又一特点。广场的起源就是为了公众的集会与庆典，这决定了广场文化必须带有节庆的喧嚣与热烈的色彩。所以，现在的广场文化多举办各种节庆，包括常设的文化艺术节。有的节庆还从不知名走向知名，从地方走向全国甚至国际。如广西南宁市的"大地飞歌"国际民歌节，开办以来就成为广场文化中的品牌。又如大连的国际服装节，就引进了世界大牌的艺术团和国际歌星在本市的广场上演出，经济与文化的联手使得该节闻名遐迩。节庆性决定了广场文化应具有宏大的气势和热闹的气氛。如果没有节庆所产生的文化魅力，就吸引不了观众，形不成气氛。

（3）艺术性。这些文化体育活动有的属较高雅的艺术活动，如广场交响乐、专业团体的文艺晚会等，具有较强的审美性。即使有的活动是出于自娱自乐，如跳舞健身，也包含一定的审美在内。广场文化的审美性是寓教于乐的，它对提高公众的文化素质具有潜移默化的教育作用。广场文化又成为向公众进行审美教育的公共课堂。广场是政府为老百姓提供的一项公共服务设施，其建筑艺术也按城市空间构图的需要，成为城市精神文明建设的缩影。广场集中体现了一座城市的风貌、文化内涵和景观特色，完善了城市的服务功能。

正如任何事物都有其特性和规律一样，广场文化也有其自身的特性和规律，表现在它不仅有广场的特性还同时兼有文化的特点，因此，我们在满足人民群众不断增长的文化需求的同时，更要正确认识广场文化的特性。

4.广场文化的特性

（1）群众的自发性。在广场文化活动中，人是主体，但参加广场活动的人们绝不是靠行政推动，在广场上，人们可以来，也可以不来；可以参加广场文化活动，也可以不参加任何活动；可以是活动的参与者，也可以是活动的欣赏者或是旁观者。总之是人们根据不同的爱好和需求，自愿而来，高兴而去。除了有组织的演出外，更多的是群众自发的、自娱自乐式的各种文化活动，集歌舞剧各类节目为一体，融吹拉弹唱多种形式于一炉，人们以自己最喜爱的方式自得其乐，愉悦身心。

（2）广泛的参与性。广场文化的参与面之广，观众面之大，是任何形式的文化活动难以比拟，人们在这里既可以是欣赏者，也可以是表演者，在这里没有年龄、身份、地位的差别，大家可以轻松自在，无拘无束，自由流动，在广场上感受文化的熏陶，在活动中体会参与的快乐，在表演中寻找着自己的才能，在文艺中展现自我的天地。

（3）形式的灵活性。广场文化活动形式灵活，既可以有业余、通俗、普及艺术，又可以有专业、高雅、精品艺术；既可以有传统和现代的舞台演出，也可以有乡风民俗，民间艺术的广场群众表演；既可以是音乐、舞蹈、戏剧，又可以是武术。体操、演讲等，总之，形式多样，不拘一格，百花争艳。

（4）内容的多样性。随着社会的进步，人们对文化需求不断提高，广场文化活动内容也越来越丰富，有赞美劳动人民创业、创新、创造的，既有反映中小学生的，又有表现军旅生活的；既有体育健身，又有艺术表演；既有高雅艺术，又有大众文化，广场文化已成为当今社会文化的缩影。

（5）政府的主导性。广场文化虽然是开放式的，但绝不是无原则、无组织、无纪律、无导向的。广场作为政府的一块有效的文化阵地，政府必须要发挥其主导作用，保证广场文化的内容和质量，确保广场文化健康、有序发展。以其昂扬向上，健康有益的格调，体现群众文化的品位和鲜明的时代特征。

广场文化不同于剧场艺术。广场文化的广泛性、多样性、灵活性和公益性是它的特殊功能，只要观众走入广场，不需要购买门票，不受座位与时间限制，就可以直接参与观赏，无须组织发动便有宣传对象，对表演者而言也最直观、最接近。只要表演达到高潮时，台上台下即刻就能相互交流，台上表演投入，台下掌声热烈，喝彩声、赞叹声、掌声连成一片，不绝于耳。每晚演出聚集观众成千上万，各类节目老少皆宜，展现了现代社会群众的文化风采和文明程度。因此，广场文化也被老百姓亲切地称之为"没有院墙的剧院"。广场文化是以人民群众的参与为原动力，只有保持它的广泛性和经常性，才会引发群众的参与热情。

5.广场文化的意义

丰富多样的广场文化增加了城市的动感与色彩，显示了城市的文化个性。它集民俗文化、商业文化以及体育文化于一体，开创了政府与民间互动共创的新形式。广场文化在它的行进过程中越来越显示出她的功能所在。

首先，广场文化建设起到凝聚人心的作用。广场像一块磁铁引来了老人、孩子，引来了男的，女的，引来了很多不同阶层、不同层次的人们。人们在闲谈、在唱歌，在跳舞，在打球，在练，也有人在观赏，人们在这里把一切世事纷争都抛到了九霄云外，只有对别人的理解、宽容和忘我的放松与快乐，广场文化真是起到了凝聚人心的作用。其次，广场文化丰富了人们的业余生活。广场文化使人们从单调的业余生活中走出来，走向了丰富多彩的、五彩缤纷的广场世界。

最后，广场文化陶冶了人民的美好情操。由于广场敞亮的空间和优美的自然环境，构成了人民群众生存、生活方式的一部分，春夏秋冬，广场都可以成为调节人民群众文化生活的重要场所，也成为市区生态环境建设的重要组成部分。而广场文化的连续与持久，又形成了市区良好的审美文化生态。广场文化作为一种公共的群体行为，它依靠良好的审美文化生态，不仅在展示人民群众精神文明建设的风貌，更重要的是它的创造作用，因为它可塑造和优化市民的群体文化人格，陶冶人们的美好情操，使人们的情绪更加饱满，心情更加开朗，思想更加向上，相互更加团结，工作更加努力。

二、广场文化活动的导向与投入

广场文化是城市大众文化表现最突出的一种形式，它虽还不成熟，但却深为人民群众所喜爱、所接受。它的文化价值、美育价值以及文化产业价值等应加以高度重视与开发，使其真正成为群众文化的新资源，体现出城市的文化品格。随着社会进一步的发展，经济进一步的增长，人的素质进一步提高，如何保持广场文化良好的态势，特别是在新的时期、新的历史发展阶段，怎样更好地打造广场文化的品牌，让广场文化更好地构建和谐社会，怎样更好地提高广大市民的文化生活质量，加强对广场文化的导向和投入是摆在广大宣传文化工作者面前新的课题。我们必须从以下几点着手：

1.加大投入，完善文化广场设施

要开展广场文化活动，首先要建设文化广场，在文化广场的场地、环境、美化绿化和舞台、灯光、音响等硬件设施上下功夫。而正在蓬勃发展的广场文化活动，以其社会化、群众性、公益性的特点，正是满足人民群众日益增长的精神文化需求，保证人民群众文化权益的好形式。而且是各级政府为人民办实事、得民心、顺民意的"民心工程"。因此，各级政府必须在管理制度，资金投入、硬软件建设等方面给予大力指导和支持，把开展广场文化活动作为精神文明建设，创建文明城市和文明单位的一项重要工作来抓，纳入城市总体规划，把文化广场建设与整个城市建设规划结合起来，尽最大努力建设一些环境优美的广场，为市民提供更多的文化活动空间。在建设广场时不仅仅是考虑广场的绿化美化，更要考虑到广场的活动空间，既要建设有一定规模的硬质地面的广场，也要考虑到建设有适宜表演的舞台，以方便广场文化活动的开展。目前，我省不少地方的广场文化建设已经由原来利用现成的广场开展文化活动，转变为根据"两个文明"建设的需要主动规划，把文化广场纳入城市建设的总体规划，把它作为社会公益事业设施和城市文明的窗口标志来建设。在文化广场规划和建设过程中，除了注意环境的美化、绿化以及与周围环境的协调，尽可能为开展广场文化活动提供舒适、优雅的场所。此间，有些经济发展欠发达的地方，广场配套设施还比较缺乏，需要文化部门按照宜文宜体、宜学宜玩、宜唱宜跳，宜老宜少、宜男宜女的要求，把完善广场设施功能作为一项重要内容来抓。完善广场配套设施。比如设立舞台、化妆间、厕所、绿化带、报刊阅读栏、儿童老人活动场等设施。下功夫改进广场设施布局，比如把广场划分为文娱区、健身区、休闲区等，尽可能地满足不同群众的需求。同时还需要整治广场及周边环境，做到有绿化，无污染，交通方便。对于正在规划的广场，则要注重考虑选择交通便利、群众容易参与的地段。如顺德区，在建设文化广场时，就考虑到在附近建设与之配套的图书馆和博物馆，并搞好环境美化、绿化，使文化广场所在的地方成为当地的文化区，方便群众参与文化活动，使文化广场成为群众参与多种社会活动的重要场所。

2.加强策划，把握广场文化方向

广场文化作为群众文化活动的重要舞台，需要我们不断研究，明确思路、找准定位，营造良好的广场文化。广场文化的组织涉及面广，内容繁杂，从广场舞台的搭设到音响灯光的安装，从演出团队的组织到活动内容的编排等，都需要一支过得硬的群众文化工作队伍。有特色才有发展，有创新才有进步。

宣传文化部门要对广场文化活动进行策划，每年的广场文化活动，必须有全局的安排，通盘的考虑。通过精心的组织，周密的安排，根据全年的重大活动和本市的中心工作，首先制定好全年的广场主题文艺表演实施方案，落实好全年的广场文艺的任务，并提出具体要求和主体内容。力求主题鲜明，以积极健康、文明向上、雅俗共赏，喜闻乐见的形式，不断推动群众文化建设。

3.与时俱进，探索广场文化发展

一是提高感染性。广大群众通过广场文化活动可以直接感受到改革开放所带来的新气象。新变化、新成果。适时组织文艺工作者，挖掘身边的典型，自编自演，自娱自乐，用身边的人和事感染教育群众，自觉形成创业、创新、创优的良好发展氛围，让广大群众在观赏中接受教育和感染。

二是增强参与性。广场文化活动要坚持贴近实际、贴近群众、贴近生活，结合各种节日和纪念日，灵活设计活动，吸引群众广泛参与，让群众真正成为教育的主体，把抽象教育形式变为形象教育。广场文化应该是开放式互动性的，除了群众自发的参与广场文化的同时，我们更是自觉地组织广场文化活动，吸引广大的群众积极参与。群众在观赏文化艺术的同时，也更多地融于和参与活动之中。

三是提升鉴赏性。广场文化走过了一条由自发无序到自觉有序，由零碎松散到组织集聚，由一哄而上到提炼筛选的转变，其中更蕴含着广场文化鉴赏性的提升。广场文化活动改变了行政命令式，灌输式的宣传教育，寓教于乐，润物无声，潜移默化地影响着人们的思想观念。文化广场管理者要精心策划和举办各类广场文化活动，尽量挖掘和调动地方

文化的资源，使得地方文化传统和文化遗产得到更多的继承和发扬，并改造成适应新时代需要的文化。用高品位的艺术，高雅的文化提升市民的艺术鉴赏力。通过活动传播健康文明的思想，科技知识和生活知识，力求与群众达到情感上的共鸣，培养人们良好的道德情操和文化素养，逐步培养和提高群众对文化艺术的审美能力。四是扩大娱乐性。广场文化的显著特点就是其参与性和娱乐性，要让广大市民在参与广场文化活动的

同时愉悦身心。所有活动将以让群众满意为出发点，尽可能扩大文艺节目的娱乐性，使群众在欣赏中得以放松心情，得到愉悦。

4.齐抓共管，拓宽广场文化新路

发展广场文化需要调动各方面的积极性，使广场文化多形式、广覆盖、高频度地开展起来。文化广场建起来，不能热闹一阵子就消声息鼓了。要保持广场文化活动的持久繁荣，就要摸索文化广场建设和管理的规律。广场文化建设要坚持"社会化、群众性、公益性"的方向，强化统筹协调。广场文化可以实行"官"管民办、小型分散、特色各异的新路子，扩大参与广场文化活动建设的社会层面。如果仅由文化部门唱独角戏，就容易造成活动单一，难以持久。各地要建立强有力的领导协调机制和由各有关部门组成的工作班子，形成广场文化建设的合力。所谓合力，就是说要把政府各部门的齐抓共管与社会各界的积极参与结合起来。

第四节 企业文化活动的策划与组织

一、什么是企业文化

企业文化一般指企业中长期形成的共同理想，基本价值观、作风，生活习惯和行为规范的总称，是企业在经营管理过程中创造的具有本企业特色的精神财富的总和，对企业成员有感召力和凝聚力，能把众人的兴趣、目的、需要以及由此产生的行为统一起来，包含价值观、最高目标、行为准则、管理制度、道德风尚等内容。它以全体员工为工作对象，通过宣传、教育、培训和文化娱乐、交心联谊等方式，以最大限度地统一员工意志，规范员工行为，凝聚员工力量，为企业总目标服务。

文化是与民族分不开的，一定的文化总是一定民族的文化。企业文化是一个国家的微观组织文化，它是这个国家民族文化的组成部分，企业发展目标的实现，离不开员工之间的相互协作。只有通过培养团队精神，企业才能不断创造新业绩，在激烈的市场竞争中立于不败之地。企业文化建设的重要任务，就是在企业内部营造有利于企业发展的良好氛围，使领导与领导、领导与员工、员工与员工之间能精诚合作，促进企业目标顺利实现。同时，要恰当处理企业外部各方面的关系，尽可能地减少摩擦和矛盾，争取方方面面的理解和支持。

价值观是企业文化的核心。所谓价值观念，是人们基于某种功利性或道义性的追求而对人们（个人、组织）本身的存在、行为和行为结果进行评价的基本观点。可以说，人生就是为了价值的追求，价值观念决定着人生追求行为。价值观不是人们在一时一事上的体现，而是在长期实践活动中形成的关于价值的观念体系。

企业的价值观，是指企业职工对企业存在的意义、经营目的、经营宗旨的价值评价和为之追求的整体化、个异化的群体意识，是企业全体职工共同的价值准则。只有在共同的价值准则基础上才能产生企业正确的价值目标。有了正确的价值目标才会有奋力追求价值目标的行为，企业才有希望。因此，企业价值观决定着职工行为的取向，关系企业的生死存亡。只顾企业自身经济效益的价值观，不仅会损害国家和人民的利益，还会影响企业形象。只顾眼前利益的价值观，就会急功近利，搞短期行为，使企业失去后劲，导致灭亡。

二、企业文化活动

企业文化活动是指企业根据企业经营，发展的需要，结合企业员工的需要和特点，所开展的各种文化活动，是企业文化建设的重要内容之一。

1.企业文化活动的主要内容

企业文化活动主要包括：为提高企业员工的文化素质和劳动技能开展的学习培训活动；为开发企业员工智力，培养员工的创造性和成就感，开展的技术创新活动；为培养和提高企业员工艺术审美水平和艺术创造能力开展的文学艺术活动；为丰富企业员工的精神生活，陶冶员工情操的娱乐活动；为培养企业员工拼搏精神，增强体质开展的体育竞技活动；为使员工增强对企业的感情，加深对企业福利环境和文化氛围的依恋，开展的福利性活动；为使员工树立起主人翁意识，强化和确立共同理想和企业意识开展的思想性活动等等。

2.企业文化活动的特点

第一，功能性。不论是哪种形式的文化活动，一般说来，都是为了发挥其特定功能而进行的，并不是因为它们与其特殊的企业生产有必然的、内在的联系（当然技术性的活动有些不同）。还要指出的是，一般企业文化所具有的如发展物质文明的主导功能、对精神文明建设的主体功能，对智力开发的动力功能、对共同意识的凝聚功能等，它都具有。

第二，开发性。包括三个具体内容：一是开发生活，拓展人的生活空间，丰高人的生活内容，增添人的生活乐趣，美化人的生活、心理、文化环境。二是开发人的素质，包括人的体质、智力、脑力以及道德情操、价值追求、品质修养等。三是生产、技术、工艺、产品等的开发。

第三，社会性。企业内搞的各种功能性文化活动，本身就带有共性，是社会各企业、事业单位、学校、团体等都可以搞的"通用件"（专业技术培训等例外）。另一方面，他们又可通过这些功能性文化活动，如歌舞晚会、舞会、各种球赛、报告会等，同社会各界加强联系，相互交流信息，提高企业的社会声望。同时，在与社会各界日益增多的接触中，亦可更多地了解用户、消费者对本企业产品、服务的意见和要求，提高产品（服务）质量，促进企业生产经营的发展。

3.企业文化活动的类型

作为企业功能文化，企业文化活动大体上可分为文体娱乐性、福利性、技术性、思想性4大类型。

（1）娱乐性活动。这是企业内部（也包括部分以企业名义）开展和组织的文艺、体育等娱乐活动，如举办和组织员工之家、工人俱乐部、电影放映晚会、录像放映、电子游艺、图书阅览、征文比赛、摄影比赛、书法比赛、周末舞会、文艺演出、春秋季运动会、各种球类比赛，射击打靶、游泳、滑冰、野游、游园、钓鱼比赛，自行车比赛、"五月歌会""戏剧之春""班组之声"等。经常举行交流、比赛，辅导，展览等活动，不仅满足了不同层次员工对文化生活的需要，而且形成了适应现代化生产的社会进步要求的文明，健康，科学的生活方式和积极向上的文化氛围。这种文化氛围滋养着企业特有的优良传统和精神风貌。

（2）福利性活动。主要是企业从福利方面关心的各种活动。企业通过这些活动，在员工中，在企业内外，造成浓厚的人情味，造成有利于企业发展的"人情场"，使员工加深对企业的感情，加深对这种福利环境和文化氛围的依恋感。

（3）技术性活动。在常规的企业生产、经营之外，围绕企业的生产，经营、技术和智力开发等问题，由企业倡导或员工自发组织进行的技术革新、管理咨询、劳动竞赛、教育培训等活动。这类文化活动可以激发员工的创造欲和成就感，使员工看到自己的价值和责任；同时，它又是企业结合生产经营，在生产过程之外培育和开发员工素质的一个基本途径，而这些活动每一次的圆满结果和获得成功，取得成果，又都可以使人产生一种满足感，从而持久地促进企业健康向上、积极进取文化环境的生成和发展。

（4）思想性活动。思想性活动包括以下类型：首要的是一些政治性的文化活动，如开展形势教育、法制教育、理想教育、道德教育、政治学习和其他有关的思想政治工作。其次，还有一些像新书报告会、生活对话会、沙龙等。

三、企业文化活动的策划

企业文化活动的策划，实际上就是一种管理。作为主办单位，每一次活动都需要获取一定的功效和利益的结果。对于企业员工来说，参与文化活动，也都自觉带着娱乐审美、提高文化素质、消遣休息、美化生活、增智益寿等目的。任何一种文化活动都必须从精神需要出发，面顺一定的动机目的去开发员工的文化行为，每一次活动都有完成这个目的的主题。因此，企业文化活动首先碰到的就是确定主题。根据多年来的实践，企业文化活动策划大概有这么几种类型。

（一）读书活动策划

古人有"书中自有黄金屋"之说。朱熹也曾经指出，"读书百遍，其义自见"。杜甫所提倡的"读书破万卷，下笔如有神"等，无不强调了多读书广集益的好处。因此，作为企业文化管理工作者，我们要积极引导员工正确面对纷纭繁杂而又丰富多彩的阅读世界、博览群书，开拓视野，丰富员工的知识储备，不断提升员工的整体综合素质，从而使企业员工身心得以健康的成长，潜能得以充分地发掘，以渊博的知识去适应和面对未来社会的需要和挑战。因此。组织读书活动是企业文化活动的重要内容。组织企业员工读书活动大概需注意如下环节：

1.明确活动宗旨

读书活动的总体策划。要突出培养员工崇尚阅读、自觉阅读的良好习惯，让员工在阅读中开阔视野、增长知识、陶冶情操，增强精神力量。以"读书活动"为契机，以"培养读书习惯、提高文化品位"为主题，引导员工养成爱读书、读好书、善读书的良好习惯。通过读书活动倡导科学精神，培养科学理念，倡导人文精神，表达人文情操，为企业营造良好的文化环境。

2.组织企业读书活动的基本要求

企业的读书活动要以员工干什么学什么，缺什么补什么为核心，努力学习当代经济、法律、法规和做好企业工作方面的业务知识。结合本单位本部门实际，以集体学习和个人自学为主，请专家辅导为辅，积极开展读书心得交流讨论、读书论坛、读书演讲比赛、读书直通车等活动。

3.读书活动的组织要领

组织者要制定推进措施。比如开展"四个一"活动。结合本单位本部门实际，采取相应的形式，集中开展个人读书、集体读书、交流读书心得和评书活动，要求做到"四个一"，即至少开展一次集体主题读书讨论交流活动、开展一次读书心得评比活动、每人制定一个读书计划、开展每人向大家推荐一本好书活动。另外，有条件的可以开辟"读书专栏"。在企业公众网或设置墙报专栏选登干部职工读书心得体会、读书计划和各单位各部门开展读书活动的好做法，刊登优秀图书推介以及热销图书排行榜的内容。结合时事热点和形势变化，适时邀请国内知名专家学者来公司开办专题讲座。以"培养读书习惯，提高文化品位"为主题开展读书演讲活动，适时组织读书演讲比赛等。

4.组织读书活动注意把握好几方面的问题

（1）成立读书活动领导小组，负责读书活动的领导、组织、协调等工作。

（2）充分利用现有资源，积极推荐好的书目，让资源共享。

把集中读书、评书、交流读书心得、读书演讲、知识竞赛与个人业余读书结合起来，保证学习效果。

（3）有条件的可以开展评选"读书心得"先进个人活动，每个单位、车间、班组分别推荐一篇优秀的读书心得文章（题材不限）。由公司统一编印成读书心得文章汇编。读书演讲比赛也可以组织评出一、二、三等奖以促进读书活动的开展。

（二）知识竞赛的策划

知识竞赛是为了让企业员工更加积极的学习、掌握某类知识，掀起企业内部的学习热潮，取得较好的社会效益而组织的活动。策划组织知识竞赛有如下程序：

1.确定竞赛主题

如为使更多的员工了解本公司（或企业），感知企业、热爱企业、建设企业，使员工全面掌握制度、流程、规范、标准、企业文化等基础知识，培养团队协作能力。更好地开发利用企业发展的资源，举行专题知识竞赛。

2.成立组织机构

主办单位一般为企业（公司），承办单位一般为企业工会或团委，协办单位则可以为公司下属的各种相关组织。

3.明确参赛对象

有些竞赛可针对某些特定的年龄、职务和工种的人群而确定参赛对象。

4.公布参赛形式

如要求每个单位派若干名选手组队，分几个阶段进行：各队先行参加复赛，再选出几支队伍进入决赛。

决赛要重点经营，制作相关图片、视频，组织决赛队员好好练习；正式决赛之时，组织企业各层领导和业务骨干或团员来观摩、学习，以扩大影响。

5.制定参赛内容

以已确定的主题的相关知识为主，辅以企业业务相关知识。以简答题、填空题、抢答题、判断题和视图、视听、视频题等形式，考核各队。参赛主要内容范围和比赛形式要预告给各队事前做好准备。

6.评审方法和奖项设置

复赛组织相关专家现场打分。得分高者进入前3~4名，决赛评出金、银，铜奖和最佳选手。如有4支队伍进入决赛：可设金奖1名、银奖1名、铜奖2名、最佳选手若干名，分别发给奖牌、证书和奖品。

7.明确各项具体分工

组织者要按照竞赛程序，做好各阶段的分工和准备工作：含拟发通知、组织队伍、编制试题、选定主持人，评委，举办赛事；落实专人负责制作相关图片、音乐、视频；落实场地，观众组织及决赛的排练等。

作为一个普通企事业单位，由于不具备电视台专用的比赛平台，如果要搞一场极致专业的知识竞赛，而且具备电视台效果，就应该充分挖掘利用现有的条件。要根据企业的实际情况来决定竞赛的档次、地点、出席的人员。

（三）企业宣传教育活动的策划

企业宣传教育活动的常见形式多与经贸活动结合在一起，是企业文化宣传与展示名牌产品的重要手段。这类活动应就宣传展示的主题加以开发，运用已有的资源和事实，以生动的形式、多彩的手段，以实物和图片及现场示范、展示等手段来表现要宣传和展示的主题。

（四）公司年会的策划

企业（公司）的年会通常起到总结一年来的成绩，表彰先进，激励企业精神，促进明年更上一层楼的功用。组织策划好这类活动对企业领导来说是非常重要的。年会的策划首先要对公司一年来的成就做一个详细的文字总结，为领导写好开场词、祝酒词，布置好会场。如果以茶话会、酒会形式的要选好一位能把控会场气氛的主持人，中间安排一些员工代表发言或插入一些歌唱类的表演。组织者要对年会不同阶段实行有效掌控，最后形成高潮。

（五）企业文艺联欢会的策划

文艺联欢晚会，又叫综艺晚会或综合晚会，是区别于专题性晚会的一种晚会形式。它的观众层次无论从年龄的差别、文化修养的高低还是社会地位的不同来比较，均有很广泛的群众基础，是深受观众喜爱的一种艺术形式，如今它已成为企业年度总结不可缺少的一道文化大餐。

文艺晚会是企业联谊晚会的一种主要方式，既可通过文艺演出树立自身形象，对员工来说也是一种艺术享受和高雅的娱乐。

策划组织企业文艺晚会的步骤与我们前面讲过的《如何策划和组织群众文化活动》方法相同。但企业文艺联欢会的特点是娱乐性、福利性，必须在营造轻松，快乐的气氛中增强企业的团体意识。平时组织联欢会可以组织员工舞会、员工演唱比赛。到年底（或节日）时，主要是组织全体员工举办一个比较大型的文艺联欢会。

较大型的文艺联欢会，其主题主要是企业的本年度总结、明年发展目标再腾飞的预期。组织者必须想办法用一个什么样的形式和内容，使之鲜明有力地表达以上的主题，使晚会增强艺术感染力，吸引员工的注意力，给员工以新颖别致的精神享受。

策划组织企业文艺联欢会晚会，组织者必须首先熟悉本企业一年来取得的成果；企业领导采取了哪些措施成功运作；员工们做出了哪些贡献，哪些班组、车间和部室涌现了好人好事。然后结合本企业的实际，根据员工不断产生的文化兴趣和爱好，来策划组织安排联欢会的活动项目。其中，最重要的是必须对本企业和周边文化资源有个透彻的了解。主动掌握企业各部门的文化资源情况，包括了解有哪些部门平时就有节目是现成可以利用的或者可以改造的，那些团队和人员是可参与此项活动的，那些项目和资源可以调动使用的。心中有数了，工作铺排就会得心应手。

策划组织企业文艺联欢晚会，跟组织专题文艺晚会让观众安静地坐下来观看，具有强烈的欣赏性不同，组织者要根据企业的特点和员工多是年轻人爱好加入一定的互动性游戏、现场即兴表演等项目，努力制造台上台下欢乐活跃的气氛。

组织企业文艺联欢晚会同样要制定策划方案，除了活动的项目设置，晚会流程之外，要做出相关的合理的经费预算。预算包括：组织策划和编创节目的工作费用，租用场地和舞台灯光音响的费用。组织演员排练和演出的吃住费用和现场安全和交通管理等费用。企业文化活动策划方案必须形成文字，写出来呈报给企业领导批准之后，就要着手组织实施。首先要组建活动工作机构，活动机构要把主管本次活动的企业相关领导，把管钱的，管物的，管设备的各车间、各部门负责人纳入工作机构里，以形成一股合力。同时根据联欢会的需要，要成立编导，排练、游戏道具制作、后勤保障、安全交通等工作小组来做具体实施工作。

为了让整个企业行动起来，参与你组织举办的文艺联欢会，组织者必须以公示（或通知）的形式告诉员工什么时候会有一个什么活动，要各部门准备哪些项目和节目。这个"安民告示"要有提前量，以便让各车间、各部门有充足的时间来准备并激发起各员工的期待。组织者在筹备阶段要积极与部门之间加强沟通，抓好项目的落实、有条件的要组织力量帮助各部门辅导节目的编导和排练，对拟举办联欢会活动的场地进行勘查，联欢会前夕要进行环境、舞台的气氛布置，舞美、布景、服装及游戏道具的制作。以上每一个环节都要分派专人负责落实。临到本次文艺联欢会开始之前，要组织一次全面检查，发现问题，及时处理。然后转入实施，保证万无一失。

目前，我们正面临多元文化的世界，作为文化管理者需要更多的专业知识和更大胆的艺术实践去策划组织企业文艺联欢会。要有创新意识引导员工的文化追求方向，贴近群众，贴近生活、贴近实际，不断探索策划有一定文化品位的较高档次和水平的品牌活动。为使大家了解企业联欢会的具体实践，这里选登了 x x 企业的一份春节联欢会的策划方案，供各位参考。

第四章　群众文化活动的组织与实施

第一节 群众文化活动组织实施程序

群众文化活动能否真正达到预期的成效，不仅仅在于活动的内容是否充实，活动的形式是否新颖，还取决于群众文化工作人员能否给予群众文化活动以科学的组织与策划。因此，群众文化工作人员应当在确保群众文化活动内容充实、格调健康向上、形式新颖别致的同时，还必须认真做好群众文化活动的组织与策划工作。

为使群众文化活动的影响力能否持续扩大，因此，应当注重开展各项覆盖面广的大型活动，原因在于，群众文化活动首先是一种"活动"，唯有经常推出全新的活动内容以及活动形式，方才可以让社会公众感受到群众文化活动的魅力所在，进而让社会公众的业余生活更为健康、更为丰富多彩，同时也能够使社会公众从中感受到美的熏陶。只有这样，才能真正体现社会文化社会化，群众文化群众化。不论是各级政府、机关、企业还是民间组织，不管是哪种类型的主办方，都要扎实推进群众文化活动。如何组织开展好群众文化生活活动，需要从以下几个方面入手。

一、认真落实好群众文化活动的组织、策划等相关工作细节

群众文化活动的组织、策划千头万绪，涉及的人数众多，活动形式也是千差万别，可能发生的情况更是不可预知。因此，为使群众文化活动能否顺利地开展，并且为社会公众奉上一场丰富的精神盛宴，群众文化工作人员应当认真落实好群众文化活动的组织、策划相关工作细节，要确保群众文化活动的开展能够顺利、有序。也就是说，对待每一个工作要点，群众文化工作人员都应当全身心地投入于其中，不得疏忽大意，同时，要明确工作职责。因此，在明确了具体的活动内容以后，需要做到以下几点：第一，要制定一个清晰的"活动策划体系"。可以说完成一个好"活动方案"的制订，活动的成功就取得了一半。比如，开展群众合唱活动，就要事先进行群众合唱活动策划方案的制定和不断充实、改进。群众合唱活动的场地，人员，器材，需要邀请的指导者，宣传者，都需要提前进行规划与策划。只有考虑充分、全面，群众合唱活动才能顺利开展。第二，开展群众文化活动应当寻求相关部门的支持。通过寻求相关部门的支持，将使群众文化

活动的开展获得必要的活动经费，同时，通过寻求企业的赞助，将达到一种双赢的效果。即，群众文化活动得到了必要的筹备资金，给予赞助的企业同时获得了一次难能可贵的宣传契机。最终，活动的举办将达到社会效益、经济效益的双重获益。第三，在群众文化活动开展之后，要积极进行反思，对群众文化活动开展过程中存在的可以改进与提升的地方加以思考，制定改进方案，从而在今后的活动组织开展过程中有所借鉴。

二、注重对相关措施的健全，注重发挥群众自身在参与群众文化活动中的主观能动性

群众不但是文化成果的享有者，同时亦是文化成果的创造者。尤其是国内人均家庭收入水平的提高以及现代媒体技术的发达，特别是给予群众文化活动的高度重视和支持，使得群众对于社会文化事业建设表现出了高涨的热情。有鉴于此，相关文化主管单位应当鼓励本地民众成立民间文化社团，鼓励公益性文化事业的开创，注重对群众文化活动载体与媒介的推陈出新，给予群众文化活动积极分子以物质奖励和精神奖励，通过前述方式，将真正确保群众成为群众文化活动的参与主体。此外，要顺应新形势新变化，积极鼓励和引导人民群众利用网络、手机进行文学创作，运用书画、摄影等展现美好生活，通过诗歌、散文等抒发真情实感，在主动参与中实现投身文化创造的理想，展示自己的才华。比如，可以组织书画大赛，号召书画爱好者积极参与比赛。大赛可以邀请媒体进行报道，一方面可以扩大书画大赛的宣传范围，一方面也能够进一步提高参与者的积极和热情。书画大赛可以设立奖项，对优秀作品进行多渠道展示，营造浓厚的文化氛围。

三、打造示范性群众文化基地

为使群众文化活动的开展能够更为深入人心，更为契合社会公众的精神文化现实需要，因此，各级群众文化部门应当注重打造示范性群众文化基地，通过文化基地的示范以及带动作用，推动群众文化工作登上新的高峰。群众文化活动要改变大多数馆、站的阵地活动陈旧单一、枯燥乏味、没有示范带头作用的现象，在构建和谐社会的大潮中，群众文化单位更要明晰自身职责，不是要求其内部扩张，尽可能接纳更多的活动者，想方设法提高阵地活动的质量档次，增强馆、站办阵地活动的影响力和辐射力。有鉴于此，各级群众文化主管单位应当注重对优质文化项目的大力扶持，为其配备专业的工作人员，给予其必要的经费支持，以便提升其示范性效用。通过这样的做法，将形成"以点带线"的作用，即，依托优质示范性群众文化基地的兴建与打造，实现对群众文化活动影响力的提升，进而让社会公众获得更为优质的群众文化服务。

以上，我们从认真落实好群众文化活动的组织、策划相关工作细节、注重对相关措

施的健全，注重发挥群众自身在参与群众文化活动中的主观能动性、打造示范性群众文化基地三个方面对群众文化工作的开展进行了研究。以前的群众文化活动，不管是从模式上来看还是从内容上来看，都存在单调俗套的问题，无法满足人民群众的实际需求。在市场经济不断发展的今天，文化活动样式繁多，内容优劣混杂，这对群众文化活动选择带来一定的影响，要求其必须要有一定的变革。才能够满足不同阶层人民群众的实际需求。加之群众文化活动的组织开展本就是一件千头万绪的事，因此文化部门需要做的工作有很多，但是做好群众文化工作又是十分有重要的，为此，还需下大力气，强化组织与引导，使群众文化工作更加繁荣。

第二节 群众文化活动实施过程中的工作机构设置

群众文化活动实施阶段的工作机构是各项操作的基础，它与策划阶段的组织机构设计有很大的不同，活动的承办方在制订活动实施方案时，都要对机构进行再次认定和安排，以保证各级设置的实用有效。

一、组织实施阶段的工作机构设置任务

1.组织实施阶段的工作机构设置是策划阶段设计的延续，是以工作岗位为中心的二次设计过程

在实际工作中，有些文化活动的主办方常常将策划方案中的组织机构设计与实施方案中的工作机构设置作为同一个概念来理解，其实这是一种误解。策划方案中的组织机构设计是活动组织结构性的设计，其目的是为了明确各个参与单位在活动中的角色地位和相关职责，同时还向社会表明活动的级别和应当产生的社会影响。在这个设计中以结构的形式确定了上下级的领导关系，并对活动的实施提出工作机构的组织设想。

活动实施方案中工作机构设置是活动组织机构内部建立的工作指挥系统，其目的是为了保障活动的顺利进行和有效操作。工作机构的设置是以岗位任务为核心的结构模式，人员的分配、职责的认定、运作的方式等都要围绕完成活动任务来展开，这是与策划方案中的设计的最大区别。

2.将策划方案中的领导机构转化为实际运作中的指挥系统

群众文化活动策划方案中的机构设计分领导机构和工作机构两类，其中领导机构向指挥系统转化，形成了总指挥系统和分指挥系统。

策划方案中的工作机构则向岗位责任方向转化，形成了部门责任和岗位任务的活动实施系统。实施系统接受各级指挥系统的领导，按照各自的工作任务进行操作。

3.将策划方案中的工作机构职能进一步分解到各个岗位，把部门职能转化为岗位职责

活动的承办方在进行策划方案组织机构转变为工作实施机构设置的同时，也要将各级所拥有的权力、义务和职责逐级下放分解到各个岗位。即总指挥系统将责权分解到分指挥系统，分指挥系统分解到各部门，各部门再分解到各个岗位，确保每个人员在了解自己权限的前提下开展工作。

4.根据活动实施中的具体情况和需要，对策划方案中的组织机构设计进行适当调整

由于活动策划方案与实施方案在制订的指导思想上有一定的差异，因此在组织机构设计向工作系统转化时不应完全照搬，应当根据承办方所面对的实际情况及所属人员的业务能力做部分调整。例如，某单位拟在北京天安门广场组织大型文化活动，策划人在机构设计时设置了场地环境装饰部，但活动承办方在进行工作机构设置时发现天安门广场太大，环境结构也很复杂，于是就将环境装饰部提升为场地环境分指挥系统，下设三个具体业务部门，这个修改变更符合当时的具体情况，保证了活动的正常开展。

二、工作机构的设置

（一）指挥系统的建立

活动的指挥系统分为总指挥部和分指挥部两部分，主要由组织设计中的领导机构成员组成。活动指挥系统控制着活动的全部运作程序，把握活动方向，通过指令实现对各部门及岗位的指挥和调动。

总指挥系统是活动的中枢神经和灵魂，根据活动的需要设总指挥一名，副总指挥若干，其成员一般由主办方的负责人、承办方主要负责人及各分指挥系统的第一责任人组成。

分指挥系统是总指挥系统的分支机构，负责将总指挥系统的指令分解成各自的专业性指令，下达到各工作实施部门，并对实施结果承担责任。共设分总指挥一名，副指挥若干，其成员一般由各部门负责人和具有实际经验的指挥者组成。

（二）各工作部门岗位的设置

1.岗位设置的原则

所设岗位的性质要与部门职责和任务性质相一致——不同性质的岗位不可以设在同一个部门内，如举办摄影展览活动时，承办方为了拍摄资料方便将宣传组并入展览组，结果造成管理重心的偏离。如果由于某些原因使不同性质的岗位必须处在同一个部门内，则应当进行再次分解，形成单独的工作小组，这样有利于管理。

所设岗位的数量必须符合任务量的要求——活动的承办方在设置工作岗位前，必须对部门的工作任务总量进行分析，计算一个岗位在单位时间内能够承担任务的数量，并

以此为依据设定相应的工作岗位。如果岗位数量大于任务量，就会发生出工不出力的现象，影响工作效率。如果岗位数量小于任务量，则就可能影响工作质量，甚至给活动带来不必要的损失。

部门岗位的设定要齐全——活动实施过程中的岗位设置一定要包括活动的所有任务，不得缺岗漏岗。活动的运作由若干个环节连接而成，每一个岗位都不是孤立存在的，工作链条的基本构成是工作任务，岗位设置不全就会造成链条和环节的断裂，致使活动无法正常开展。

岗位角色鲜明准确工作机构的岗位设置应使上岗人员对本岗位在活动运作中的角色位置有清晰和明确的认识。使每一个人都清楚自己的工作在活动中所起的作用，这对提高所属成员的责任心和工作主动性会产生积极作用。从某种角度讲，鲜明准确的岗位角色比经常性的思想动员还要有效。

2.岗位设置步骤

分析部门职责和任务特征——活动承办方在完成了从策划向实施的转变后，就要对各部门的职能进行分析，认清其工作的特征及规律。这对部门性质的定位和岗位职数的确定将会产生重大影响。

确定和分解任务量——对部门内的任务总量进行分析，按照任务的性质和类别进行细分，分解为若干个单项业务，如工作机构中的办公室可分解出文秘、公关、档案、财务等。在此基础之上确定各个类别的工作量。

根据任务量确定岗位数量一根据部门总工作量的分解，确定各个工作类别的岗位数量，从而得出部门岗位数量。活动承办方在核实岗位数量与工作任务数量相吻合之后，将岗位最终确定下来。

明确岗位职责和任务——当岗位确定下来以后，应立即制定或确定岗位职责，并将分解的工作任务落实到具体岗位上，使各岗位有明确的上岗条件。

确定岗位人员——对所属成员进行能力分析，根据岗位条件的要求将人员与相应岗位对位，从而确定岗位人选。

各岗位人员落实到岗——选定人员正式上岗，认真学习岗位规范，承担相应职责，接受岗位任务。

3.岗位职责设定的要求

实用可行——岗位职责与岗位任务相一致，应让上岗人员在实施任务的过程中，有实实在在的依据。

具体明确——要明确规定岗位人员的权力、义务、责任和规范。

内容全面——岗位职责内容应当涉及岗位人员的全部运作行为过程。

可控性强——岗位职责的设定应当做到权力和责任的对等，其权力不应超出职责范围。

有利于协同合作一因各岗位的任务存在差异，因此其职责特征也不相同。任何一项大型群众文化活动都不可能由单独一个人完成，部门职责必须兼顾到各岗位人物特征，便于协调合作。

三、各工作机构相互之间的联系

1.各工作机构在同一项活动中是一个有机的整体，但同时又各自形成相对封闭的独立循环系统

所谓封闭循环系统是指各分系统或部门，都要依据自身的任务性质建立适合工作特点的运作模式和规范，在所属岗位的协作当中逐渐形成了相对独立的默契关系，这种关系只在本系统的环境中循环合作。总指挥系统是由若干个这样独立的循环系统构成的，他们在按照各自的规律来完成自身承担的任务。

2.机构之间应相互联系，相互支持，互不可分

虽然各分支系统和部门都按照各自的规律进行独立运作，但相互之间并不是割裂开来的。活动本身是一个整体，必须由各部门相互配合才能完成。各系统、各部门之间应当建立规范的联络协同机制，确保活动整体一盘棋。

3.各自系统均应服从总系统，并为总系统服务

群众文化活动的指挥体系由总指挥系统、分指挥系统和业务部门组成。无论分支系统的任务多么具有特殊性，都要围绕总系统开展工作，并以总系统为核心，服从总系统的指挥和领导。各分支系统应对自身的工作结果承担责任，同时要对总系统的工作负责。

第三节 大型群众文化活动中各系统的协同性操作

大型群众文化活动的协同性操作是活动实施阶段的关键性环节，任何活动的承办方离开了协同运作，活动便无法进行。协同是协调和合作的总和，是活动所属单位的一个必经程序，活动的操作方必须重视这一环节的作用。

一、建立协同系统的必要性

1.活动的协同系统是指活动组织机构中，本系统与其他系统和单位的工作协调与合作机制。这个机制使活动中的各个部分形成一个有机整体，总指挥系统通过协同体系将各个实施环节连接在一起，保证活动的协调运行。如同一部汽车，驾驶员就是总指挥，他通过开关发出指令，各系统按照出厂时的设计进行工作，供油系统开始供油，供电系统开始供电，润滑系统开始润滑，冷却系统开始冷却，整部机器开始协调运转，于是汽

车开动了，如果其中任何一个系统出现了故障，则汽车就会瘫痪。群众文化活动的协同运转与汽车发动是一个道理，没有协同就没有运行，协同是实施的生命。

2.由于各相关系统均有各自独立的工作规范与模式，因此系统内各岗位之间的密切配合就显得格外关键，建立内部合作机制是十分必要的，如活动宣传部门的工作应当按照信息提供一编写宣传内容一设计制作宣传品一宣传品的发放或发布等流程来运作。这一流程是通过各岗位人员的密切合作完成的，其中任何环节出了问题工作都无法开展。由此可见，没有内部协同就不能形成完整的内部工作系统，必须采用协同的方式将各相关岗位人员统一到同一种协作模式上来。

3.大型群众文化活动运作程序十分复杂，涉及面广，仅靠活动组织机构内部的协调，仍无法保障活动的正常进行，必须还要依靠活动组织机构以外相关系统和单位的支持和帮助。例如，广场文化活动需要气象台的支持；群众性文艺比赛需要专业评委的支持；春节游园活动需要各商家的支持；文化宣传活动需要各新闻媒体的支持等。上述单位和个人都不是活动组织系统内的成员，但都是活动协同对象。大型群众文化活动的决策方和承办方在建立协同体系时，必须要树立开放的大协同合作观念，将视野从自身系统中拓展开来，动员一切力量来支持总系统的协同体系，使其发挥出最大功能。

4.由于各相关系统自身所处的位置和对活动的理解角度各不相同，部门或岗位之间在工作中发生矛盾是不可避免的，如果处理不好就会影响活动运作秩序。各系统的指挥员应当把相当的精力放在岗位及部门的协调关系上，这种协调关系的确立关键在于思想认识和方向目标的一致，因此须采用协同的方式使各相关系统的思想得到高度统一，这是指挥系统的动作重要的任务。

二、群众文化活动中各系统的协同性操作内容

（一）建立活动的组织协同体系

1.层级式协同系统——是指按照决策权限和上下级领导关系建立的协同体系，如在市级群众文化活动中，市群众艺术馆带领区县级文化馆和乡镇文化站建立了纵向协同体系，这个体系是按照不同级别的群众文化事业单位组成设立的。

2.职能式协同系统——是指按照工作性质和岗位职能关系建立的协同体系，如同样是市级群众文化活动，组委会建立了由后勤保障系统、安全保卫系统、文艺演出系统构成的横向协同体系，这个体系是按照不同工作性质的同级别单位组成设立的。

（二）制定协同操作的原则与内容

1.协同操作遵循四统一原则

目标统一——协同体系中的各系统单位必须要有相同的目标和方向，统一目标会形成合力，失去目标就会成为一盘散沙。各协同单位应将自身的任务目标与系统协同目标结合成一个有机整体，劲往一处使，力往一处发，工作效率就会大大提高。

节奏统一——在协同运作中，协同单位的协作步伐应当保持一致，这是衡量合作默契程度的重要标志。如果各部门虽然工作目标一致，但运行节奏各不相同，就可能发生整体操作环节的断裂。例如，某市在春节期间举办了正月十五焰火游园活动。安保系统按照计划在晚七点准时就位，而游园的管理方为了减少入口的压力，于晚六点半就开始放行群众入园，这时的安保人员正在用晚餐不在岗位上，仅仅相差半小时就发生了群众性踩踏事故，这是典型的因协同节奏性失误造成工作链条断裂而带来的严重后果。

方法统一——群众文化活动协同方式方法的一致是保证合作秩序的重要因素，活动中的各个部门与合作对象在实施协同时，应提前约定协同方法，及时掌握对方的运作轨迹，保证协同的一致性。例如，某项广场文化活动的协作单位，约定用对讲机联络的方式协调每个单位的工作节奏，其对讲方式便是活动现场的协同方法，如果其中某部门放弃对讲联络方式，则协同程序就可能中断，致使协同效果受到影响。

思想统一——在活动协同过程中，思想的统一是指协同观念和认识的统一。各部门和单位用相同的协同理念进行合作，可保持和提高行动的一致性。任何群众文化活动的决策方和承办方都会在活动实施以前，采用讨论会、协调会等方式对所属部门及成员进行大量的思想动员工作，使人们对活动的认识达到高度统一，思想观念的一致就会使行动一致起来，增进彼此的理解和认知，在协同动作中可更加自觉和主动，保证了合作效果。

2.协同内容是合作的关键要素

信息协同——是指以信息作为协同内容的合作机制。例如，北京、上海、天津和重庆四个直辖市的群众艺术馆，采用互联网和互访座谈、研讨等方式定期合作，建立了以信息为内容的交流机制，虽然这类协同行为没有在同一项活动中得到体现，但大大丰富了各自的活动创意理念，并提高了组织大型群众文化活动的水平。他们的协同机制即为信息协同。

业务协同——是指以活动内容为中心的合作机制。例如，某地区举办书画展览，则展品的展出即为协同内容，各个单位和部门的一切动作，如场地的准备、展品的保存、现场的布置、观众的组织等都要为展品的展出服务，没有业务内容，协同便无从谈起。

协同内容不同，其合作手段也会不同，活动的承办方应按其内容的特征来确定协同方式。

（三）多种方式的协同模式

1.流程连锁式协同——是指以活动的各项任务为中心，由岗位合作形成不同的工作环节，指挥系统再以协同的方式将各个环节连接在一起形成链条式的工作流程，这是群众文化活动普遍采用的协同模式。

2.岗位合作式协同——是指以人际关系为纽带，由岗位与岗位之间合作形成的协同模式。这种模式在活动内容比较单一，操作难度不高的情况下经常使用。

3.项目联合式协同——是指以活动项目和内容为中心，形成相互协作关系的协同模式，如活动的后勤部门与餐饮、旅店等单位的合作等。这类协同方式可以采用内部协同，也可以用于外部协同。

4.会议交流式协同——是指在大型群众文化活动中，用于系统之间、部门之间调整和协调合作关系的主要协同模式。活动的主办方和承办方经常通过定期和不定期的协调会议来下达指令，处理各类工作关系。

第四节 群众文化活动组织实施中的控制与管理

群众文化活动的实施是通过各级指挥系统的有序管理来实现的，其中对活动的流程控制和内容的管理是关键，并贯穿活动的全过程。

一、组织实施的工作步骤

群众文化活动的实施共分为三个阶段，即准备阶段、实施阶段和后期收尾阶段。

（一）准备阶段

群众文化活动实施过程中的准备阶段是最终得以展现的基础，准备工作是否充分直接决定了活动的质量。从工作的步骤划分可分成前期准备、中期准备和后期准备三个阶段。按照时间比例分析，中期准备阶段所占用的时间最长，是全部准备时期的核心，通常按照 1：2：1 的比例分配，甚至有的活动中期准备的时间更长。

1.前期准备阶段

这一时期的工作主要是基础性的准备工作，完成活动实施必须具备的条件和手续。包括组建工作机构，以活动策划方案为依据制订工作实施方案；制定工作细则和规章制度；落实活动经费；完善法律程序和手续；组建实施队伍；明确岗位分工和职责等。

前期准备工作是否充分决定了中期准备是否顺利，因此各部门的工作必须扎实细致、准确到位，这是活动实施过程最基本的条件。

2.中期准备阶段

活动的中期准备阶段是准备时期的主体部分，按照活动内容的要求，各部门进入实际筹备程序。活动内容所应具备的各项准备都在这个阶段完成，如节目的排练、舞美设计和制作、服装道具的准备、露天舞台的搭建及后勤、安全保障的各项准备等。

各级指挥系统对这一阶段的准备工作应当格外注意，活动实施的现场管理实际上从这一阶段就已经开始了。此时的准备工作如果不能到位，在活动展现时就极有可能出现大问题。

3.后期准备阶段

所谓活动的后期准备阶段即人们通常所说的倒计时阶段，主要是各级指挥系统对各项准备工作的落实和检查验收。包括各项工作的检查验收；艺术项目的最后合成；各类票证的发放；安检工作的落实；后勤保障措施的落实；工作人员的就位状况等。

活动的后期准备和验收是决定活动是否能够顺利进行的最后屏障，如发现问题还可以进行调整补充。如果等到活动进行时才发现问题，就只有通过应急措施来进行补救了，这样势必使活动的效果大打折扣。

（二）实施阶段

群众文化活动的实施阶段是活动最终目的的表现部分，在广大群众眼中的群众文化活动所指的就是这个部分。人们通过这一阶段的活动展示感受到文化的魅力，使活动产生社会影响。因此实施阶段是活动各阶段中最关键的时期，也是对准备工作的最终检验。实施阶段应当完成三项工作内容。

1，进入就位程序

按照工作实施方案规定的时间地点，各岗位人员准时就位，迅速做好活动开始之前的各项准备工作。

各指挥系统对各项准备工作做最后检查验收，确保万无一失。分指挥系统将活动前检查情况报告总指挥系统，并做好活动开始的各项准备。在一般情况下，大型群众文化活动的就位程序应当在活动前半小时完成。

2.进入实施程序

总指挥系统在确认各项准备工作就绪后，按照预定计划向各分指挥部系统及所属部门下达活动启动指令。

各部门及各岗位按实施计划和操作流程开始协同运作，即晚会开始演出、展览会开始接待观众等。各级指挥系统做好应急准备，对活动的全程进行指挥、监督和检查，对不适合操作的内容进行协调或调整。

3.进行收尾程序

当各项活动内容完成之后，总指挥系统即可下达停止指令，并对其结果进行检查。各工作部门和岗位按职责进行活动还原归位工作，如拆卸舞台装置、服装道具装箱、演员卸妆整理、器材清点归位，等等。操作结束以后逐级向上报告。

总指挥系统下达活动结束指令，演员及工作人员有序撤离，现场活动阶段结束。

（三）后期收尾阶段

群众文化活动的后期收尾阶段是十分重要的工作时段，任何文化机构和单位都不应当忽视活动的收尾工作。大致可分为以下几方面内容。

1.文件和资料的收集、整理归档

每次群众文化活动举办以后，主办方都应当将活动资料的整理归档工作，作为重要事项来完成。这对群众文化事业的科学发展具有实际意义。尤其是系列活动和周期性活动，档案资料可以提供丰富的参考依据和成功经验，有助于提高活动质量。其中包括：各类方案、数据、图片、表格、流程，等等。

2.活动各阶段的意见反馈

将从活动策划阶段到活动实施结束的全过程中，以各种形式收集到的内部和外部的意见、反应，进行认真分析研究，从中探索规律，寻找不足，为活动的总结评估打下基础。

3.资产设备的清理归位

在大型群众文化活动结束后，组委会应当将用于活动的相关物资、器材及办公用品进行清点整理，损坏的进行维修，借用的进行归还，购买的应当登记入账明确资产归属单位。

4.经费的清算和结算

群众文化活动经费的使用是个严肃的问题，每次活动结束以后都要认真结算，按照财务制度的规定对使用的每笔经费详细核对。对社会资助的经费应当具有相关手续，做到清晰、准确、翔实、可靠。

5.活动总结、评估、表彰和处罚

群众文化活动的主办方对每次活动都应做出综合性评价，对活动做出总结。群众文化事业就是在不断地总结、不断地探索中发展起来的，同时每一个群众文化工作者都希望通过活动来提高自身的业务水平。因此，活动的总结和评估无论对事业还是对个人都十分重要。总结和评估是对活动的整体价值做出判断，而表彰和处罚则是对各岗位人员的综合表现进行认定。

6.遗留问题的处理和移交

由于群众文化活动建立的各类机构，如组委会、领导小组等均为临时性活动组织，活动结束后就要解散，因此活动一旦完成应立即处理各类相关问题。但在某种情况下，有些问题在短期内无法解决，如与合作单位出现的法律纠纷、资产归属无法确定、经费结余或亏损的处理等，均应作为遗留问题移交相关单位解决。

在通常情况下，接受移交的单位应是对该次活动承担后果的具有独立法人资格的主办单位。如果主办方在两个以上，则由上一级主管部门委派或指定其中一方为处理遗留问题的责任单位。文化主管部门也可按照遗留问题的性质，将其分解到各职能单位进行解决，如治安问题由公安部门解决、奖品领取问题由文化部门解决、环境污染问题由环卫部门解决，等等。

7，组委会宣布解散

活动领导机构在完成各项收尾工作后，即可宣布停止工作，各级指挥系统和相关机构解散，至此该项活动最终宣告结束。

二、组织实施的管理内容

群众文化活动实施过程中对各岗位及流程的有效管理，保证了活动运行的基本秩序。活动总指挥系统运用计划、指挥、协调、控制、监督等手段，通过各分指挥系统对专业职能系统和部门行使管理权。系统管理的基本单位是由相同工作性质的部门和岗位建立起来的专业工作系统，接受各分指挥系统领导。

1.指挥系统的建立与分布

指挥系统一般分成三级，即总指挥体系、分指挥体系和专业工作体系。由于群众文化活动的规模各不相同，其管理系统的具体构成可作适当调整，如将专业系统的指挥管理简化为各部门系统对所属岗位的协同管理等，分指挥系统通过专业部门行使管理权等。

2.信联络系统的建立与分布

群众文化活动的通信联络系统的建立应视活动的实际需要而定，不同性质的活动对于联络要求也不相同，如广场活动、剧场文艺演出活动、公园游园活动，等等。

3.安全系统的建立与分布

群众文化活动中的安全系统的建立是活动组织建设的重要内容，是相对独立的保障系统，在遇到紧急情况时由公安部门的协同单独运作。主要内容包括人身安全、设施设备安全和器材物品安全等。

安全系统的布局应从活动的策划阶段开始，各业务系统的安排和工作部署应当经过安全系统的确认，并派专人与安全系统建立联络通道。安全系统的主要负责人要参加总指挥系统的工作，确保安全措施的顺利执行。

4.后勤保障系统的建立与分布

群众文化活动的后勤保障系统是服务型机构，其布局设置应视活动内容的需要而定。其工作大致可分为以下几类。

（1）人员服务保证。如提供运送车辆、食宿安排、生活用品的提供、医疗卫生保障，等等。

（2）器材设备服务保证。如服装保管、通信设备使用、广场活动的桌椅摆放，等等。

（3）活动设施服务保证。如场地公厕保障、防风防雨设备保障，等等。

活动后勤保障体系应当与各业务部门保持密切联系，随时掌握后勤需求的变化，保证活动的正常工作秩序。

5.各类大型活动的票证管理

大型群众文化活动的票证管理应当是后勤服务的一部分，但因其管理的特殊性又常常成为一个单独的系统。票证管理对保障活动的秩序起着至关重要的作用。大型群众文化活动组委会应从以下几个方面进行票证管理：①票证的分类设计；②票证的制作流程；③票证的发放使用；④票证的广告性利用；⑤票证的保存，等等。

活动的主办方应对活动票证的全程使用情况进行监督和检查。无数事例证明，忽视对活动票证的管理和控制，会给活动造成重大混乱，甚至会导致失败。

6.各主要活动类型工作人员的安排

不同类型的群众文化活动对内部岗位人员的力量分配和管理重点是不相同的，活动的指挥系统应当根据活动的性质和特征进行岗位人员的合理分配。

群众文化活动现场的岗位人员可分为指挥人员、管理人员、专业人员和服务人员四类。仅以群众性文艺比赛活动为例：现场总指挥、舞台总调度或舞台监督等即为指挥人员；负责场内秩序、各部门协调运转、处理应急事项的人员等即为管理人员；负责舞台灯光音响、担任比赛评委、参赛演员等即为专业人员；各出入场口服务、舞台催场、节目联络、评比计分的人员等人员即为服务人员。

在通常情况下，广场文化活动服务性岗位人员的配备比重比较大，群众性文艺演出活动专业人员的配备比重比较大，不同活动的主办方在策划阶段就应当将该因素考虑到组织设计之中，为承办方的人员力量分配工作打下基础。

第五节 群众文化活动的应急处理

在群众文化活动的实施过程中，应急处理是保证活动顺利进行的最后防线。所谓应急是指当活动发生意外情况时，需要立即采取某些超出正常工作程序的行动，以避免事故发生或减轻事故后果的措施和行为。对于活动的承办方来说，应急处理不仅是针对安全应急而言，运作环节的衔接和突发性应急也占有相当重要的比例，如接送演员的车辆发生故障演出无法进行，广场活动中忽然下雨等。承办方在制订活动实施计划时，应将应急处理作为重要项目进行单独设计。

一、群众文化活动的应急类别和处理内容

（一）群众文化活动的应急类别

从活动的总体结构划分共分为三类，即事前应急、现场应急和善后处理。

1.事前应急

群众文化活动的事前应急是指在活动前，承办单位依据历史的经验和实际可能发生事故的敏感部位，进行的预防性设计。事前应急的预防一般是以制订应急方案的形式来体现。

任何预防措施的制定都应当建立在深入分析和实地调查的基础之上，分析得越透彻，调查得越细致，就越有发言权，其制定的应急方案也就越具有针对性和可行性。活动的承办方应当将主要精力放在事前的预防性准备上，任何细节都不应放过，小的疏忽就可能造成大的事故。

2.现场应急

现场应急是指当群众文化活动实施过程中发生意外情况时，指挥系统所采取各种紧急措施的运作行为。

在群众文化活动的实际运作中，无论多么周密的应急措施都不可能将现场的突发情况全部包括在其中，尤其是大型群众文化活动的意外情况更难避免。当发生突然意外状况时，现场指挥员必须快速做出反应，利用最短的时间果断应对是解决问题的关键。现场指挥员应立即进行四步运作，即"稳定、判断、决策、处理"。

稳定——稳定现场的秩序，稳定群众和所属人员的情绪是指挥员在紧急情况下要做的第一件事。如果现场秩序发生混乱，指挥员无论采用何种应急方法都不会得到有效的实施，所属人员只有保持冷静的心态才有可能忠实地执行指挥员的各种指令。因此，镇静和有序是应急处理的第一要素。

判断——指挥员对意外状况的部位、范围、产生原因、涉及的工作部门等要素进行分析，并对其性质迅速做出判断。

决策一在经过准确判断的基础上，指挥员应果断做出决策，下达对人员安排、设备使用和操作流程的指令。

处理——按照指挥员的统一部署，各相关部门协同行动迅速排除险情，使活动恢复

正常。

3.善后处理

活动的应急善后是指现场应急处理之后，对遗留下来的问题进行处理的过程。包括：人身伤亡、财产设备损耗、经费使用结算等。善后处理是一项耐心细致的工作，应设专门部门进行操作，如在短期内无法完成，应移交相关单位进行解决。

（二）确定活动实施中的应急点

许多有经验的活动承办单位在长期的工作实践中总结出了应急规律，他们对某些容易发生故障的部位和事物格外关注，这些被关注的内容就是通常所说的应急点。如，舞台幕布、吊杆与灯光之间的距离；表演场所的出入口；大型群众文化活动现场的公厕布局，等等。

活动应急点的确定对制订应急性方案具有重大意义，它能使方案的各个内容更有针对性。活动承办方在确定应急点时，不应该仅凭过去的经验和下属的汇报来作出判断，更要亲临其境，实地考察和调研，在经过充分获取第一手资料后确定的应急点才最为可靠。

（三）制定应急措施和办法

活动承办方依据应急预测确定的应急点内容，制定相应的实施办法和措施，作为活动应急方案的主要内容，这是事前应急的主要工作。

在制定应急措施时，应注意将一般性应急和特殊性应急分开。

一般性应急是指针对应急点设计的应急办法，这些措施是预先准备好了的，如遇情况可按计划实施。特殊性应急是指一些不可预见性的应急，如演出期间突然全场断电等。在现场应急中，虽然指挥人员的当机立断十分重要，但基本手段、指挥方法还是需要事先进行设计的，要使每一个岗位人员做到心中有数，避免临时产生误解而造成混乱。如演出断电后在黑暗中的联络协同等。

由于群众文化活动所处的环境和实际情况各不相同，因此产生意外的种类也是各式各样。承办方在事前应急设计中，对应急点的措施准备完成后，应再设计一至两个预备方案，做到万无一失。

（四）任务分解，责任落实到人

群众文化活动的应急任务分解与活动实施阶段的任务分解方法基本相同，主要完成三项内容。

1.确定应急第一责任人和项目应急责任人。第一责任人对活动应急拥有指挥权和决策权，并对应急最终结果承担责任。在通常情况下，应急第一责任人由总指挥系统的主要负责人担任。项目应急责任人对某项业务或某个区域拥有应急指挥权，并承担相应责任，他的工作向应急第一责任人负责。

2.按应急方案将各项应急内容分解成各个任务，经部门落实到岗位个人，要做到内容、任务、个人三对位，即应急内容与应急任务进行针对性对位设计，每个应急点都有相应的对策安排，而对策和措施都有专人负责，做到任务、岗位、个人三对位。

3.岗位个人在接受应急任务的同时，必须进行相关技能和应急方法的学习，并熟知指挥人员的指令意图，这是完成应急任务的基本条件。

（五）提出应急要求

1.当应急任务落实到各个岗位之后，应立即落实应急管理体系和指挥规范的建设，分工明确、层级管理，逐级建立责任追究制度。

2.落实和检查各应急设备和设施是否完好，保证所需器材及时到位，并设专人保管和维修。

二、现场应急应掌握的基本原则

（一）群众生命第一的原则

在群众文化活动的现场应急过程中往往会遇到许多突发情况，如风雨、火灾、拥挤、断电等。无论情况多么复杂，指挥人员和岗位应急人员必须时刻牢记，保证人员的安全是应急处理的第一原则，包括群众安全、演员安全、工作人员安全和应急人员自身的安全。当人员安全与设备、文物等其他安全发生冲突时，保障人员为第一要素。

（二）关键部位优先的原则

所谓关键部位是指对活动全局能够产生重大影响的部位，如指挥中枢、供电系统、高空悬挂物、灯光音响系统、易燃易爆部位、群众集结部位，等等。

当在活动中发生多处意外情况时，关键部位是应急指挥系统优先处理的对象。在众多的关键部位当中，容易引起现场秩序混乱的部位是重中之重，良好的秩序是应急处理的基本条件。

（三）必须始终保持指挥系统联络通畅

在活动的应急处理中，保证各系统各岗位的信息畅通十分关键。在某种紧急情况下，最佳处理的时机就在瞬息之间，联络不通就无法进行岗位协同运作，发生重大事故的几率就会大大提高。在战争中，失去联络是指挥员最怕的事情，群众文化活动同样如此。

第六节 群众文化活动组织实施人员的基本素质

群众文化活动的组织实施人员素质对活动的实施和质量保证起着至关重要的作用，没有高水平的实施队伍就不可能全面领会活动创意策划的真实意图和理念。广大群众衡量活动的质量高低，一般都是从承办方的运作水平和实操能力上面进行评价的。由于组织实施人员与策划人员所承担任务和工作特点均不相同，因此在素质要求方面也各不相同。

一、工作设计和组织设计能力

所谓工作设计是指将策划方案中的设计转变为实际操作计划，并将这一计划进一步细化落实的过程。实施人员在转换策划设计的过程中，要了解策划人员形象化的思维模式，领会创意的真实意图，更要掌握从活动构思向实施运作转化的基本规律，因此对活动实施人员逻辑思维能力和形象展示能力的要求十分严格。

组织设计是指为实施程序而设定的工作机构，落实人员岗位，明确岗位职责和分工的过程。当承办方拿到活动的策划方案之后，应当从活动设计中知晓任务总量及类别，并根据任务总量和类别性质确定部门及岗位的数量；对实施队伍进行能力分析，根据实际情况落实岗位设置；根据所述人员的业务特点和实际能力将其分配到具体岗位等。这些内容都是组织设计的要点，其设计质量关系到活动运作水平。

二、指挥控制能力

大型活动十分复杂，各种环节很多，组织实施人员必须能够将自己分管权限范围内的人、财、物及操作进程，时刻控制在正常的秩序之中。绝不允许出现失控现象。控制是群众文化活动管理的重要手段。

指挥控制能力包括活动程序的控制、人员行为的控制、现场秩序的控制、活动方向的控制等。

1.活动程序的控制

群众文化活动的实施操作是以实施方案为依据，按照一定的规范程序进行运转的，对程序的控制即是对活动节奏的控制。将活动运作的进程和步骤掌握在指挥系统的权限之内是组织指挥员的基本功。

2.人员行为的控制

活动实施阶段的人员控制是各级指挥系统保证各项任务得到落实的有效管理方式。所属人员的精神面貌、技术发挥、工作效率及任务完成的质量等，都要通过其行为动作得到体现。控制岗位人员的行为，既要凭借规范制度、下达指令，又要靠指挥人员的个人魅力和号召能力。科学管理是一门艺术，也是对组织实施人员的基本要求。

3.现场秩序的控制

对于活动的承办方来说，现场秩序的控制是一项比较复杂的任务，尤其是大型群众性场面的控制就更需要集体的力量来共同完成。优秀的活动组织者在控制现场秩序时，能做到场内的气氛热烈而不喧闹；参与的群众积极而不混乱；制度的落实严格而不生硬；指令的下达迅速而不仓促。指挥员的心理素质是控制现场秩序的关键。

4.活动方向的控制

群众文化活动的方向在策划阶段就应当设计完成，但在实施过程中由于各个岗位任务的性质各异，岗位人员在理解上常常会发生偏差，这对活动的完整性和运作步调的协同统一等方面会产生很大影响。把握活动方向是各级指挥系统贯彻活动始终的重要任务。无论岗位人员如何运作，活动的方向和性质绝不能有一丝的改变。

三、组织协调能力

大型活动很难靠某个单一部门独立完成任务，必须要靠多个职能部门协同合作。这就需要组织指挥人员拿出较多的精力去协调各部门的关系，思想统一，步调一致，将各环节磨合成一个整体，使各相对独立的内在循环系统在整体大系统中发挥作用。活动的组织协调能力应包括以下几点。

1.部署召集能力

指挥人员较强的逻辑思维能力和对活动流程的熟练把握是具备召集能力的关键因素。能用最短的时间，最少的语言，最清晰的思维逻辑部署最完整的活动任务，是各个岗位人员最欢迎的召集模式，也是组织指挥人员应具备的素质。

2.宣传号召能力

在体育比赛中，教练员要将运动员的状态调整到最好才能参赛，群众文化活动的运作也是同样的道理。活动的组织者在实施过程中也要像教练员一样，要将岗位人员的兴奋点和工作积极性调整到最高水平。要通过各种宣传手段调动所属人员以旺盛的精力和高度的责任心圆满完成各项任务。广大群众会通过工作人员的精神状态感受到活动的魅力，同时也会看出活动组织者的工作水平。

3.处理矛盾能力

在现实生活中，无论从事何种工作，矛盾都是普遍存在的，群众文化活动是一项复杂的工程，每一个岗位人员的压力都很大，相互之间更不可避免产生这样或那样的矛盾。活动组织者必须要有解决内部矛盾，缓解内部人员压力的能力。从某种角度上讲，活动的管理过程就是不断处理矛盾的过程，不具备调解能力的管理者不是合格的活动组织者。

群众文化活动的特征之一就是群众广泛的参与性，参加活动的群众其各自情况均不相同，对同样活动内容的态度也不相同，时常发生矛盾就成为较普遍的现象。如在群众文艺比赛活动中，参赛选手对比赛规则，参赛选手相互之间等都可能产生矛盾。只有不断地解决问题，活动才能不断完善，群众文化活动就是在处理矛盾的过程中不断发展起来的。

4.调整计划能力

为了保证活动质量，满足广大群众的文化需求，活动的实施计划必须要符合现场活动的实际需要，情况变化了计划也必须随之改变。在活动的实施过程中，实际操作与事前计划总是有差距的，决策机构只有不断地调整方案才能保证活动的顺利实施。因此，调整计划的能力是活动组织实施人员的基本素质。

四、调整应变能力

在大型活动的组织实施过程中完全一丝不变地将策划意图落到实处，是十分罕见的。工作中总要出现这样或那样的变化。组织人员必须机动灵活，及时调整和修改计划，使之能够确保活动目标的最终实现。但在许多时候由于情况的突变，指挥人员来不及修改计划，必须当机立断，这时就要看其是否具备应变能力了。

五、预测能力和评估能力

如果说在策划工作中，判断和预测是一个十分关键的环节，那么在组织实施阶段中的评估就显得更为重要了，组织指挥人员必须对实施过程的各个阶段及时做出评估，根据评估来判断工作效果是否符合要求，这是每个组织人员的基本功，也是确保活动成功举办的重要保障。

所谓活动组织实施人员的预测能力是指对活动实施方案的执行结果进行预测推断的能力。只有具备了预测能力才能够对实施方案进行有效的调整，对活动的流程进行节奏上的控制。例如，某城市举办了国庆节游园活动，活动指挥部根据第一天的客流量和节日期间广大群众的文化消费习惯，预测出从第三天开始活动将进入高峰期。于是，迅速对活动计划进行了调整，将游园结束时间退后两小时，满足了群众的文化需求，得到了社会各界的好评。

第七节 群众文化活动组织实施的一般技巧

一、组织群众文化活动的有效策略

1.设立专门机构组织活动

政府有关部门要划定管辖范围，成立组委会，在各地组织群众性文化活动。同时，相关部门必须派出团队负责人负责组委会的工作。同时，根据文化活动的具体形式和内容，可以增加内容规划、文化活动监督、灯光划分、舞台管理等更详细的工作组。

2.应该尽最大努力争取领导的支持，鼓励公众积极参与文化活动

由于领导者对活动的支持和公众对活动的参与是组织群众文化活动的两个基本要素，活动组织者需要在活动开始前获得强有力的领导者支持和积极的观众参与，如果政府不支持开展群众文化活动，整个活动的资金就无法保证。因此，在组织群众文化活动的过程中，活动组织者应该拿出好的计划，以获得政府和相关领导的支持。文化中心和其他相关文化单位应加强与公众的沟通，了解公众对文化活动内容的建议和想法，使活动组织者能够选择公众喜欢的主题，并大大提高公众参与度。此外，活动应适当选择一些内容，这些内容除了鼓励年轻人参与外，还可以有效调动文化单位等活动积极参与者的创业精神。根据老年人的特点，鼓励社会各界积极参与群众文化活动。

3.加大对群众文化活动的投入

在组织群众文化活动的过程中，除了选择包含我国传统群众文化的活动外，还需要对所有活动的链接和文档进行详细的排序。例如，要举办一场活动，需要场地租赁、舞台造型设计和施工以及活动特定内容、专业设备（如彩色灯光和声音）租赁，以及计划聘请活动主持人和相关演员，主办方必须提前准备的任务，需要聘请维护人员。在正常情况下，相关单位除了投入基本资金开展活动外，还可以在政府的帮助下得到一些企业的支持，这不仅可以增加群众文化活动的财富，也可以促进企业的发展。

4.提前制定应急预案，为文化活动中可能发生的突发事件做好准备

在开展群众文化活动的过程中，可能会出现许多突发事件，如气候变化、当地干扰、通信故障等，影响文化活动的正常开展，需要提前制定应急预案。具体来说，在举办活动之前，活动组织者将进行全面的应急预测，并结合活动的具体内容制定应对突发事件的解决方案，以便在活动首次发生时予以解决，可以为群众文化活动的顺利开展提供保障。

5.深入研究地方资源和特色，确定文化活动主体

在策划大型文化活动的过程中，有关主办人员应深入研究活动场地的资源和特色，确定文化活动的主题，以确保文化活动在整个社区顺利进行。具体而言，规划者应充分利用当地特色和传统文化的流行，并选择具有地域性的要素作为其活动的主题。同时，规划机关要全面研究和了解人民群众的文化需求，把地方特色与人民群众的文化需求有机地联系起来，使公众对文化活动的期望达到新的高度。此外，规划师亦应透过举办文化活动，力求以科学的理据订定市民文化活动的目标，提高市民的整体文化水平。

6.及时更新人民文化活动内容，增强其社会性

在开展普及文化运动的规划过程中，有关人员要在三个方面开展具体的规划活动。首先，根据活动需要制定计划。计划举办文化活动的人士，经有关当局批准后，可公布具体的实施方案。因此，规划者必须根据人口活动的实际需要和目标，对项目进行科学合理的规划。同时，工作人员要注意及时史新群众文化活动的内容，增加社会活动。其次，准备各种文化活动。鉴于群众文化活动中发生的联系和过程的复杂性，有必要根据规划方案准备必要的相互设备和人员。例如，节目的制作和安排、活动场地的选择、运动服和音响。最后，需要提前排练所有的环节和过程。在正式的普及文化运动展开前，主办单位及宣传人员必须与表演者一同排练整套活动及节目，若发现部分环节及程序有问题，有关人员应立即确保各环节均能使用，可以成功地举办群众文化的正式活动。

通过组织和策划社会文化活动，可以继承和发展传统群众文化，促进中华文化的快速发展。有关的文化活动的有效战略是建立专门的组织，并提供最大限度的管理支持，使人民能够积极参与文化活动，为文化活动做出更大的贡献。制定文化活动可能产生的应急计划，为提高与疫情传播有关的文化活动规划的质量和效果，采取的有效措施包括及时创新、加强社会导向等。总之，各种文化活动都要发挥文化作用，教育人民，服务社会，促进发展。这些活动应广泛提供给公众，满足其基本的文化需要，并应被视为公共文化活动的组织，增强公众的文化意识和文化信心。

二、群众文化活动的品牌建设

1.因地制宜，充分利用当地现有的文化资源

打造一个群众文化品牌，就要讲究科学性，因地制宜，充分利用当地现有的文化资源。在调查研究的基础上，制定相应的发展规划，合理的将本土文化资源与品牌发展相结合，才能创建出好的群众文化品牌。例如每年正月，举办"狮会"和"生菜会"是佛山当地的传统习俗。大沥的醒狮活动在隋唐成形，明清年间盛行，后来普及城乡，在20世纪80年代开始复兴发展。每年的醒狮盛会，会有200多头醒狮"不请自来"，参加到醒狮表演当中，吸引近20万市民观看。

2.坚持开展社区文化与教育活动

将社区文化与群众路线教育实践活动、精神文明创建等有机结合，积极弘扬时代主旋律。举办以"进百家门、知百家情、解百家难"为主题的群众路线教育实践活动专题文化演出、宣传"中国梦、社会主义核心价值观"专题演出等，利用文艺形式广泛宣传和讴歌时代主题。同时，经常性组织开展道德讲堂、基层讲堂、"好人·好梦"百姓宣讲、中华经典诵读、"社区邻里节""好家风好家训"征集活动等，引导居民学习宣传

身边好人和道德模范的善行义举，在辖区营造了崇德尚善、孝老爱亲、邻里互助的良好氛围。例如，2016 年 10 月，南海区西樵松塘村举行了 2016"千年松塘翰林书乡"第四届松塘翰林文化节，现场举行了孔子诞辰 2567 周年的系列纪念活动，祭孔仪式上，来自西樵第四小学的 36 名学子身穿汉服，手执羽毛与短笛，在悠扬的乐声中跳起了古代宫廷乐舞六佾舞，朗诵国学经典，向至圣先师献上了隆重的敬意。此次活动内容丰富多彩，吸引上万名游客来参加。

3.要突出活动创新特色

特色是艺术的生命，特色是一个地区的文化灵魂，特色是发展的基础，也是增强诱惑力的关键。这就要求文化活动策划者要对节目创新重要性有一定的认识，并充分利用自己的策划经验和自身智慧对活动节目进行创新，从而吸引观众对文化活动的热情。在现实生活中，除了自然美之外，凡是社会现象的美，都属于社会美。它是侧重于内容的美，是以符合大多数人民利益的"善"为基础的，当然更是与符合社会历史进步的"真"相联系的。任何一个民族的文化，在发展过程中，都经常出现这样的现象：一方面它要维护自己的传统，保持自身文化特色；另一方面，又要吸收外来文化，以丰富自己，这一点也是完善自己所必须的。不可否认，在许多地方的大型活动中出现了许多好作品、好形式，他们之所以好，就是有自己独到的特点。所以，关键是更新我们的观念，只要有了注重特色的观念，就一定能在我们的大型活动中以特战实力，绘出自己的艺术风景。

第八节 群众文化活动的评估

群众文化活动的评估是整体实施过程中的重要组成部分，是对活动成果的综合检验和考评。通过考评要对活动的组织、管理、效率、社会效果等进行全面总结，并从总结当中进一步探索群众文化活动的规律。

当前，我国群众文化事业得到了快速发展，群众文化活动的科学化、规范化建设也随之发生了质的变化。群众文化活动的现代化建设经过了长期的探索和总结，从无数的经验教训中不断评估，不断分析，逐步走上了科学发展的轨道。活动的评估是一项不可替代的必经程序，它体现了该次活动的真实价值和主办方、承办方的实际水平，同时又对群众文化事业的进一步发展提供了有力的素材和依据。因此，每一个群众文化工作机构在举办活动时，都应将活动的评估工作摆在重要位置，不走过场，认真总结，为今后发展打下坚实的基础。

一、活动的评估内容包括：社会效果的评估、经费核算的评估、项目质量的评估、工作业绩的评估四个方面

1.社会效果的评估

活动社会效果主要体现在两个方面。第一，社会各方面对活动的评价。包括上级机关的反应、专家学者的反应、新闻媒体的反应、社会舆论的反应等。从社会各界的反应中可测评出该项活动的艺术价值和社会价值，从而得出该项活动继续发展的空间范围和保持其延续性的可行价值。第二，参与活动群众的评价。包括群众参与活动的积极程度，文化需求的满足程度和对活动的基本态度等。群众文化活动的根本目的是满足人们日益增长的文化需求，因此群众的评价是活动评估的基础。

2.经费核算的评估

活动经费核算的评估主要体现在以下几个方面。第一，活动经费的来源渠道是否合理合法，手续是否完备。随着社会力量办文化被普遍认同，群众文化活动的经费来源逐渐呈多样化发展趋势。企业的赞助、单位的支持、社会力量的有偿提供等，极大地支持了群众文化活动的发展，但也随之产生了许多新问题。赞助的性质、拨款的方式、协议的内容、经费的分配等，都需要一整套严格的程序来进行运作，并应将其纳入考评的重要内容。第二，活动经费的支出是否与活动本身的实际需求相符。如小于需求则须看活动的质量是否得到了保障，如大于需求则须查明超支的原因。第三，经费预算与活动实际支出是否相符。如出现差距，需要找出其中的原因，是预算不合理还是支出发生了偏差。第四，活动经费的使用是否符合财经制度和相关法规。在群众文化活动的实施过程中，我国对活动经费的使用有着十分明确的规定，无论何种群众性的文化活动都必须遵守相关的政策和法规。第五，经费的投入与活动实际产生的社会效果是否成正比。如果活动没有达到预期的社会效益或没有体现群众文化的群众性，尽管经费使用符合相关要求和规定，但仍不应在考核评估中取得高分。

3.项目质量的评估

活动项目质量的评估主要有两方面内容。第一，活动的实际结果是否与主办方举办活动的动机目的相一致，是否符合活动的设计意图。在实际工作中，主办方的活动目的往往会与最终结果产生一定的差距，这是正常现象，将其列为评估内容有助于促进主办方的动机与群众文化需求的一致和协调。第二，活动的各种设计数据和任务是否圆满完成，这是对活动策划能力和实施能力的考评。活动的各类设计数据是在策划阶段完成的，而任务的形成是实施阶段的主要设计内容，二者之间的统一是完成活动的基本条件，也是活动质量的重要评估依据。

4.工作业绩的评估

活动工作业绩的评估主要体现在以下三个方面：第一，活动组织机构和各级指挥系统是否充分发挥其应有职能，各部的设置是否与活动的规模和性质相符。第二，各部门协同运作是否协调默契，活动内容是否得到了充分展示。第三，岗位人员的配备是否合理，人员的综合素质和工作状态是否达标。上述这三项考核内容主要是评估活动运行中的工作效率，比较全面体现了活动的综合管理水平。对于群众文化单位来说，通过活动的评估不断地锻炼和培养自身队伍实践能力，对形成具有特色的工作模式和活动风格具有重大意义。

二、群众文化活动的评估是个系统的工作过程，应对活动进行全面的评价，因此评估工作需贯穿活动的全过程

按活动阶段评估应包括：前期评估、过程评估和事后评估。

1.活动前期评估

所谓活动的前期评估是指在活动实施之前，通过多种预测手段，如媒体反映、社会关注度、专家预测、群众舆论等对活动的意义和即将产生的效果进行评价。这个阶段的评估不会对活动的最终结果产生影响，但可以对事后评估提供充分依据，如创意价值的评价，策划理念的分析，策划方案的实用性考评，等等。

从某种角度讲，前期评估是一项预测性分析过程，承办方的许多实施性决策都是在这个过程中产生的。通过活动前期的评估可使策划设计更加完善，确保主办方的活动意图得到充分体现，因此是一项不可缺少的评估程序。

2.活动过程评估

所谓活动的过程评估是对活动运行当中各系统各部门工作质量和工作效率的评价。其中包括岗位设置、工作进度、协同运作、人员状态、管理水平、任务完成质量，等等，这是一项十分重要的工作程序。活动指挥系统通过对各协同环节的评价来把握工作节奏，评定工作质量，掌控实施进度，这对活动的有序运行发挥着重要作用。

活动过程的评估是阶段性的评价，其评估结果应当以相应的形式记录下来，为事后的最终评估提供依据。这项工作很重要，对群众文化活动的队伍建设，活动科学规范实施的探索，以及活动理论的进一步完善具有十分深远的意义。

3.活动事后评估

所谓活动的事后评估是指活动结束后，主办方在前期评估和过程评估的基础上对活动进行整体评价和总结，也是对该项活动的最终考评，其中包括上述全部评估内容。我们通常所指的活动评估就是事后评估，是活动评估程序的核心。

对于群众文化单位来说，每次活动的评估都是一项非常重要的工作，它不但是对活动本身的评价，更是对主办方和承办方的组织能力和策划水平的检验，对活动主办方综合水平的全面提高具有重大意义。

活动的事后评估主要侧重社会影响力和设计、实施的科学规范程度两个方面。群众文化活动的服务理念和以人为本的策划思想，就是在不断对活动评估当中逐渐完善起来的。群众文化事业的快速发展要求群众文化活动必须沿着"二为方向"和"双百方针"的道路前进，活动的评估正是把握活动发展方向的有效方法。因此，群众文化工作者不应将活动的评估作为单一的任务来看待，而应将其作为群众文化战略的一部分，从其本质规律上进行认真总结，这样的评估才能具有长远意义。

第五章　新时期群众文化活动的建设开展

第一节 新时代群众文化活动价值和组织策略

在国民经济快速发展的背景下，人们不再担心衣食问题。新时代大众逐渐从追求丰富的物质生活转向满足精神需求。大众文化活动直接反映了人们的精神活动。多元化的大众文化活动不仅能满足人们各种精神文化需求，还能传承传统文化习俗，促进产业的稳定发展。因此，深入研究大众文化活动的价值和管理具有重要意义。基于此，该文对大众文化活动时代价值与管理研究的相关知识进行了简单分析，以期为新时代群众文化活动发展提供参考。

在经济全球化的发展背景下，城市竞争逐渐加剧。当前中国各大城市为了提高自身竞争力开始不断提升经济发展，同时对文化软实力发展的关注度也逐渐提升。在中国文化建设发展中，大众文化与中国传统文化的传承与发展有着密切联系，对建设文化强国有着积极作用。因此，要提高文化竞争力，就要正确对待群众文化活动的管理，准确把握群众文化活动的机制，根据时代特点和群众活动的形式进行创新，了解群众的思想动态，从而提高管理质量，全面开展群众文化活动，确保其时代价值得到充分发挥。

一、群众文化活动内涵与特点

（一）群众文化活动内涵

从其发展历史而言，群众文化活动的出现和发展具有一致性，影响群众文化活动的相关因素是在不断的历史演变中呈现出来的。本文之所以将群众文化活动作为主要的研究内容，从概念界定上来看，首先是由于群众文化活动是实现群众文化的基本载体，通过建设群众文化，能够实现最终的文化建设的重要目标，这是激发全民文化创造活力的一种方式，文化软实力最终需要由文化活动作为载体和支撑才能有所体现。

（二）群众文化活动特点

在对群众文化特点的把握上，从整体的角度出发，对群众文化活动自身所呈现的性质特征进行研究，发现群众文化活动特点的独特之处，从而对该活动有更加理性的认知甲。

1.参与主体的群众性

在群众文化活动中，由于农民是各类文化活动参与的主体，在推动群众文化活动发展的过程中承担着十分重要的作用。因此，其主体群众性就成了文化活动的主要特征。主体群众性的特征主要表现在群众所占据的主导地位和其在文化活动中所呈现的能动性。首先，是群众主体地位的展现。群众文化活动主要来源于人们的日常生活，它是人们追求精神世界的一种方式，也是对文化活动进行创新和创造的一种手段。和主流文化不同的是，这种群众性的文化活动具有更高的灵活性和创新性，它不是商业化的文化活动，而是能够给人们生活带来快乐的活动。

人们在丰富多彩的群众文化活动中，能够获得愉快的活动体验，并且在活动的过程中提高了对文化的接受和创造能力，从而创新出更多的文化形式。其次，群众在文化活动中所呈现的具体能动性特征。能动性主要体现在群众是主动去参与活动，去积极地构建自我娱乐方式。群众文化活动的发生不是被动的，它是根据群众的实际需求产生出来的，也是群众自己所创造的文化盛宴。在发展文化活动的同时，群众可以对这些文化的内容和形式进行评价，吸收有利文化因素，发扬正能量，激发群众积极面对生活的信心和动力，这样才能够达到群众文化活动的最终目的。农村广场舞的兴起就是一种典型的群众文化活动，广场舞最先在城市兴起，但是通过创造性的发展，这些舞种在经过改编之后，就成了城市农村老少皆宜的一种舞蹈形式，并且有着十分广泛的受众群体。

2.活动内容的本源性

群众文化活动不是单纯的时间上的开始和结束，由于逻辑上的一致性没有较大的关联，主要是站在存在层面的角度，以人类生活的存在为基点来进行探讨。首先，群众文化活动是从农民的社会生活中产生的，并且将其通过艺术的表达形式展现出来，随着群众文化活动形式越来越多样，在很多地区兴起了具有不同特色的群众文化活动。例如，山东省聊城的一些地区充分利用当地的南瓜文化特色，举办了相关的文化活动，这不仅传播了文化活动精神，而且也引领了该地区的产业化发展道路，实现了经济的增效；吉林省农安县的部分农村出现了很多本土诗人，其诗歌的丰富性也吸引了越来越多的群众参与其中，由此诗歌朗诵大赛应运而生；青海省举办的充满乡土气息的文艺节目，使人们在享受精彩的文艺活动的同时，丰富了自己的精神文化生活；贵州省借助非物质文化遗产来激发群众参与文化活动的热情等。从这些地区不同形式的文化活动可以看出，当前群众文化活动的形式是越来越多样化，并且，其所带来的作用也是十分不同的。艺术来源于生活，各种文化活动的兴起与人们的日常生活都有着十分密切的关系，这样丰富多彩的群众文化活动，能够激发人们的情感共鸣。

3.形式表现的感性化

群众文化活动是为 600 万以上的观众进行的艺术表演活动。由于人数众多，特别是群众文化水平不平衡的限制因素，农村地区的文化活动形式需要可感知、易理解。通过近几年群众文化活动的探索和实践，丰富多彩的活动体现了从过去的打鼓、包花、包、讲故事等传统表现形式向灵活多样的文化活动转变。今天的多维和三维艺术展示包括辉煌灿烂的舞台表演，如流行于江苏泗阳农村的"乡村夜话"；流行于中原地区农村的戏班子送戏下乡"教学活动"既能够充分调动群众的热情，让他们参与其中，又能在封闭式礼堂、图书馆等文化场所"送去群众感动的文化"，拉近文化与群众的距离，这是我国创新群众文化活动的一大创举。可见，顺应群众的审美需求，文化活动的表现形式多样灵活，群众的参与热情才能高涨。

二、新时代群众文化活动组织策略

（一）彰显地方特色

在群众文化活动中，地方特色是不可忽视的。一个地方的文化活动，如果不能够与地方特色进行有效的融合，就会使得该地区的文化无法传承。文化活动不应该只是千篇一律的形式，更应该添加一些独具特色的亮点，吸引群众的参与。因此，群众文化活动的组织者要注重与实际生活的联系，充分地了解当地的文化特色，将文化活动与当地的特色更好地融合起来，形成具备优势的品牌影响力。发掘地方特色，更容易吸引人民群众，增强其对于文化活动的认同感，如：人们一提到安塞腰鼓，就想到了陕北；一提到二人转，就想到了东北的秧歌等。这些方式都是在充分发掘地方特色的基础上与文化活动进行的有力衔接。

（二）基于活动目标

每一项活动的开展，都需要制定科学合理的目标，只有在科学目标的引导下，才能够更好地实施活动计划。群众文化活动同样应该遵守这样的流程，在策划文化活动之前，一定要设定基本的活动目标。例如，当下的广场舞是比较流行的一种活动，在开展的过程中，就首先要想到这个活动所要实现的目标是什么，该怎样去实现这个目标，采取什么样的方式等问题，只有全面地考虑这些问题才能够使活动的开展更具计划性和逻辑性，才能够达到活动的最终目标。

（三）明确活动职责

文化活动的职责在于为群众提供丰富的业余活动资源，让群众在职业之外提升自己的精神境界，满足自己的精神需求。在活动时要紧紧地围绕活动职责，充分发挥出文化活动的价值。在组织文化活动时，要尽可能地选择高质量的文化内容，并且，创新文化传播的渠道是丰富多彩的文化活动与人们的实际生活相连接的主要途径，其不仅能够激发人民群众的兴趣，调动群众的参与积极性，还可以加快文化活动的最终价值的体现。

（四）加大开展群众文化活动的力度

群众文化活动开展的主要目的是加深群众对于传统文化的了解，通过多种形式的文化活动，让人们对于我国的文化形式有更加深刻的认知。当前，提高文化自信是我国对于传统文化传承的基本要求，这需要各个部门的配合，国家也加大了开展群众文化活动的力度，因此，文化活动的开展与人民的积极配合是分不开的。随着时代的发展，我国国民经济发展水平的日益提升，对群众的文化素养也提出了较高的要求。如何在新时代增强群众对于民族文化的认同感，如何让群众更好地传承传统文化等，这些都需要基层组织的大力配合。当前，可以通过开展多种多样文化活动的形式，例如，琴棋书画方面的文艺展示，设置奖励机制来督促群众的参与，加大对文化资源的投入，加强对基础文化设施的建设等来加大群众文化活动的开展力度，帮助群众走近文化、了解文化并传承文化。在新时代，群众对于文化的要求也发生了一定的改变，如何适应群众对于文化活动的基本精神需求的变化，是各个部门需要考虑的问题，同样也是文化活动主要精神内核的体现。

（五）营造良好的文化氛围

创建良好的文化氛围，使人们在积极向上的文化氛围中去学习和传承优秀的传统文化，加强文化对于群众的精神熏陶。因此，我国有关部门需要为群众创建更加和谐的文化传播氛围，使群众拥有积极的价值观。当前，随着信息化时代的发展，传播媒介为人们接受文化提供了多维的途径。大量的文化资源可以通过不同形式的媒介传播到群众中，让群众无形中就接受了文化的熏陶，例如，最常见的电视广播的方式，就能够让人们在无形中了解到中华传统文化，感受传统文化的魅力，由此提高传统文化对于人们的吸引力。

综上所述，在新时代发展背景下，我国人民生活都得到了基本保障，这就意味着人们对精神文化的需求也越来越多。群众文化活动的出现在一定程度上丰富了人们的业余生活，满足了人们的精神文化需求。但是，针对群众文化活动开展中存在的不足，社会基层管理组织还需要转变传统观念，以文化为背景，积极创新群众文化活动，以彰显群众文化独有的特色。

第二节 新媒体背景下群众文化活动开展方式

随着新媒体的出现，群众文化活动迎来了新的发展机遇。新媒体技术的合理运用拓宽了群众文化活动的传播途径，群众文化活动的开展方式得到进一步丰富。通过对新媒体背景下群众文化活动方式的探讨，充分了解群众的精神文化需求，吸引更多人积极主动地参与到群众文化活动中，为群众文化活动注入新的活力和生机，切实提升人们对群众文化活动的参与度和认可度。新媒体背景下群众文化活动的有效开展，一方面可以让相关部门对群众的精神文化需求进行充分了解，从而创作出更多优秀的文化作品，更好地满足人们的精神文化需求；另一方面，科学合理地运用新媒体平台，可以有效拓宽群众文化活动的宣传渠道，吸引更多优秀人才参与到弘扬优秀文化的队伍之中，为社会主义精神文明建设不断注入新的活力。

一、新媒体的基本概述

就新媒体而言，其主要指的是基于大数据、互联网等先进科技手段，并以手机、电脑等终端设备为载体，向广大用户群体提供服务和信息的一种传播形式。具体而言，新媒体具有以下特点。第一是即时性，新媒体是基于先进科技手段创建的媒介形式，其突破了以往线性传播的局限性，使信息内容在传播、发布等方面有着较强的时效性，能够在极短的时间内完成信息的发布，甚至有些平台还可以将图文、视频等进行实时上传，这一功能获得了人们的喜爱和认可。第二是交互性，新媒体平台突破了以往媒介单向传播的局限，让广大受众能够对视频等信息发表自己的看法，并与他人交流互动，这样不仅可以使信息发布者及时获取反馈，还能使受众的存在感和参与感得到进一步增强。第三是开放性，这一特点实现了信息资源的全民共享，人们可以不受时空限制获取自己所需的信息，还可以借助手机、电脑等终端设备成为信息的创作者和发布者。特别是在自媒体这一行业日益兴盛的情况下，越来越多的人参与到信息传播中来。

二、新媒体背景下开展群众文化活动的作用

1.推动社会文化进一步发展和更新

群众文化活动的内容和形式丰富多样，且其中涵盖着诸多的民间文化元素。因此，开展具有地方特色的群众文化活动，可以使民间文化拥有更大的发展空间。如乡村、社区组织开展的群众文化活动与群众的日常生活较为贴近，文化活动多是群众自发组织的，群众既是发起者，也是参与者，故而活动内容是群众喜闻乐见的，其不但可以使人们的精神文化生活变得更加充实和丰富，还可以使群众的文化品位得到进一步提升，促使地方特色文化和民族文化实现有效融合发展，进而推动我国文化事业朝着更好的方向发展。

2.帮助群众朝着生活富裕的方向前进

随着新时代的到来，人们更加关注积极健康的休闲生活方式，通过丰富多彩的群众文化活动，可以使人们更加有动力追求美好生活。如随着新媒体技术的广泛应用，相关

部门可以对当地的乡土资源、民间文化资源进行深入挖掘,积极创建文化互动展示平台,并通过引入优质资源和投入充足的资金,将开展群众文化活动的基础性工作落实到位;还可以获得相关企业或官方机构的认可,使群众文化活动的知名度得到进一步提升,从而吸引更多人的关注,以此更好地帮助群众朝着生活富裕的方向前进。

3.有效提升广大人民群众的综合素养

在新媒体时代,大力开展群众文化活动,不仅可以使优秀文化得到更好的宣传推广,还可以使人们的思想情操得到陶冶,塑造更加健全的人格。群众文化活动以自身独特的优势,吸引了越来越多的人参与进来,为文化建设和传承贡献力量。在这一过程中,人们自身的文化、审美等综合素养能够得到进一步提升。如群众在参与群众文化活动的过程中可以进行文艺表演、美术创作,还可以接受辅导,若其长期处于这种良好的艺术和文化氛围中,那么无论是其思想境界还是文化素养都能够得到有效提升。

4.不断提升社会教育总体质量水平

群众文化活动的开展,特别是新媒体背景下群众文化活动的组织开展,不仅可以满足人民群众的精神文化需求,丰富其业余文化生活,而且还能提升社会教育的总体水平。随着科学技术的不断发展,各种思潮和价值观也相继出现,文化部门在组织开展文化活动的同时,应加强对公众的社会主义核心价值观的教育,提高人们的道德水平和法律意识,使人们在享受文化服务的同时,提升自身的知识水平,自觉规避不良思潮。

三、新媒体背景下群众文化活动的开展方式

新媒体的出现在丰富群众精神文化生活的同时,也对群众文化活动的开展提出了新的挑战。新媒体技术是基于先进的科技手段而产生的,其使信息通过视频、音频以及图文等多种形式呈现出来,并在受众之间实现传递和互动,使得群众文化活动的传播方式发生了极大改变。如新媒体的即时性特点能够使人们在第一时间获取许多新鲜的资讯信息,极易转移人们的注意力,因此,群众文化活动必须新颖独特且具有文化内涵,这样才能够吸引人们的关注。另外,在新媒体时代,人们更加注重个性化需求,所以群众文化活动必须要有一定的针对性,针对不同群体推送不同的文化内容,以此使群众的不同需求都能够得到很好的满足,但这无疑为群众文化活动的开展增加了一定的难度。为更好地服务人民群众,在运用新媒体组织群众文化活动的过程中,可从以下几个方面着重发力。

1.充分利用新媒体拉近群众文化活动与群众之间的距离

随着社会的不断发展,群众文化活动的发展方式和理念也随之发生了改变。群众文化活动必须要与群众生活相贴近,使群众的多元化需求得到满足,不能只以策划者的想

法开展活动，而应充分考虑群众的想法和需求。在开展群众文化活动之前，必须要深入了解群众的想法，对群众文化活动的服务对象有明确的认知，这是最基础，也是首要的工作。如可以通过微信公众号、微博等媒介收集群众的真实想法，充分了解人们对群众文化活动的期待，切身为他们考虑。只有这样，活动的品质、其所产生的社会效益以及社会大众的参与度才能不断提高，并使群众在活动中真正受益。但如果只注重个人的想法，而忽视群众的意愿，群众文化活动的开展效果势必会受到影响。

相较于传统媒体，新媒体能够使相关文化部门与广大群众建立起更加高效便捷的交流互动渠道。通过新媒体平台，信息的发布者能够在第一时间获取到人们对群众文化活动的反馈，并以此为参考进行积极的改进。随着新媒体发展的愈发成熟，相关文化部门与群众沟通的方式也变得更加多样化，吸引了更多的群众参与到群众文化活动中来，为群众文化活动的开展献计献策，共同推动群众文化事业朝着更好的方向发展，从而更好地服务于广大群众。另外，在开展不同类型的群众文化活动的过程中，应明确服务的主要对象和目的，有针对性地制定活动内容，这样才能更好地满足群众的需求，获得他们的喜爱和认可。而且以这种方式收集群众的想法和意见也更加地便捷，能够推动群众文化活动顺利开展。

2.借助新媒体可以对群众的需求进行更深入的了解

新媒体在群众文化活动中的显著优势在于其具有较强的时效性。新媒体能够获取海量的数据信息，通过大数据、云计算等先进技术了解广大群众的想法，并深入基层群众内部进行沟通交流，提高沟通效率。另外，相关工作人员还可以借助新媒体特有的工作方式、特点快速获取种类丰富的数据信息，这些数据可以将广大群众在日常生活工作中产生的一些真实想法反映出来，通过分析整理这些数据，相关工作人员可以与人们更加顺畅地进行沟通，相关部门通过参考这些数据，可以更加有效地开展群众文化活动，并对群众的需求进行深入挖掘。

新媒体的发展兴盛是以互联网的发展为基础的，特别是近年来，使用微博、微信以及抖音等社交平台的人越来越多，新媒体拥有非常广泛的用户群体。在信息化时代，从信息的转发、评论以及点赞中就可以看出用户的喜好，深入统计和分析这些数据信息，就可以获取到有价值的数据信息，相关工作人员可以据此大致地推测出人们的兴趣和喜好。只有充分掌握群众的喜好，才能使群众文化活动"投其所好"，吸引更多人参与其中，推动社会化服务取得更好的成效。另外，相关部门通过新媒体平台及时获取人们的反馈之后，还要将这些信息进行整理分析，从中挑选出具有可行性的意见内容，将其中科学合理的内容融入日常的群众文化活动当中，这样新媒体才能真正发挥作用，推动群众文化活动的品质和影响力进一步提升。例如，在群众文化活动开展过程中，许多人会拍摄视频、图片等记录活动内容，那么在活动结束之后，主办方可以向他们发出邀请，将他们拍摄的与活动相关的内容上传到平台，分享给更多人，以此吸引其他人积极主动地参与到群众文化活动当中。

3.通过新媒体加大群众文化活动的宣传力度

在开展群众文化活动的过程中，传统媒体和新媒体的运用通常都是为了方便与广大群众进行沟通，并对群众文化活动相关内容进行宣传推广。所有媒体都有宣传功能，但与传统媒体相比，新媒体的优势更加明显，其在传播速度、效率等方面有着传统媒体无法比拟的优势。通过新媒体平台开展群众文化活动宣传推广工作，可以让人们随时随地获取群众文化活动的相关信息，以此对活动内容有更加深入的了解；同时相关部门也可以及时地获取群众的意见建议，与群众建立有效的沟通交流渠道。

群众文化活动的开展是为了向群众提供优质的文化服务，线上与线下相结合的方式能够让群众对群众文化活动的发展进程、具体情况等进行足够的了解。相关部门要结合时代发展潮流、群众的实际需求对活动的形式和内容进行不断创新，从而吸引越来越多的群众积极主动地参与到群众文化活动的发展建设当中。如可以将具有地方特色的民俗文化制作成图文、视频等上传到微信公众号，便于群众观看，使其对自己生活的这片土地有更加深入的了解，增强对家乡的归属感。而在线下开展活动的过程中，可以通过定期免费开放博物馆、美术馆等方式，吸引广大群众参观学习，增长见识；还可以在活动中划分出多个区域，满足不同群体的需求，促使群众文化活动能够达到预期效果。

总之，在开展群众文化活动的过程中，科学合理地运用新媒体可以使活动的开展效果更加良好。在利用新媒体开展群众文化活动的过程中，要始终具有创新意识，顺应时代发展潮流，充分借助新媒体等先进技术手段，切实提升人们对群众文化活动的参与度和认可度，吸引更多人积极主动地参与进来，为群众文化活动注入新的活力和生机。这不仅可以使群众的精神文化生活得到丰富，还可以使其文化、审美等综合素养得到有效提升，推动我国文化事业朝着持续稳定的方向发展。

第三节 新媒体时代组织开展群众文化活动的途径

在社会主义精神文明构建中，群众文化活动是最重要、核心组织形式，对增强广大人民群众综合素质、文化质量有着十分关键影响。为保证群众文化活动具备的功能作用可以持续增强，在新媒体时代，需要明确群众文化活动面临的挑战以及机遇，探索文化活动高质量、现代化组织落实途径，以此来全面应对新时代带来的挑战。基于此，文章就以新媒体时代群众文化活动为立足点，分析群众文化活动组织开展途径以及策略。

近年来，媒体技术以及信息技术发展速度不断加快，新媒体时代正式到来，为群众文化活动组织开展提供更加便捷的发展途径，可以持续增强文化活动信息传递与共享性，收集群众的发展意见与建议，让活动方案更加全面与优异。不过在组织开展群众文化时期，新媒体具备的优势并没有全面发挥出来，若是把握不到位极易造成文化活动具备的价值降低，对于文化传播也带来一定影响。必须要结合新媒体具备的宣传优势和特征，组织落实文化活动宣传普及工作，为群众提供更多、更加合理的文化活动资源，引导相关组织人员依托群众具体要求，组织开展文化活动，不仅可以全方位增强文化活动实施质量，还可让群众文化具备持续性、长远性开展优势。

一、新媒体的特征

作为一种与传统媒体有着较大区别的新兴媒体，其一出现就展现出十分优异的发展优势，媒体传播特征更加明显与全面。主要表现在以下几个方面，一是信息获取灵活性，新媒体有着互联网以及信息技术快捷、灵活的优势特征，可以充分突破地域因素以及时间因素存在的限制，随时随地地连接网络信息设备组织开展信息获取以及搜索，无论是利用电脑，还是利用手机都可迅速、高质量查找媒体信息，让新媒体信息获取有着即时化、快速化的优势，一条媒体信息自发出到最终扩散往往只需要较短时间，可以充分、全面满足人们对于媒体信息的特殊要求。二是较强共享性以及互动性，这是新媒体时代发展的最主要优势，各类信息资源可以依托网络轻松、快速实现全民共享，人们也可依托网络平台来表达个人意见以及对媒体数据信息进行评估，积极与其他人员互动交流，让人们参与感持续提升，也为人们提供开放、全面的交流平台。三是个性化特征，新媒体具备的开放性以及资源丰富多元性优势，为人们提供更加多元、充足的创新空间，所有人都可以成为信息资料的制造者，这也使得媒体的发展越来越多元化和个性化，人们在新媒体环境当中能够全方位发挥自身创造与想象能力，展现自身个性特征。

二、新媒体时代群众文化活动传播模式变革

群众文化主要是以满足人民群众持续增长的精神文化要求为主要目标的社会文化，在全方位丰富人们生活水平的同时也助推精神文明建设与发展。随着我国经济快速发展，广大人民群众对于精神文化要求越来越高，群众文化活动改革与优化不断加大。

（一）网民浏览与文化传播模式变革

中国人民大学新闻学院某年四月份，在 4 个一线、3 个二线以及 3 个三线城市，针对 2 万名群众进行了"网民新闻阅读习惯"调查，回收 16108 份样本。调研显示，现阶段阅读信息应用最多的终端属于智能手机，达到 99%，其中 75% 左右的人选择使用微信手段获取新闻信息，39% 的居民使用抖音等方式获取新闻信息。而传统广播电视以及纸

质媒体占据的比例仅在 7% 以下，90.15% 的居民会选择使用非文字形态来有效接收信息内容。由此可见，以电视媒体以及纸质媒体为核心的传统媒体发展趋势逐步减弱，在线视频、即时交流、短视频、综合资讯所占市场持续提升，视听兼具的视频更加受到人们的欢迎。在这种发展背景下，文化领域当中各种不同文艺作品也逐渐从传统银幕、书籍、荧屏当中快速跃入到手机屏幕当中，人们接受文艺技术的途径也展现出社交化、移动化以及自动化特征。人们对于文艺活动观看方式也逐步从静态转变为动态，从输入式被动化观看转变成为发布评论、弹幕等双向互动模式，观众也从过往受众过渡成为用户同。另外，自进入 5G 时代后，短视频平台已经逐步成为人们分享与记录日常生活的最主要途径，成为现阶段以及今后主要传播形式，全民皆可成为群众文化信息创作者以及接受者，由 5G 技术推动的"视频流"也逐步成为信息传播的最主要地点。

（二）文化活动与传播模式改革

依托互联网技术传播特征，可以将近年来群众文化传播形式划分为两个发展阶段，第一阶段主要是以电视、报纸等各类媒介为主体、重点的传播模式，以青海省内部文化馆为例，"十二五"时期承办的各类主题性活动、节庆以及文化下乡巡回演出等各种公益性文化活动数量约为 500 场，涉及的群众约有 20 万人。新闻媒体是现阶段群众文化最关键、核心宣传载体以及平台，除去活动场地群众属于直接受众之外，线下活动只是单纯依靠传统媒体，如电视、报纸、广播等各种模式宣传报道，持续增强知晓率以及曝光率 4。第二阶段则是新媒体发展时代数字、信息文化背景下传播形式，随着互联网技术与群众生活生存深度全面融合，群众文化宣传推广也全面随着群众触媒形式与习惯出现一定改进，重新构建以移动化、数字化、社交化为核心的传播格局，群众文化活动传播方式也逐步从传统新闻媒体转变成为"两微一端"等各种媒体平台，网络课程预约以及在线观看分析等各种文化服务功能也随之出现，广大群众可以获取更加便利、便捷的文化服务。

三、新媒体时代群众文化活动开展优势

（一）让群众文化活动内容更加丰富

在传统群众文化活动过程中，活动形式、内容具备圈子化、专业化特征，一些活动形式与内容对于活动参与者的能力要求更高。例如：京剧类型的传统文化活动或者体育形式文化活动等，这种活动实际辐射范围并不大，一方面是因为活动参与门槛比较高，另一方面则是因为这一活动内容比较单调，许多人对其兴趣不高，特别是年轻群众，对于这一文化活动有着一定抵触心理。而在新时代，群众文化活动内容展现出一定程度的灵活性，内容越来越丰富和多元。在组织开展文化活动过程中，组织人员可依托微信群或者其他各种社交平台收集所有群众意见，在获取一定意见之后，组织人员可以结合具体意见，选择最恰当、最合理的活动时间，并选取最合理的活动场地，以此来保证：文化活动吸引力能够持续增强回。另外，在全面收集大家意见后，群众文化活动相关内容也可得到进一步改进，一些并不适合的文化活动或者活动难度相对较高内容将会被彻底去除，进而保证文化活动可以更加适应参与者的要求，为文化活动持续开展奠定良好基础。

（二）提升群众文化活动指向性

新媒体时代最主要特征就是数据网络化，无论是各种社交媒体、视频平台，还是广播频道，均可结合文化活动实施要求，选择最恰当、最合理时机组织落实文化宣传活动，保证活动内容可以得到全方位传播推广。新媒体技术有着一定的指向性，借助大数据与网络技术将群众兴趣爱好与文化活动内容全面结合，组织人员可以依托不同群众文化活动参与特征，选择针对性、合理性的文化娱乐内容。例如：对于年轻群体，组织人员可以依托年轻人爱好与兴趣选择新型、优异的文化娱乐模式，如体育运动、歌唱比赛、健美操等。从这一角度分析与研究，不难发现，在新媒体全面发展时代，群众文化活动内容不断增多，活动群体构成也存在一定改变，大量年轻群体可以逐步参与文化活动当中，让文化活动内容以及形式向着年轻化、多元化转变问。

（三）为群众文化活动提供良好意见反馈渠道

新媒体资源涉及的内容相对较多，主要终端载体为电脑、手机以及其他各种类型设备，主要模式包含音频、直播、社交平台、短视频等，从文化活动角度研究分析，组织人员可以积极利用社交媒体平台高效、迅速展现活动进度，并以资源整合的方式全方位整合媒体资源，在群众中发放各种调查文件，引导区域群众积极填写问卷调查，包括活动内容、类型、场地以及时间等，这样不仅能够让群众文化活动内容得到进一步优化改进，还可为文化活动顺利、有序落实提供支持与帮助。

四、新媒体时代群众文化活动组织开展途径

新媒体时代下，群众文化活动有关单位必须明确新媒体的重要性，充分发挥新媒体具备的优势，让群众文化活动可以真正实现质的飞跃。以下就结合新媒体技术优势，分析与研究文化活动发展策略。

（一）优化群众文化活动内容，提升文化活动内容吸引力

无论是传统媒体，还是各类新媒体，其中最核心内容就是文化活动，这也是媒体传播本质所在。因此，一是需要积极为人们参与文化活动构建、打造一条专属路径，依托抖音、微博等针对文艺培训、活动内容以及群文作品等展开推广。二是需要有效复苏传统文化，尽量避免单一关注抖音表层娱乐模式，需要在内容当中适当加入一定地方民族文化与传统文化特征，让传统工艺、书画、民乐以及戏曲等各种形式的文化可以正式回归到大众视野。三是需要构建富有创意性、创新性特征的短视频，多采取幽默、说唱剧情等视觉冲击以及翻转的表达模式；四是在群众文化活动传播过程中需要始终坚持从原创首发，尽量避免出现抄袭搬运问题，内容要接地气，依托群文领域以及区域特色提升辨识度，全面讲好群文故事。五是需要明确掌握新媒体发展规律，灵活使用"活动内容+群众文化"这一标签的模式，巧妙合理使用热门话题。另外，还需要合理使用高科技设备，如5G+VR、高清摄影以及后期AR包装等各种手段，让活动表达更加新颖，保证活动内容可以容易被受众特别是青年群众接纳。例如：在2020年央视频、国家公共文化云当中正式开启示范展示活动发布会，之后依托展演、联播以及高科技手段，针对群众文化现场实体常见组织开展实时记录，并原生态、持续化将其呈现。

（二）助推群众文化服务向立体纵深方向推进

现阶段，在"信息数据围人传、终端随人走"的动态化信息传播形势下，文化馆必须要不断改进文化服务方式与内容，依托传播形式改进以及群众审美素养的增强等因素，多渠道、全方位助推创新型、多样化文化形态与媒体科技融合发展。

1.需要合理使用短视频

对于群众文化服务来讲，在新媒体时代，视角、速度以及内容等将会成为文化活动传播的最主要、关键因素，群文微视频以及产品将会迎来爆发式、持续式增长。可以全方位结合短视频具备的功能，为文化活动提供支撑与帮助。例如：文化馆可以充分结合新媒体具备的优势，结合区域文化特色组织开展以群众文化为主题的微视频大赛，全方位面向所有群众，征集与时代精神符合、蕴含区域文化特色、记录展示文化生活以及积极线上风貌的微视频，经过层层评审之后，将重点突出的各类视频纳入文化云平台上集中展出播放，并在当中选出质量较高的优秀作品正式开通网络投票，及开放作品互动与评论区。这种模式，首先可以鼓励群众转变自身角色，让人们可以拿起手机与相机自主拍摄微视频，让群众化从过往被动向主动转变，从接受转变为创作，从内容全面接受者转变成为文化活动内容生产者。其次可以提升互动质量，通过网上评论与投票，能够让过往单一信息传播模式转变成为双向互动信息传播，调动群众参与水平与积极性。三是

108

提升传播广泛性，依托微视频大赛能够发挥新媒体高宽带、高速度的优势，便利轻松在网络世界当中传播，人们可以随时点开视频观看群众文化，让传统的非遗文化以及群众文化能够被充分赋予一定动态性优势，进入到百姓生活圈。

2.群众文化活动直播

网络直播不仅是一种十分常见的大众娱乐模式，更是一种全新的文化传播形式，具备成本较低、开放性与互动性比较强的特征，群众文化培训、演出与展览等均可通过网络直播来实现，让活动灵活效果持续增强。对此，作为群众文化传播人员，群文工作者必须不断改进与转变发展思路、更新与优化观念意识，将群众文化与网络直播两者深度融合，客观认识与了解网络直播所带来的双负面效应和优势，依托网络直播来为群众文化健康有序发展提供支撑和帮助。

（三）依托新媒体发展要求，组织实施文化工作者培育

在新媒体时代，要想确保群众文化活动能够持续有序落实，还需要组织构建一支高水平、高素质的工作队伍，不仅要保证文化工作者拥有良好艺术素养以及文化素养，还需要明确把控各类现代信息技术设备，持续提升群文工作者素质水平。对此，一方面文化单位需要重点关注文化队伍建设工作，及时投入充足的资金，用于文化工作人员培训、教育工作当中，定期组织工作者参与技能培训，持续提升与提升其职业道德和素质水平。另一方面，则需要加大文化工作者对于新媒体技术使用力度，保证文化工作者可以明确了解新媒体，真正成为信息的推广者与发布者，丰富文化活动内容，提升文化活动内容宣传与管理质量。

综上所述，新媒体快速、高质量发展已经成为时代发展必要趋势，对于群众文化活动组织落实带来极大的影响。需要充分把握与分析新媒体资源优势特征，不断强化文化活动形式、内容创新力度，掌握新媒体时代发展机遇以及优势，合理引入各种不同文化传播手段，让新媒体真正成为文化活动传播新阵地、新平台，更好、全面满足群众对于精神文化要求。

第四节 新时期群众文化活动存在的问题及解决对策

随着社会经济的发展和物质生活水平的提高，新时期人民群众对于精神生活有了更高追求。基层群众文化活动的开展对于保持群众身心健康、丰富业余文化生活、满足精神文化需要等方面都发挥了积极作用。在新时代背景下，基层群众文化活动也面临着一些问题。在现阶段的群众文化活动中，活动内容统一化，过于追求经济利益，缺乏完善的管理体制，需要进一步加强管理。

开展群众性文化活动，就是要以提升人民群众的思想文化素质、文化生活质量为目

标，充分发挥群众的主动性、创造性，促进文化的传统与现代、市场价值与社会效益相结合，使群众文化活动朝积极、健康、向上的方向发展。

建设文化强国就要坚持以马克思主义为指导，培育和践行社会主义核心价值观，不断丰富文化的内容和形式，增强人民群众的幸福感，让人民群众享有更为丰富的精神文化生活。为了促进群众文化活动健康有序开展，就必须正视群众文化活动的发展现状，更好地为广大人民群众服务，在群众文化活动中注重弘扬中华优秀传统文化、地域特色文化，提升人民群众的思想文化水平，创造积极、健康、充满正能量的社会文化氛围，开展更有特色、更有品质的群众文化活动。

一、群众文化活动的价值

群众文化事业是文化事业的重要组成部分，开展群众文化活动有利于社会主义和谐社会的构建。群众文化活动以贴近大众生活的内容与形式，在广大人民群众中弘扬中华优秀传统文化，用实际行动切实履行我国提出的文化教育指导方针。群众文化活动承载着中华文化的精神价值，是社会主义核心价值观的体现。随着近些年的发展，群众文化活动的社会价值和经济价值逐渐凸显。

（一）群众文化活动的社会价值

群众文化活动是指依据大众文化分享和传播的方式，通过开展集体性、参与性和趣味性等特点鲜明的文化活动，促进大众自发文化创造和交流的一种文化活动形式。群众文化活动的社会价值体现在：

1.参与群众文化活动的人们通过轻松、快乐的方式，提升了自身的身体素质，加强了身体免疫功能及组织协调性，从而对生活产生了更加积极的态度。

丰富的群众文化活动，使人们受到优秀文化的熏陶，提升了个人素质，从而有利于社会和谐、健康发展。群众文化活动可以加强社会文化育人功能，推动全民文化素质提升，同时增进国家的文化软实力。

2.群众文化活动可以满足人民群众日益增长的文化生活需要。随着物质生活水平的不断提高，人们对精神生活的需求也不断增加。因此，群众文化活动作为一种重要的生活方式，不仅丰富了群众的文化生活，也满足了群众的精神需求。在群众文化活动中，人们可以感受到不同的文化元素，增加自己的文化知识量，不断开阔自己的眼界，从而形成独特的审美标准，这也有助于形成民主、开放、包容、多样的文化环境。

3.群众文化活动可以弘扬中华优秀传统文化。

通过群众文化活动的开展，可以更好地传承民族文化，从而增强群众对本民族文化的认同感，提高民族凝聚力。群众文化活动与本地实际相结合，带有浓厚的地域特色，反映出当地的风土人情，促进群众了解学习当地的历史文化，增强群众对当地文化的认同感和归属感。

群众文化活动不仅是一种文化创造和传播的方式，更是一种凝聚人民群众心灵、彰显民族文化风采、促进人文关怀和社会和谐的重要纽带。因此，加强群众文化活动的开展与推广，提升其社会价值，是文化事业发展的重要任务之一。

（二）群众文化活动的经济价值

从宏观角度来看，群众文化活动对于促进地方经济的发展具有不可忽视的作用。

1.群众文化活动可以为地方经济发展注入活力。在现代社会，经济发展已经不仅仅是物质层面的追求，更多的是融入文化、生活体验的层面。因此，群众文化活动可以为市场带来新的消费体验、产品和服务，这无疑可以提升地方经济活力，促进地方经济持续发展。

2.群众文化活动可以引领文化产业的发展。随着社会的不断进步和发展，文化产业已经成为一个地区的重要支柱产业之一。群众文化活动可以通过扶持文化产业的发展，从而实现增收的目的。比如在文化节、艺术展览等活动期间，可以创造很多就业机会；在活动产品的设计、生产、销售过程中，也可以带动相关产业发展。

3.群众文化活动可以推动城市的综合发展。当地政府扶持群众文化活动，从而推动了城市旅游业的发展。在旅游活动中，游客需要消费各种商品和服务，这不仅给当地经济带来了收益，还可以提高当地文化资源的认知度，推动整个城市的形象优化，增强城市的文化软实力。

群众文化活动对于促进地方经济的发展、扶持文化产业的发展、推动城市的综合发展具有重要的经济价值。如何挖掘和利用好这种价值，推进地方经济更好发展，成为推进群众文化活动与经济结合的重要命题。

二、群众文化活动存在的主要问题

通过创新基层群众文化活动形式，丰富基层群众文化活动内容，不断完善文化活动公益设施，不断加强对基层群众文化工作人员的培训等措施，我国群众文化活动取得了长足的进步。然而，目前在基层开展群众文化活动仍存在不少问题，制约了群众文化活动的发展。

（一）文化活动内容单一化

目前，群众文化活动内容单一化问题越来越突出。一方面，一些地方或社会团体只注重表演类项目的开展，忽视群众参与感的培养，导致群众缺乏归属感和认同感；另一方面，一些文化机构忽视了群众不同文化背景、不同年龄层、不同兴趣爱好的差异需求，从而导致群众文化活动缺乏吸引力。

解决群众文化活动内容单一化问题，需要加强群众文化活动的规范管理，积极贯彻多元化方针，满足广大人民群众的文化需求，提高文化活动质量，使群众文化活动向高质量、多元化发展，激发人民群众的文化认同、文化自信。

（二）资金来源不稳定

当前群众文化活动存在的问题中，资金来源不稳定是比较突出的一个问题。一方面是由于相关部门对群众文化活动的支持力度不够；另一方面是由于群众文化活动本身的运营难度与经费不匹配。在当前市场经济中，很多群众文化活动都需要耗费大量的人力、物力、财力。尤其是在一些大型的群众文化活动中，场地租赁、演艺人员、道具材料以及前期宣传等方面都需要投入大量的资金。可是，很多群众文化活动的资金或者由赞助商或支持单位提供，或者没有稳定的资金来源，很有可能会在半途中停摆或降低活动质量，而这些情况对于群众文化活动的发展将会造成很多困难。

（三）缺乏规范化管理

在实践中，群众文化活动仍存在很多不足，其中之一便是缺乏规范化管理。首先，由于缺乏规范化管理机制，一些群众文化活动的举办单位不能很好地履行社会责任，甚至存在一些违规行为和做法。其次，部分举办单位在活动的策划、组织、执行等环节中存在疏漏和不规范现象，可能导致一些问题和风险的产生。再次，由于缺乏规范化管理，一些群众文化活动的质量、效果和影响力都难以得到保证，这严重影响了群众文化活动的发展。在群众文化活动的实践过程中，缺乏有效的组织和管理也成了困扰其发展的一个难题。

三、解决群众文化活动中存在问题的对策

随着社会的不断发展和进步，群众文化活动在我国的社会生活中扮演着越来越重要的角色，对于增强文化自信和弘扬中华优秀传统文化起到了积极作用。新时代，群众文化活动也存在一些问题，如活动内容单一、资金来源不稳定、缺乏规范化管理等，这些问题的影响了群众文化活动的发展。为了解决这些问题，我们应该采取一系列措施，一方面要增加文化活动的种类，提高群众活动内容的品质，激发人民群众的积极性和创造性；另一方面，要加强对文化活动的管理和监督，提升文化活动的品质，维护良好的社会秩序。

（一）提升群众文化活动品质，展示群众文化活动魅力

在解决群众文化活动存在的问题时，丰富文化活动内容是一个至关重要的环节。当前，一些地方和单位举办的文化活动形式单一，内容相对单调，难以吸引到更多的群众参与其中。因此，如何提升群众文化活动品质成为我们需要思考的问题。

一方面，可以通过拓展文化活动种类来丰富文化活动内容。可以将传统文化、现代文化等多种类型的文化活动融合在一起，使群众文化活动更加多元化。在活动的策划和组织过程中，可以组织文艺演出、文化讲座、专题研讨等多种形式，让群众在参与其中的同时，能够获取更加全面的文化信息。比如辽宁省群众文化艺术节是一项重要的文化惠民工程，搭建了公益演出平台，让更多群众参与其中。另一方面，可以通过提高文化活动的专业性和质量来丰富文化活动内容。在活动组织和策划中，可以邀请专业人士参与，打造高品质、高层次的文化活动。

通过这种方式，既可以满足群众的文化生活需求，又可以提高群众的文化素养，增强群众的文化自信。

（二）全方位打造群众文化活动品牌

当今时代已经进入品牌化时代，文化消费也进入品牌化轨道。新时期我们需要建立新的文化发展理念，在科学发展和战略高度上打造品牌，在品牌战略下研究项目策划、运作，管理上实现多样化、特色化、科学化，用品牌的价值推进群众文化活动发展进程，提升群众文化活动品味，形成区域文化特色，增强文化认同感和凝聚力，引领群众文化活动的新发展。

在建立文化活动品牌方面，该如何具体实施？

首先，可以通过制定专门的品牌策划方案来打造活动品牌，包括活动的核心理念、品牌名称、标志设计等，从而确立品牌形象。其次，可以通过增加群众文化活动的社交属性，将活动与社区、企业等群体联系起来，吸引更多的参与者。此外，还可以通过与其他品牌搭建合作平台，从而优势互补、资源共享，进一步扩大活动的影响力和传播度。建立文化活动品牌不仅可以满足人民群众日益增长的文化生活需要，也有利于推动文化事业的发展。因此，在今后的文化活动规划和开展中，应该注重品牌的塑造，切实提高群众文化活动的品牌效应。

（三）多渠道筹集资金，保证群众文化活动正常运行

当前，群众文化活动因缺乏资金投入，导致活动品质得不到保障。当然，这种资金投入的不足大多数时候是由于群众文化活动本身缺少吸引力特色和影响力等原因所导

致。

为了缓解这种现状，需要采取多种策略来解决，其中一个重要策略就是多渠道筹集资金。通过建立良好的社会资本合作伙伴关系，群众文化活动可以从各方面得到资金支持，如吸引企业赞助、政府扶持、资助机构的援助等。除此之外，可以利用现代化的集资平台，获得社会各界的资金捐赠。这样就可以通过多个渠道，将资金汇集到群众文化活动中，从而更好地保证活动的品质和传播的效果。

在筹集资金时，需要注意的是，在保证活动的品质和特色的同时，选择合理的资金筹集方式也是至关重要的。对于有一定规模的群众文化活动，可以考虑利用政府专项资金的支持；对于规模较小或者刚开始启动的群众文化活动，则可以通过私人或者企业的赞助来寻求资金支持。同时，扩大资金渠道、严格资金审批程序也是更好地维护群众文化活动的合法性和规范化的重要措施。

（四）政府主导，规范管理，助力群众文化活动健康有序发展

在当前的群众文化活动中，由于缺乏有效的规范管理，导致出现一些不规范的情况，严重影响了群众文化活动的质量和形象。因此，我们迫切需要加强对群众文化活动的规范管理，以提高其质量和水平。

首先，应严格执行有关群众文化活动的管理规定和制度，如文化市场的管理规定等，并加强对文化市场的监管和检查力度。另外，为了确保文化活动质量，应加强对文化活动从业人员的培训和教育，提升其专业水平和责任意识，对于不合格的人员要予以淘汰。

其次，要强化对场地和设备的管理，确保场地和设备的安全、卫生和舒适。针对一些群众文化活动存在的安全隐患和卫生问题，应及时整改，严禁存在安全隐患和卫生问题的场地和设备投入使用，并加强对场地和设备的定期检查和维护，确保其正常运行。此外，要加强对群众文化活动的宣传和引导，提高广大人民群众的文化素质和文化消费水平，促进文化市场的繁荣和发展。

再次，应当采取一些有效的措施，加强对群众文化活动举办单位的监管和指导以及完善群众文化活动的评价和反馈机制等。只有这样，才能够更好地保障群众文化活动的发展质量，提升其价值，为人民群众提供更为丰富、优质的文化服务。

第五节 新时期群众文化活动策划创新与实践

为促进各地方群众文化活动策划的组织与创新，首先对新时期群众文化活动的内涵和基本原则进行阐述，其次对现阶段各地方群众文化活动策划中存在的问题进行分析，最后针对群众文化活动策划提出创新策略，旨在促进我国新时期群众文化活动更好地发展。

随着社会经济水平的不断提升，群众的物质生活也有了较大改善。社会大众已从原本对物质层面的追求逐渐转向对精神文化层面的追求，而这一观念上的转变促使群众对各类文化活动提出了更高的要求。立足于当前时代发展，对群众文化活动进行分析，该类活动组织应着重强调满足群众的精神需求，注重相关活动内容的丰富性，如此才能充分调动群众的主动参与性，并为其带来较强的愉悦感。

一、新时期群众文化活动策划基本原则

1.明确文化活动策划理念

不同于普通文化活动，群众文化活动具有综合性和复杂性的特征。因此，在活动策划期间，为保证各项工作顺利进行，必须先明确策划活动的相关理念。群众文化活动依托人民群众喜闻乐见的艺术形式进行，会从多个角度影响人们的人生观和价值观。在明确活动策划理念的前提下，为活动内容设计提供指导，以确保最终达到理想的文化建设效果。要想明确活动策划理念，需要进一步把控文化活动开展的方向，拉近表演者与人民群众之间的距离，让文化活动深入人民群众的生活中，以增强文化活动的感染力，使群众产生共鸣，充分发挥群众文化活动的作用，不断丰富人民群众的日常生活。

2.确定群众文化活动主题

群众文化活动必须具有足够的文化感染力，才能让人们进一步认识和了解它，才能满足人们的文化需要，才能充分发挥文化对群众树立正确的世界观、人生观、价值观的引领作用。同时，借助新媒体渠道对群众文化进行宣传和推广，充分展现群众文化的魅力和价值，从而达到开展群众文化活动的目的。因此，在对群众文化活动进行策划与组织的过程中，必须事先明确群众文化活动的具体内容与主题，明确群众文化活动的具体方向，保证文化活动在引导群众思想层面所产生的效果。在新形势背景下，群众文化活动主题和内容的确定既要体现新时代社会发展面貌和时代特征，又要注重群众的日常生活，且能够充分展现出文化活动的内涵。

3.确保群众文化活动资金充足

良好的经济条件是开展一切工作的前提和基础。

在群众文化活动开展期间，要想达到良好的效果以及预期目标，必须满足群众文化活动经费方面的需求，为群众文化活动的开展提供良好的活动环境，保证相关流程、秩序等方面正常运行，落实对活动技术和设备等方面的辅助支持。因此，在群众文化活动开展过程中，必须要准备足够的资金，并将其投入文化活动中，以此为文化活动的策划、准备、组织以及开展奠定良好基础。为保证资金能够满足文化活动开展的需求，应结合人民群众对群众文化活动的多样性需求，以及文化活动的开展时间，并考虑文化场馆、活动举办队伍、文化资源、舞台设备、多媒体技术等多方面因素，在资源合理配置及优化利用的前提下，充分发挥资金的作用；同时，应落实对资金使用渠道的监督工作，确定具体需要的资金投入量，充分发挥资金对文化活动开展的支持作用，减少资金浪费，为群众文化活动的顺利开展提供支持。

二、创新群众文化活动形式

目前，我国在开展群众文化活动的规划中，仍然存在内容单一的问题，许多场景的设置和编排大都雷同，群众容易造成审美疲劳，这严重影响了群众的参与热情。大众文化要想在社会文化的发展与建设中起到重要的引导作用，首先必须要有创新意识，注重在具体的内容上进行创新。这就要求策划者充分发挥自己的专业知识，结合当今社会的发展特征和广大民众的需求，进行综合性的创新。其次，要根据民众的需求，从不同角度呈现主题。比如为纪念抗日战争胜利，可以在参加抗日战争的老干部的支持下，通过陈列真实的史料，设计相应的主题，并以个人化的形式来增加民众的注意力，让民众在参与以抗日战争为主题的文化活动中，体会先辈无私奉献的精神，更加珍惜自己宝贵的生命。最后，对大众文化内涵进行创新，合理规划，使其能更好地适应大众的需求，不断提高其对大众的吸引力，充分发挥其在文化建设中的重要作用。

三、拓展群众文化发展空间

在新时期背景下，群众文化工作应以拓展群众文化艺术为基本内容。与此同时，群众文化应满足多元发展的基本需要。目前，我国的群众文化活动中大多蕴涵着多元化的艺术形式，如街头文化、商业文化、校园文化等，可以将这种多元化的文化形式看作我国未来文化发展的趋势。例如，最早的街头文化是民俗文化的组成部分，但在不断发展的进程中逐渐独立出来。为此，群众文化活动的建设可以积极借鉴街头文化的发展历程，充分结合时代发展理念，确保群众文化深入到人们的内心深处，从根本上推动群众文化的发展。

四、新时期群众文化活动策划创新策略

1.合理开发并利用地方特色文化资源

基层干部要充分发挥地方文化特色产业和资源优势，明确群众文化活动的目的和宗旨，保证群众文化活动顺利进行。

首先，地方优势资源是大众文化活动的主要来源，它可以有效地推动大众文化活动高质量发展。因此，在组织策划群众文化活动时，应从以下两方面着手：一是深入了解地方文化资源的重要作用，以此为基础不断优化群众文化活动的形式与内容；二是结合群众日常生活，在群众文化活动中渗透多元文化内容，有效提高文化活动的效果，进一

步提高基层工作效率。

其次，要充分发挥群众文化活动的功能，在提高群众文化活动水平的同时，加大对群众文化的挖掘力度；根据各地区的具体情况，科学地开展群众文化活动；在确定活动目标的同时，使群众的文化生活水平得到提高。一方面要及时了解群众文化活动的内容与形式，突出区域资源特色，充分满足群众的需要；另一方面，要与基层单位配合，引导相关部门人员主动参与群众文化活动，使管理部门人员了解地区群众文化活动的实际情况，采取有针对性的措施更好地整合地区优势资源，以此为提升基层工作质量奠定良好基础。

2.建立群众文化活动策划机构

一个健全而完善的群众文化活动组织机构包括多项机构统一、协调的配合。但是，由于各地区经济发展水平不同，一些发展落后的群众文化活动组织机构建设还不完善，存在各个部门分工不明确、职责不清等问题。为此，各地在策划和组织大规模群众文化活动时，应充分重视负责开展群众文化活动的策划机构。开展群众文化活动的组织策划机构，要定期深入基层组织大规模的群众文化活动，不断丰富活动的形式和内容，使群众真正愿意参加文化活动，使文化活动发挥其原有的促进文化建设、满足人们精神文化需求的作用。

3.坚持以形式创新原则为导向

在群众文化活动中，相关人员要及时创新文化活动形式，不断丰富群众文化活动内容，有效提升其综合素养，以此为基层工作的顺利开展提供有力保障。首先，群众文化活动形式多样，能够在丰富群众日常生活的同时，满足其精神需求，帮助群众获得更多的知识内容。

在创新群众文化活动形式时，要充分考虑不同地域文化背景的差异性，加强与地方政府的合作与交流，通过多种形式的群众文化活动，提高群众参与性和积极性，减轻基层部门工作压力，确保群众文化活动能满足群众的具体需求。其次，要有序开展群众文化管理活动，鼓励有文化特长的群众组成文艺队伍，为群众文化活动提供相应的载体。同时，还要充分挖掘传统文化、民间文化，如编织、剪纸、瓷器等，使其与群众文化活动充分融合，满足群众的多元化需求。这既可以提升基层质量，又可以从一定程度上提高群众的综合素质，促进基层工作的进一步发展。

4.保证群众文化活动策划质量

各执行部门在举办文化活动期间，应通过合理的工作分配和活动合作方式，完成各个工作环节，从而有效开展各项活动的组织工作。由于群众文化活动的组织规模相对较大，每个环节的工作都会在一定程度上影响到整个活动的质量。所以，在开展群众文化活动的过程中，要加强对工作质量的把控，重视各个工作环节。第，要求执行部门安排专责人员，且各部门内部应团结一心，密切沟通，以保证各个环节的安全稳定。第二，各部门工作人员应严格按照有关规定加强对每一个细节的把握，以保证各项活动顺利进行。第三，针对文化活动中可能出现的各种突发事件，需要相关组织提前制定应急预案，以为解决突发问题提供指导。

5.明确活动主题与形式

加强主题策划是构建高质量群众文化活动的重要前提，活动组织要想将该类型活动影响范围不断扩大，需要结合群众需求设置主题内容，尤其是群众对音乐文化与传统节日的需求。首先，在群众文化活动策划项目主题上，应不断加强不同活动之间的联系，以实现多元结合，尤其是文化时尚与地方旅游两种活动类型，可通过更为多样的形式进行综合性策划，例如可尝试引入书画展、主题节或主题展演等不同活动模式。对当前文化活动策划加以分析，一般情况下应着重突出活动的连贯性，所以活动组织最好以"月或季"为载体。其次，在活动规模与形式上，二者之间应做到彼此适应，同时也应将室内、室外有效连接起来。在策划规模较大的文化活动时，应将整个城市资源进行整合，设置专题类活动，也可围绕企事业单位及中老年群体组织进行策划。

群众文化活动不仅可以丰富人们的日常生活，还可以满足人们的精神文化需求，能够在社会中产生巨大的文化效应，推动社会文化建设。因此，在社会文化活动开展中，为推动文化活动组织和策划工作有效落实，应做好相关准备工作。在此期间，应对群众文化活动开展现状加以了解，明确活动开展中存在的不足，完善文化活动组织形式策划，促进文化活动顺利开展，推动群众文化活动发展以及社会文化建设。

第六章　新媒体时代下群众文化活动的开展

第一节　与时俱进，利用新媒体开展群众文化工作

　　新媒体是相对于报纸、广播、电视、杂志四大传统媒体而言的，包括数字报纸、数字广播、数字电视、网络等媒体。新媒体在推进公共文化服务体系建设、加快文化产业发展、丰富文艺精品创作、促进文化市场健康有序发展方面发挥着积极的作用，能够极大地丰富群众文化生活，拓展群众文化活动开展的广度和深度。

　　现代社会是多元化、信息化、高效率的社会，交通方便，资讯发达，新旧媒体轮番"轰炸"，令人应接不暇。人们了解情况、掌握信息的渠道有很多，可供选择的娱乐和休闲方式也是多种多样。在开展群众文化活动过程中，想要吸引更多的人参与进来，形成轰动效应，逐步达到"群众演、群众赛、群众看、群众评、群众乐"的目的更是很不容易。在这种情况下，依托新媒体，尤其是互联网的作用来积蓄正能量、发挥正能量、释放正能量是非常必要也是非常有效的。比如手机、电视、电脑在中国已经非常普及，而新媒体时代的手机、电视和电脑已经实现互联，无论对传播资讯方还是对了解情况方，都非常方便、快捷、高效，可以极大地提高群众文化发展的效率。

一、群众文化是推动社会主义文化繁荣发展的基础力量

　　当今世界科技信息飞速发展，以互联网、手机等为代表的新媒体技术日益成为人们学习、生活、工作的重要载体，在很大程度上也改变了人们传统的生活、生产、交流、学习等方式，这也对群众文化工作发展提出了新的更高的要求。新时期，面对新形势、新任务、新要求，如何更好地发挥好新媒体的积极作用，完善群众文化网络信息平台建设，对于提高群众文化建设的针对性和实效性，提升群众文化的吸引力和感染力，推动社会主义先进文化的发展具有重要作用。

　　1.充分认识群众文化建设的重要性

　　文化是民族凝聚力、向心力和创造力的重要源泉。建设社会主义文化强国，必须坚持社会主义先进文化前进方向，坚持中国特色社会主义文化发展道路，坚持以人民为中心的工作导向，进一步深化文化体制改革，为推进社会主义文化发展提供了重要方针、

指明了前进方向。群众文化是推动社会主义文化繁荣发展的基础,群众文化阵地建设是开展群众文化活动、传播先进文化的载体。深入推进文化惠民、文化利民工程,是群众文化工作的出发点和落脚点,是构建社会主义和谐文化的重要基础。因此,加强群众文化建设,既是丰富广大人民群众文化生活、构建社会主义和谐社会、促进经济社会发展的重要举措,也是推动社会主义文艺大发展大繁荣、实现中华民族伟大复兴的重要保障。

2.深刻分析群众文化建设的基本现状

国家高度重视群众文化建设,在各级政府的关心支持下,广大群众文化工作者自觉响应时代和人民召唤,以昂扬的精神状态。积极的工作热情,通过不同形式,广泛深入歌颂国家、民族和人民的伟大实践,群众文化工作呈现出了百花竞放、异彩纷呈的良好局面,群众文化创作更加积极,群众文化队伍更加意气风发,文化惠民活动蓬勃开展,文化服务体系建设扎实推进,群众文化取得了明显的工作成效。

3.清醒把握群众文化面临的新形势

当今社会,随着经济社会快速发展,人民群众对精神文化生活要求越来越高。广大群众迫切希望业余文化生活能够更加丰富,公共文化设施更加完善,公共文化服务体系更加健全,公共文化生活环境更加洁净,人们的生活不再单调,不再是在麻将桌上消磨时光,不再是在社区里"扯闲话",而是在社区综合文化站里读书、上网,或者是早晚在广场参与群众文化活动,进行一些形式丰富多彩、群众喜闻乐见的公共文化活动。然而,新形势下,如何进一步激发社区居民的活力,真正让公共文化生活"活"起来,营造积极向上的精神文化氛围,成为广大群众文化工作者需要深入研究和探索的重要课题。

二、新媒体对群众文化活动的影响

基于实效性角度审视新媒体技术对公众参与社会活动方式的改变能够发现,新媒体技术使得公众的精神文化诉求得以满足,不过同时也使传统文化无法保持对公众的吸引。有鉴于此,应辩证地分析新媒体技术对群众精神文化活动的影响,从而实现对其中正面效用的发扬及对负面效应的摒弃。

1.新媒体给群众文化活动带来的挑战

新媒体对于传统群众文化活动的开展也会造成很大的冲击。新媒体技术依托信息技术创设而来,其由视频、音频、图片等形式实现使用者之间的高效信息传递与互动,从新媒体的交互性与及时性的特点分析,且不受时间与空间的限制,这对于传统的群众文化活动来说,是一个巨大的挑战。新媒体传播方式和表现形式的快捷多样,使得广大群众可以随时随地获得自己想要的信息,使其对群众文化活动的关注度与参与度下降。新媒体在媒体使用与内容选择上更具个性化,可以做到面向更加细分的受众,而传统群众文化活动由于条件的限制，在信息容量与种类上都有着很大的局限性，这是传统群众文化活动所远远不及的。新媒体的互动性和参与性能够充分调动受众群体的积极性，能够让群众在互动体验中获得更加深刻的自我满足感，新媒体在信息的种类与容量上都具有极大的优势，可以充分满足受众对于多种多样的文化知识与信息的需求，这也是很多群众更愿意通过电脑或者手机进行文化信息的浏览与阅读，而对于参加群众文化活动却没有太大兴趣的原因。这也使得群众文化的积极性降低，增加群众文化活动开展的难度。

值得注意的是，新媒体中还存着许多不良信息，如虚假信息与网络诈骗等，也会存在一些造谣生事、煽动群众、诋毁社会形象的恶意信息，这些也都会给群众文化活动的开展造成一定的阻力。

2.新媒体给群众文化活动带来的机遇

事物往往都具有双面性，新媒体技术的普及应用为群众文化活动提供了全新的发展契机。从某种程度上来说，新媒体同样丰富了群众文化活动的内容形式，使得群众文化活动的拓展和外延得以扩大，实现了对传统群众文化活动传播的模式与内容方面的创新，尤其是新媒体技术以其高速的信息传播性及受众的广泛性，使得群众文化的传播获得全新的传播介质，为群众提供了实现线上文化高效互动的契机，给传统群众文化的变革带来了更多的可能性。新媒体在传播群众文化活动的同时，本身也必将成为群众文化活动的一部分，使群众文化活动开展突破空间与时间限制，可以在更广阔的平台上施展，使得群众文化的交流学习更为便捷。新媒体提供了多元文化的对接交流平台，使各个地区、风格迥异的群众文化活动的交流不再受到时间、空间的限制，为群众文化活动的开展提供了一个便捷的互动交流平台；另外，新媒体具有的个性化特征，可以通过互动更好地了解每一个受众的文化喜好与心理倾向，使新媒体信息能够更好地针对群众的个体需求，提供更加个性化的服务，使群众文化活动更具有吸引力。

当今社会，以网络新媒体为代表的网络信息技术快速发展，已经日益深入社会各领域，成为各种思想文化交流、交融、交锋的新阵地。为此，应科学把握新媒体发展的新形势、新特点，充分认识新媒体环境下，群众文化工作的着力点，对于提升群众文化针对性和实效性，增强吸引力和感染力，具有重要意义。

三、新媒体环境下群众文化工作的突破与改变

现阶段，在新形势、新环境下，很多的群众文化工作者没有从思想意识上进行突破与改变，还在一味地因循守旧，抱着固有的传统观念不放。在新生事物与旧有观念的矛盾冲突中节节败退或是故步自封，使得群众文化陷入了被动、不利的境地。群众文化活动的吸引力和生命力源于活动的自身特色和方式创新，只有坚持自身特色不断焕发出活

力，只有与时俱进，才能使群众文化工作发挥出应有的作用。

1.创新思维

无论何种工作的开展，思想观念决定着成效。开放、创新的思想观念往往也代表着先进性。对于群众文化工作，创新思想是重要的先决条件，只有创新思想，才能与时俱进，才能在时代的变迁中保持工作方式和方法的先进性，才能符合时代发展变化的要求。保持群众文化活动的吸引力需要创新思维。保持群众文化活动的吸引力是工作开展的必要前提，只有具备足够的吸引力，才能让广大群众更好地参与到活动中来，活动的价值才能得到更完美的体现。在当前环境中，各种新媒体的出现，使得传统群众文化活动的吸引力逐渐降低，足不出户，人们便可享受到交流的乐趣，这对传统的群众文化活动造成了巨大的冲击。但是，我们也必须看到，互联网与移动网络也有着相似的弊端，新媒体并非完美无缺，取长补短、优势互补才是发展的必然，而这需要的恰恰是一种思想的创新。

2.创新方法

（1）推进群众文化的多元化、普遍化

群众文化需求已经从原来的单一化转向多元化发展。当前，群众的精神文化需求已由单纯的兴趣爱好转变为"求知、求乐、求美"的多元化需求。既有强调文化享受的，又有要求彰显个体文化素养的：既有追求"下里巴人"传统群众文化的，又有崇尚"阳春白雪"高雅文化的：既有积极参与的，又有爱好展示的，不一而足。随着市场经济的纵深发展，人们对物质文化需求更加渴望的同时，也有条件去选择自己的精神文化。全球经济一体化和互联网的广泛普及，使人民与外界的联系更加紧密，对精神文化需求的意识显著增强，传媒也向着多元化方向发展。这些都促使群众文化多元化的发展成为必然之路。

（2）借助新媒体拓展群众文化活动的宣传途径

新媒体，让公共文化服务机构具有自我生产和传播的能力，也让群众具有更多可选择的文化信息通道。推进新媒体平台建设，本质是公共文化服务机构建设其文化内容的自主传播渠道。利用新媒体开展群众文化工作，可促进群众文化工作不断实现多元化、普遍化，可以保证在多个信息传播线上消解公共文化服务与群众的时空距离。如建立官方网站、官方微博、官方微信公众平台等，可以在较短的时间、较大的范围内获得较强的宣传效果。重视在网络上、微博、微信公众号等新兴媒体上布局传播平台，建构彼此呼应、有效衔接的传播矩阵，是新媒体时代公共文化服务机构提升服务质量的必要选择。例如在基层群众文化建设中，有关部门可创造性地利用网络建立"网民沟通会"制度。"网民沟通会"以社区居民喜爱的活动为主题，在每次活动举办前相关部门可通过短信、网络等方式发布"会议启事"，征集辖区内网民报名参加。相关职能部门需派专人负责解决网民普遍关心的问题，进行答疑解惑，以确保活动举办的高质量。又如还可以通过开通微博、微信，关注各种"网言网语"，分析每周网络上民众关注的重点。

（3）拓展群众文化工作的内容与服务功能

文化内容是群众文化活动开展的根本载体。文化内容必须根据群众文化信息的需求，借助于新媒体，传播正确的文化知识和文化价值观念，从而提升公民文化素养。要精心选题，在微博、微信等新闻媒体上持续推送优质的群众文化内容和活动信息。应用现代信息技术，优化新媒体平台功能结构，通过文本创意、视音频创意、虚拟现实等方式涉及文化传播单元，实现文化内容数字化、网络化，方便群众对文化信息和服务的访问，加大群众对文化活动的知晓度与参与度。

数字图书馆、群众文化互动平台等数字文化网络平台的建立，扩展了文化服务的工作模式，为群众提供了更便捷、更直观、更高效的文化服务平台。集图像、声音、文字。动画和数据于一体的数字文化网，能让群众以直观的方式轻松自由地进行文化体验，实现了文化资源跨地域的传播和共享。

利用媒体开展群众文化工作，可将广大群众变成实实在在的参与主体，不仅让他们自主提出问题、发现问题，还可以积极采纳他们的合理化意见及建议。这样，就实现了群众智慧与群众文化开展工作、社会管理工作的有益结合。由于网民来自普通群众，提出的问题一定是自己真正关心的，是自己真正想参与进来的，对整个活动有着清晰的感知和认识，许多意见建议不仅有针对性，而且可操作性很强，这就为相关部门工作的开展和解决实际问题提供了便利与帮助，促进了群众文化工作不断向前开展。

（4）利用新媒体以群众为主导开展群众文化活动

新媒体的发展得益于互联网科技的不断发展，科学技术的发展可以更好地服务新媒体。在新媒体环境下，对群众文化信息的访问、发表、转载等行为，都能够自动存储在互联网上。文化机构网站的访问路径和时间、微信推送的阅读或点赞、微博或评论文本的发表转载等，在一定程度上反映着人民群众的真实文化需求。比如对某些文化内容的收藏、评论、点赞、转发等，就能够利用相关技术进行统计和分析。例如，统计群众登录什么样的网站，网站受访较为集中的时间、路径、人群情况。相关文化宣传部应该投入专门资源，对新媒体上的行为数据进行搜集、整理和分析，从而挖掘出群众文化生活需求，并在社会主义核心价值观的指导下，提供个性化的文化信息的传播。

和平区数字文化网在为全区群众提供动态文化信息、共享公共文化资源的同时，也在积极探索群众互动参与文化活动的新模式。实现了新闻媒体浏览、数据资源共享、电子图书借阅、群众文化评比、网络视频会议、网络申报、远程求助、一票通等多种服务功能，覆盖率达到 100%，居民足不出户就能享受全方位公共文化服务。在为群众提供动态文化信息的同时，和平区数字文化网在群众互动式参与方面也进行了尝试。他们利用数字技术视频互动平台，为群众文化提供艺术课程指导与交流，开展"和平好声音"、大众摄影展等互动赛事及文化活动、开展 DV 影像大赛、数码创意设计课程等活动，在节省活动成本的同时，提升了公共文化服务的品质和科技含量。同时，他们还利用网站互动反馈机制，进行文化需求问卷调查，了解群众需求，群众也可以通过网络热线进行文化生活求助，并得到及时有效的回应。

人民群众既是群众文化的参与者，又是群众文艺脚本的"剧作者"，也是群众文艺节目中的"剧中人"。要利用科学技术，积极实现双向交流，坚持以人民为中心的文艺方向是文艺工作的基本规律，也是群众文艺事业繁荣发展的内在要求。这就需要群众文化工作者在实际工作中积极拓展文艺作品生产供给渠道，要及时回应群众需求，开展好"菜单式"服务，充分利用贴吧、微信、微博等新媒体广泛征集群众文化活动方案和原创文艺作品，满足不同地域、不同职业、不同年龄段群众的喜好。总之，就是对群众文化建设工作及时地进行改进，最终以满足公众想法为目的，将群众文化加以传播。充分尊重群众在文化活动中的主体位置，形成"自下而上"的公共文化服务模式，实现文化建设上的以民为本。

（5）利用新媒体加大群众文化工作的推广力度

利用媒体的本质传播和宣传，尤其是利用新媒体传播快、广的特征，使群众文化推广工作在较短时间内获得更大范围的宣传效果，扩大群众文化工作的影响力。首先针对群众，对于群众文化信息缺乏的现象，面对"舆论源头"正面从传统媒体向网络媒体平台快速转移之势，通过编制包括名称、地址、职能、机构网址、微博号、微信公众号等信息的公共文化服务机构名目，选择流量大的地方门户，通过线上入口或线下实际组织，进行活动内容、方式的宣传推广，提高群众文化工作的推广效率。相关部门要考虑设计常规化、系列化的线上传播活动，结合线下群众文化生活的组织，让更多群众关注、访问自己的新媒体平台，发展越来越快。例如，部分地区微博、微信公众号全面启用，微信视频的播放，官方平台与网民的积极互动，进一步激发了网民参与群众文化建设的热情，主流舆论的号召力、影响力越来越强，群众文化开展得如火如荼。各乡镇（街道）也纷纷建立起微信公众平台等新媒体载体，积极宣传政策知识、廉政文化、乡土人情。要积极发挥网络新媒体的平台优势和传播优势，全面报道每一次大型群众文化活动的开展情况，充分展现当地群众的精神文化生活，大力宣传每一次群众文化活动举办的重要意义，为深入推进群众文化工作建设营造良好的网上舆论和社会氛围。

新媒体形式的群众文化将会摒弃传统群众文化建设中工作单一、禁锢的缺点，将一些不具有吸引力的文化节目活动进行淘汰，或将其进行改造，增强其时代感。在形式上、内容上及专业技术上都有大力的改革和发展，符合现代化社会背景下群众精神文化生活的细腻、具有层次感的趋势。迎接互联网的挑战，实现群众文化活动开展的"华丽转身"。同时群众文化服务机构应建立新媒体传播和管理的工作团队，从事文化服务的需求调查、文化内容建设、与群众互动沟通、创意传播、平台推广、效果监测等工作，政府部门应该在政策、资源、技术等方面，对群众文化服务机构的新媒体传播建设进行引导和鼓励，在制度上促进各群众文化机构利用新媒体来提供群众文化信息服务。

四、新媒体环境下，政府开展群众工作的创新

新媒体技术的迅猛发展，给群众的工作带来新的机遇和更广阔的空间，对我国民众的政治、经济、文化意识形态等很多方面产生了深远的影响。新媒体增加了公众政治参与的渠道，为群众表达意见、进行监督提供了新的通道，为政府网络问政提供了新的窗口。

（一）新媒体环境下对政府开展群众工作的新机遇

当前，互联网正处于一个快速扩张时期，并且由一种信息技术手段演变为社会生活中扮演重要角色的新媒介。互联网创新和普及应用速度前所未有，新业务、新业态层出不穷，博客、微信、微博、社交网站等大量涌现。

1.为群众参与政治生活提供了新的渠道

第一，网络的交互性、开放性为公众参与政治生活提供了信息平台，下情上传，自由沟通，在方便公众倾吐心声、满足其利益诉求的同时，也不断提高了人民群众的民主政治参与度。在互联网上，人人都是信息的传播者和发布者，尤其是我国的弱势群体，如低收入者、农民、青少年等的话语权得到了充分保证，增强了政治影响力。

第二，网络的广容性、超强实效性和全球性等特征，为群众了解政治信息提供了新的桥梁。群众不仅可以通过政府网站及商业网站了解到大量的政治及时政新闻，而且能在短时间内了解到全球任何地方发生的政治事件，还可以接受异质政治文化。而对于各类政治信息的了解和认知是形成政治的态度和参与政治的前提。这拓宽了群众的政治视野，直接促进了全球范围内政治的多元化发展。

2.为群众表达意见、进行监督提供了新的渠道

改革开放以来，群众利益诉求不断向多元化、多层次发展。不可否认，政府在政务公开、民主监督和人民意见表达及传递上的工作并非十分理想。和传统媒体相比，网络在民意表达、监督方面具有独特的优势和强烈的时代特征。以网络为平台，实施政务公开化，同群众进行对话交流，自觉接受监督，有利于各类矛盾的化解。如人民网的"地

方领导留言板"，以其无可争议的成效，充分彰显了互联网在群众工作中的独特作用。给社会群众提供合理的利益表达渠道，并对这些诉求进行积极而理性的回应，积极解决群众通过网络反映的实际问题。人民网"地方领导留言板"取得的突出成绩，显示了领导与网民良性互动的正面效果，也为通过互联网开展群众工作提供了诸多启示。

（二）新媒体环境下对政府开展群众工作的新挑战

新媒体已经成为中国民众获得信息、了解世界、表达诉求的重要渠道。现实表明，网络舆论引领社会舆论的能量越来越大，而且民意功能更加突出，公共利益、民生问题是其重要焦点。

1.新媒体环境下信息传播模式造成传统意识形态权威消减

新媒体的发展，对当前我国意识形态的重大影响就是使意识形态的领导权受到挑战。意识形态领导权是一种文化权力，也是执政能力的重要内容。随着新媒体技术的发展，网络信息、网络技术。网络意识等"网络分子"依靠自身的特质和力量，以"分子渗透"的方式进行着对传统意识形态的侵蚀。传统社会中，官员在与群众的沟通中占主导地位，可以通过广播、电视、报纸等传统媒体向群众传递政府的信息，群众是被动的接受者，而且群众表达诉求的途径比较少。互联网的出现改变了传统的沟通方式，打破了官员与群众沟通不对等的格局，权力优势在虚拟社会中都不存在。所以，可以说网络的普及是对传统沟通方式的颠覆。

2.公信力下降使舆论引导变得异常困难

社会公信力，一般理解为一个组织或个人获得社会广泛认同和信任的能力。政府的社会公信力体现为政务诚信度。新媒体环境下，社会公信力特别是政府的公信力受到严重冲击。社会公信力尤其是政府公信力的受损导致很多时候政府说话，民众不信，政府有关部门在网上辟谣，民众不以为然。

3.传播技术革新舆论制造和组织功能空前增强

互联网的兴起使中国媒介生态发生了翻天覆地的变化，传统媒体对信息的垄断和对舆论的控制格局被打破，信息源主体从传统的大众媒介及其控制机构逐步扩展到群众个体层面。这样便利和高效的信息传播渠道和意见交流平台，对于舆论的形成，具有得天独厚的优势。这种优势在强烈的表达热情下，衍生出了强大的网络舆论力量。社会转型期群众现实的利益冲突、各种思想观念及社情民意都更为集中地在网上反映出来。无论大小，只要是具有某种敏感特质的事件，均会迅速形成网,上舆论，进而产生巨大的舆论影响力。在处理群众的一些敏感问题上，由于应对不及时或不妥当，往往陷于被动，导致局部问题全局化、简单问题复杂化，严重影响政府的中心工作，极大地损害了政府的形象。

五、新媒体环境下，群众工作的路径探析

（一）提升网络素养是新形势干部形象塑造的必修课

适应网络时代发展要求，突破传统思想束缚，主动接受、融入网络，不断提升运用网络媒体、应对网络舆情、展示网络形象的能力，已经成为各级干部应对网络挑战、改善网络形象、提升施政效果的必备技能。对待互联网的心态折射出能力、信心、涵养、气度等素质。

（二）加强网络舆论引导能力

舆论引导，本质上就是要引导人们正确地认识和判断事物。舆情危机一旦发生，可以从两个方面进行思考和策划，一是实施层面，二是价值层面。因此，网络舆论引导也有两个基本立足点，一是引导事实，二是引导价值。事实引导策略，重在向网络舆情危机利益相关者提供更多真实信息、解疑释惑、澄清事实、告知真相，以及事件的前因后果、来龙去脉，重在实现自我价值体系的再造和利益相关者对引导者机制认同观念的重塑，在价值异化的情况下追求新的价值认同。很大程度上，价值引导的思路就是把对象引导至全局利益上来，一同协力度过危机。把冲突各方引导至共同利益上来，而不是在非理性冲突中忘记最重要、最宝贵的共同精神。具体从以下两个方面入手。

第一，发挥专业机构和人员的作用，做好重要信息的监测、预警工作。要在网络舆论引导和舆情应对工作中达到预期的目的，获得成功，就要从实际出发，坚持实事求是，认识和尊重规律，按照规律办事。分析舆论热点在酝酿、形成、发展、高潮、消退等不同阶段的特点，找好舆论的切入点，寻求舆论引导的抓手。通过技术投入、机制建设等措施，运用科学的理论、方法和手段，建立排查机制，不断跟踪及时信息，鉴别信息真伪，把握趋势和苗头，在网络舆情监测和研判的基础上，提出科学对策，为相关部门科学决策提供参考。

第二，建立手机平台，充分利用网民了解手机舆情。网络管理部门在管理辖区网站的同时，应该寓管理于服务，主动协调主要网站，为群众提供发表意见的平台，主动了解民情民意，并利用这些平台，收集整理信息，协助有关部门解决群众反映的问题，满足群众的诉求、愿望。

新媒体的快速发展是当今信息社会的一个重要特征，应以积极主动、开放包容的态度对待新媒体。要充分依托现代科技手段，进一步提高新形势下与社会、与群众沟通的能力。

第二节 探讨群众文化活动中的新媒体应用实践

——以动漫相关活动为例

群众文化活动是社会主义精神文明建设的重要组成形式，对于提高广大群众的文化素养具有重要的作用。随着信息技术的不断发展，新媒体为群众提供了更加丰富的娱乐休闲和获取信息的途径。对于群众文化活动的开展既是机遇又是挑战。新媒体时代的到来，对传统群众文化活动产生巨大影响。如何利用新媒体开展群众文化活动的组织与策划，借助新媒体优势，不断增强群众文化活动的活力，是亟待解决的重要课题。

随着科学技术的高速发展，新媒体时代崛起，让新媒体成为越来越多人关注的话题。新媒体在许多产业领域有着自己独有的作用，尤其在动漫产业，若能凭借新媒体的技术结合设计艺术，将对动漫文化的构筑与宣传添砖加瓦。面对这样一个媒介融合的新时代，事物都在发生变化。而在这个媒介发达的新媒体时代，随着用户媒介素养的提高，对媒介使用的主动性、参与性、积极性的提高，将打破传统的被动媒介关系，用户与媒介站在同一位置来享受媒介传递的信息。新媒体影响着现代人的生活，同时也对原有的群众文化活动产生了巨大的改变和影响。

进入 21 世纪以来，在政府的大力扶持下，我国动漫产业的发展取得了令人瞩目的成就，动漫产量屡创新高，动漫电影的票房纪录一再刷新。这些动漫形象没有巨额投资的支撑，没有轰轰烈烈的营销宣传，却照样积聚了超高人气，获取了商业收益。它们的走红离不开对动漫形象设计原则的遵循，即成功的动漫形象要造型独特和个性鲜明。除此之外，新媒体对这些草根动漫形象的走红功不可没。

一、动漫的相关概念及前景

（一）相关概念

1.新媒体动漫的概念

新媒体动漫，是指以触摸媒体、移动电视、网络、数字电视、数字电影等为平台向观众展示的动漫形态。

2.动漫产业的概念

动漫产业是以创意为核心，以动画、漫画为表现形式，包含动漫图书、报刊、电影、电视、影像制品、舞台剧和基于现代信息传播技术手段的动漫新品种等动漫直接产品的开发、生产、出版、播出、演出和销售，以及与动漫形象有关的服装、玩具、电子游戏等衍生品的生产和经营的产业。它是资金密集型、科技密集型、知识密集型和劳动密集型的产业集群，具有消费群体广、市场需求大、产品生命周期长、高投入、高回报率、高国际化等特点。

（二）新媒体动漫前景广阔

在各级政府的大力支持下，我国原创动漫已经与世界动漫在产品、技术、项目、人才等层面展开了全方位交流合作，但是，其内容远远落后于其他动漫强国。随着手机、网络等新媒体技术的发展，动漫开始告别传统传播渠道，向着以"科技"为先导的"大动漫"产业过渡。

相比欧美、日韩等传统动漫强国，中国新媒体动漫市场发展前景异常广阔。有业内人士表示，中国动漫应在新媒体领域寻求突破，使得动漫不仅仅是内容上的产品，也能成为应用型的产品，和更多行业融合。西安碑林科技产业管理办公室副主任孙志红认为，动漫和新媒体的跨界合作已是趋势，无论是从新媒体的应用面还是使用人群来看，都有一定优势。

二、新媒体背景下动漫产业发展的新特点

（一）制作方式的新特点

长篇网络动画打破了传统动画整体制作再播出的传统模式，它是利用网络的同步性进行分阶段的制作与播出。分段制作的模式大大缩短了动漫企业制作资金的运转周期，并且由于分段制作可以保持特效与制作技术的市场同步性，并及时根据观众的反馈来对产品进行调整，大大降低了动漫产品的市场风险。

由于新媒体动漫的制作成本和传播成本都大大降低，使得动漫的 UCG（用户生产内容）模式在新媒体时代成为可能。目前在互联网上比较活跃的卡通形象大多由草根阶层创作，并获得了网民与普通大众的喜爱。源自草根阶层的卡通明星大多造型简洁，容易识别，富有个性，走可爱路线，因此能够从草根涂鸦文化的汪洋大海中脱颖而出。其相关作品常常以 Flash 动画短片、表情动画、桌面壁纸、屏保等形式在互联网上广为流传。

新媒体动漫与传统动漫相比，与网络游戏、网络文学等新媒体内容产品有着天然的血缘关系，这使得新媒体动漫与其他新媒体内容产品之间的融合和衍生创作更加方便和丰富。由七彩映画工作室出品的原创 3D 网络动画《我叫 MT》其创作背景原型是暴雪公司著名的网络游戏《魔兽世界》，在国内市场取得了很大的反响。改编自知名网络写手唐家三少的小说《斗罗大陆》的同名漫画迅速走红，作者穆逢春的收入也跻身漫画作者收入前五。3D 动画电影《昆塔》则是在国内首个儿童思维养成体验的互动网络平台"盒子世界"的背景基础上推出的动画电影。

（二）产品形态的新特点

在新媒体平台上，既有将传统动画、漫画通过新媒体平台进行传播形成的网络动画、网络漫画、手机漫画等产品形态，也有只在新媒体平台上才存在的彩漫、手机主题、壁纸屏保、QQ 表情等新型产品形态。最具代表性的则是在新媒体平台上出现了没有内容产品为载体的动漫明星，这在传统动漫产业中几乎是不可能的。前面提到的悠嘻猴和兔斯基最早都是通过 QQ 表情广为传播。除此以外，目前以形象为中心进行品牌打造的最成功的案例则是由北京梦之城文化有限公司运营的阿狸动漫形象。目前，包括阿狸 QQ 表情、社区模板、输入法皮肤、壁纸等在内的互联网增值产品覆盖上亿用户。

新媒体的传播平台让应用动漫有了更为广阔的发展空间。所谓应用动漫是指动漫这一艺术表现形式在广告、灾害、航天、医疗等领域的应用，通过动漫的形式对某些实际场景进行模拟、复制和还原。相对于传统的传播方式，动漫的最大特点是再现与原创的迅捷性。新媒体的普及与应用，网络动画的低成本，以及智能手机的普及，促进了各种动画题材的出现。而动画广告的应用更是深入到人们生活的方方面面，地铁上的公益广告和商业广告越来越多地以动画为表现形式，在许多电子商务网站上，网络动画也成为招揽购物者的工具。更有许多动漫爱好者在热点社会事件发生后，创作出相应的动漫作品对其进行呼应，获得网民的关注和传播。

（三）传播方式的新特点

新媒体动漫在传播方式上的首要特点是交互性。数字艺术的交互性特征，归根结底是由其相关媒体所具有的交互性所决定的。

在传统媒体例如电视、杂志、出版物上传播的动漫产品，消费者只能被动地接受，渠道控制者如电视台、出版社、杂志社、电影院线在动漫产品的传播上有着极大的话语权，这也使得在动漫行业一直有"渠道为王"的说法。但在新媒体时代，消费者可以在海量的动漫产品中进行自主选择，不仅可以选择使用，还可以选择传播动漫产品。新媒体环境下的 UCG 模式使得动漫产品如何能够被消费者看到变得容易，但同时使得动漫产品如何在众多产品中被消费者关注和传播则变得困难。动漫产品只有具有能够吸引消费者的内容才能得到广泛的传播，这也使得传统动漫产业以"渠道为王"的状况开始向"内容为王"转变。新媒体动漫在传播方式上的另一个特点则是传播媒介的多样性。互联网、手机、数字电视、楼宇视频、车载视频、平板电脑等各种移动终端的出现，让新媒体动漫可以在多种媒介和终端上进行传播，同时各种终端之间数据格式和标准的不同也为新媒体动漫的发展带来了极大的挑战。

（四）消费市场的新特点

新媒体动漫在消费市场上的新特点主要表现为消费者年龄由低幼年龄段向全年龄段发展。新媒体的发展为国产动漫产业引来了发展成人动漫的新契机，动漫正从针对低幼儿童的娱乐产品，演变为全龄化的文化产品。这样的变化不仅拓展了国内动漫产品的内容形式，还因为成人具有更强的付费能力而使动漫产业出现了新的盈利模式。

（五）盈利模式的新特点

与传统媒体由传播渠道商向内容提供者购买动漫内容产品。然后免费提供给消费者的经营模式不同，新媒体平台下支付渠道的日益成熟让消费者直接付费观看动漫产品成为可能。在互联网动漫行业，企业通过搭建在线平台或者与门户网站合作的形式来销售自己的动漫作品。随着人们对原创动漫重视程度的不断提高，用户对动漫作品的消费习惯逐渐养成，一些知名动漫网站对用户的黏性度也持续增强。手机动漫则由于电信运营商具有天然的收费渠道，手机动漫市场的快速发展也得益于运营商为主导的服务模式、营销体系，以及个人付费模式的成熟。中国的二次元产业已经步入爆发期。具体表现为，2020 年整体市场规模达可达一千亿，年增速达到 32.7%。泛二次元用户预计 2023 年达到 5 亿。单笔投融资金额显著上升。总体来看，内容产业仍然有突破机会，而周边延伸产业作为新兴产业链环节具有较大潜力。中国的二次元内容产业中，动画市场发展较为成熟，表现为商业模式成熟，且中国原创动画的内生力加强，漫画改编或成为新蓝海；二次元游戏市场风头正劲，自研游戏的实力增强，并反向输出海外，比如日本市场。

在二次元产业发展逻辑来看，从历史上看，二次元产业已经步入爆发期，产业链趋于成熟；从文化上看，二次元文化正在从亚文化向大众文化迈进；从内容生产看，围绕二次元 IP，产品与产品，产品与消费者构成互动关系，进而让它本身增值；从营销价值看，二次元成为市场营销的新落脚点；从政策上来看，促进和监管政策为二次元产业的发展保驾护航。

从新兴的周边衍生产业来看，潮玩，虚拟偶像，线下娱乐和服饰市场均可以与二次元文化产生交集，形成新兴周边衍生市场。二次元潮玩围绕 IP 发展潜力大；虚拟偶像的直播业务，同样大有可为；线下娱乐让二次元从线上拉到线下，与多种实体经济结合；二次元服装产业在品牌运营方带领下，整个产业正在脱离原始状态。

从未来趋势上看，原创动画可以从漫画中吸取资源，二次元游戏不再约等于硬核游戏，可以扩展到休闲游戏领域；周边衍生环节可以开发更多实体化的商品和服务，或者变得更加实，在二次元潮玩、虚拟偶像、线下体验和二次元服装这四个方面均有不错的发力点。

第三节 新型社区群众文化的开展

——以广场舞为例

群众文化建设是精神文明建设中的主要内容，群众文化建设同样是社会主义和谐社会建设的必要组成部分。在群众文化建设中，广场舞是较为新颖的建设形式。伴随着广场舞流行程度的不断增加及全民参与性的不断提升，广场舞在群众文化建设中的地位与作用得到了广泛认可。

国内群众文化建设受重视程度不断增加，如何更好地进行群众文化建设也成为各级文化部门的主要工作内容。物质文明高速发展背景下精神文明也需要进行同步提升，广场舞在群众文化建设中的地位与作用更是得到了广泛认可。广场舞这一群众文化艺术类型覆盖范围正在不断扩大，影响力不断加深，使其成了群众文化建设与发展中的重要途径。新媒体时代下，广场舞如何在群众文化建设中提高地位和作用并发挥出其建设优势也是一个值得思考的问题。

一、广场舞及群众文化建设概述

1.内涵

广场舞是舞蹈艺术中最庞大的系统，因多在广场聚集而得名，融合自娱性与表演性为一体，以集体舞为主要表演形式，以娱乐身心为主要目的。是一种群众自发组织，参与者多为中老年人，在传统舞蹈的基础上加入大量的现代化元素，以热情欢快的表现形式、以集体舞为主体使公共场所参与者达到锻炼身体、愉悦身心效果的一种舞蹈艺术表演形式。广场舞本身来源于社会生活，其群众性特征极为明显，从本质上来说是一种十分常见的舞蹈形式，广场舞自身不断发展背景下，其对于群众文化建设更是作出了积极贡献。国内当前已经形成了由政府文化机构引导、人民群众广泛参与的群众文化建设浪潮。

由于广场舞多为群众自发组织，参与人数较多，在安全方面需要政府及组织者进行规范性引导，建立长期的安全操作机制，保证广大群众尤其是老年人有序参加，避免出现安全事故。

2.艺术特征

广场舞的兴起是伴随着近几年国内经济的快速发展而发展起来的，多为自发性组织，舞步相对简单，且动作更换也较少，作为初学者来说不需要花费大量的时间来进行前期的学习，只需根据他人的动作要领，就可以学会。广场舞的艺术形式通常以常见的扭秧歌、扇子舞及一些群众根据电视舞蹈节目自发改编的舞蹈，在艺术形式上较为丰富，在队列形式上也较为丰富，从而满足不同群众的舞蹈要求。在表演形式上也较为灵活，在空地上根据自身的喜好放一段音乐就可以舞动起来，表现的方式较为丰富多彩。

随着城市经济的发展而广泛兴起的广场舞，艺术特征主要体现在节奏欢快，舞步简单，动作变化较少，以较少的时间就能轻松上手，有益于娱乐休闲、益智健脑、修身养性。现阶段，学习广场舞的主体多以中老年人为主，没有固定的时间人员限制，极易普及推广。表演方式也比较灵活，艺术形式多样，如健身操、太极、扭秧歌、民族舞、扇子舞等，几乎涵盖了各种舞蹈形式，可以用雅俗共赏、老少皆宜来形容。由于广场舞的参与人数较多，队形的变化也丰富多彩，不受常规的限制，不同的环节满足群众不同层次的需求。此外，广场舞现场感较强，是群众参与性很强的表演形式，观赏者和参与者极易获得精神上的振奋，心理上的幸福感，使得现场十分热闹。

3.广场舞的发展现状

在县级以上城市建立了大量的文化广场。广场艺术也越来越受到城市居民的关注和喜爱，随着农村经济的不断发展、广播影视的宣传，广场文化不再局限于城市，而逐渐向农村发展，农村也开始建立了村民活动中心，越来越多的农民热爱并跳起了广场舞。在互联网的进一步推动下，广场舞受益的范围越来越广泛，成为现今社会文化建设的重要内容。

二、广场舞在群众文化建设中的重要性

群众文化建设活动由来已久且形式丰富多样，自进入 21 世纪以来，国内民众物质生活水平有了明显提升，广场舞开始出现并迅速蔓延。当前，广场舞已经成了群众文化建设中最为普遍与主要的形式。在城市中，以小区为公共活动区域、公园为地点所进行的广场舞正在如火如荼开展，乡村地区广场舞也成了民众茶余饭后主要的文化娱乐活动。国内民众长期以来存在着群众文化活动明显单一的特点，这一状况也制约了群众文化建设。广场舞这种老少皆宜的集体性文化活动对于民众具有极大吸引力，其当前的普及程度不断提升更是奠定了在群众文化建设中的基础性地位。伴随着群众文化建设与广场舞的受重视程度同步提升，广场舞在群众文化建设中的实际地位也不断增强。国内大部分地区群众文化建设基础设施落后且不具备开展集体性群众文化建设活动的现实条件，广场舞这一形式更是成了群众文化建设活动时的首选。

1.广场舞是群众文化的载体

广场舞主要是以舞蹈、歌曲、广播等形式表演，节目形式多样，接近实际生活。内涵丰富而多彩，它的发展承载了文化建设的重要责任，它的存在为群众文化搭建了交流的平台，同时，为群众丰富精神文化生活提供了宝贵的场地。基于此，整合群众的艺术创新能力、热情、艺术思维，有利于形成独特的艺术理解和文化感受，因而促进文化交流机制的建设，提升文化素养，推动文化建设的长久发展。

2.广场舞反映时代的精神

现代社会，由于人民生活水平的提高，审美需求日益提升，单一内容和形式的广场文化不再适应社会文化的发展要求，群众要求思想与艺术的结合、样式新颖的节目。广场舞之所以长期深受广大群众的青睐，在于它较好地反映群众文化的时代旋律，体现了人民对高生活质量的追求，对现今生活幸福感的认同，反映社会发展关注的焦点，突出时代精神的引领作用。

3.广场舞是推动群众文化繁荣发展的关键途径

作为一种雅俗共赏的民间艺术形式，舞蹈很早便得到了百姓的普遍认可和赞同，它与人们的生产生活密切联系。随着人们生活水平的持续提高，广场舞作为民间舞蹈的延伸应时代发展而生，日益抢占了人们的业余生活，它逐渐成为群众文化生活不可或缺的重要组成部分，并日益被定义为推动群众文化繁荣发展的关键途径。广场舞除了继承了中国传统舞蹈精髓，同时也渗入了一些现代舞蹈元素，例如拉丁舞步、欧洲宫廷舞步等。鉴于此，广场舞以其独特的舞蹈韵味被群众广为传播，它通过调动民众舞蹈积极性，增进民众对舞蹈的学习，提高其舞蹈欣赏水平等途径极大发展了群众文化，促使群众文化繁荣，蓬勃。因此，广场舞是推动群众文化繁荣发展的关键途径。

4.广场舞在促进社区文化建设中推动群众文化发展

从本源上来看，广场舞作为一种群众舞蹈，它是多元性、多层性、融化性、提高性、雅俗合一性等各种特征的集合体，同时具有健身，美育、娱乐、自我价值实现等多项社会功能，是社区文化建设中一项关键性的内容。广场舞作为群众文化的重要表现形式之一，一旦得到广泛普及，其影响力是空前的。广场舞使舞蹈艺术走下神坛，走近城市社区，走近普通民众的日常生活，这不但增强了民众的文化素养、丰富了其精神文化生活，也让群众的业余生活变得有趣多彩。

三、广场舞对群众文化的作用分析

首先，广场舞大大丰富了群众文化建设活动，这也直接加速了群众文化建设速度。以往群众文化建设手段极为单一与匮乏，广场舞这一参与度极高的文化活动类型则极大丰富了群众文化建设活动体系，也直接加速了群众文化建设进程。

其次，广场舞有利于群众文化建设向纵深发展。广场舞已经成为风靡全国的群众活动，在国内群众文化建设体系中地位的不断提升更是增强了其对于群众文化建设的积极影响。广场舞当前实际覆盖率已经基本达到了阈值，其对于群众文化建设的影响也逐渐转变为纵深影响。由于广场舞的广泛开展，人民群众文化建设的方方面面都受到了影响，其对于人民大众思想意识层面产生的影响十分显著与明显。广场舞背景下有利于良好的群众文化建设氛围形成，这对于群众文化建设的积极作用无可估量。

广场舞在群众文化建设中不仅具有重要地位，更是具有举足轻重的重要作用。具体来说，广场舞在群众文化建设中的作用主要体现在以下几个方面。

1.丰富了群众文化生活

广场舞盛行之前，看书读报、下棋、打牌、搓麻将等这些单一的业余生活成为主流，随着广场舞的出现，人们的业余生活逐渐丰富起来，广场舞的发展促进了流行音乐的传播，传承了中华的传统文化与文明。由于生活节奏的加快，当前人们学习、生活压力较大，缺乏相互之间交流，心理问题较严重。通过参加广场舞，利用音乐和舞蹈分散了注意力，排解了生活压力，更利于个人的身心健康发展。除了上班族以外，对于少儿、老年人而言，通过跳广场舞强身健体，陶冶情操，这种积极向上的情绪不仅愉悦了自己，还感染了家人，从而有利于家庭和睦、稳定。

2.提高审美观念

舞蹈的根本就是给人以美的感受，经常跳广场舞，不仅给参与者美的感受，还舒展了筋骨，锻炼了身体各个部位，体型在健美中得以塑造，身体的平衡感得到很大提升。无论是欣赏者还是参与者，长时间的参与会对音律和舞步有更深的理解，审美观念自然而然提升到新的高度，审美的情操也逐渐培养起来。

3.传递中国梦的正能量

在实现中国梦的过程中，如何引导群众积极参与到其中建设，这需要政府不断净化社会环境，积极传播社会正能量，使全社会形成一种和谐的文化氛围，而广场舞则让人们具体实践了文化参与的过程。广场舞由于是群众自发性组织，这为群众之间的相互交流搭建了一个公共平台，交流各自在参与过程中的感受，潜移默化中人们的思想道德观念得到改变，情感得到升华。广场舞作为当代文化建设的重要组成部分，承担着为人们提供文化服务的职能，这种寓教于乐的健康生活方式，引领了人民群众对文明社会的向往，提升了整个社会文明程度，使得广场舞这种简单的舞蹈形式让人们有了对美好生活的向往，培养了整个社会民族信心。增强了社会凝聚力，更好地构建社会主义和谐社会。

4.提升城乡的文化层次和品位

广场舞近几年在我国各地不断兴起，已成为展示各地方文化与精神文明建设的主要窗口，是丰富城乡人民群众文化生活的重要组成部分。广场舞的发展使人们改变了对舞蹈的看法，平常百姓随时可以根据自身的兴趣参与其中，使每个人都有在舞台上表现自己的机会，增加了人民群众的自觉参与性。广场舞使那些不同年龄段、不同层次及不同职业的人聚集在一起，提供相互交流与学习的平台，借鉴各自的优势，学习新的舞蹈形式。这种简单易学的方式，也带动了那些平时不怎么爱活动的人群，丰富了他们的业余生活。通过这种方式使更多的人都能参与进来，整个城市呈现出积极向上的文化氛围。通过广场舞使每个人的才艺得到展示，身体与心理上得到满足，情绪得到释放，使人们有一个积极的心态去面对生活。广场舞蹈的兴起促使人们追求更高的精神文化生活，在这一过程中学会了如何去欣赏舞蹈的作品，增强了对艺术作品的鉴赏能力，使人们的整体文化艺术水平得到提高。广场舞的兴起对于缩短城乡之间的文化差距，促进农村文化水平起到了积极的作用，同时对于提高整个城市的文化品位也起到了一定的促进作用，树立了整个城市良好的形象。

5.促进和谐群众文化的构建

从广场舞的艺术特征可以看出，广场舞是促进群众相互了解、相互沟通与关爱的润滑剂，从根本上服务于群众，作用于群众。一方面，它以积极向上的内容，对时代主旋律进行弘扬，呈现给群众；另一方面，它能够催人奋进，通过社会教化的功能，影响群众的价值观念、行为作风、道德理念，有利于树立城市良好形象，是展现城乡文化特色的个性化窗口。从长期来看，全民参与广场舞凝聚人心、团结力量，起到了潜移默化的教育效果，为构建和谐、稳定的社会奠定了坚实的基础。

我国广场舞多以强身健体和自我娱乐为主要目的，不会受到场地，服装和时间的限制。经常跳广场舞还可以让人感到身心愉悦，因为是集体活动，所以在跳舞的同时会认识更多的新朋友，促进人际交往能力的提升。另外广场舞一般采用的音乐是大家耳熟能详的流行歌曲，采用的舞步也是大众化的社交舞步，整体风格大方得体，非常符合大众对于精神文化的需求。另外，广场舞也会实时更新，每一个参与者在学习新舞步的同时，就是融合自身情感的一个过程，学习后可以达成相互感染和教育的作用。学习者在学习过程中不仅可以学到新的舞步，同时能够增进彼此的感情，促进和谐社会的进一步发展。

四、广场舞发展的制约因素

广场舞在民间人气急剧增长，开始发展成为一种社会现象，广为传播。而围绕广场舞展开的讨论也越来越多，如何寻找健身与噪声扰民的平衡点，更是受到很多人的关注。城市中的公共空间资源有限，不同群体有不同的诉求，如学生要学习、居民要安静、老年人想健康和适当地娱乐与社交等。这些诉求单独来看都是合理的，但集中到一个公共空间，就会不断引发群体间的冲突。公共空间不是哪一个人的空间，也不是哪一类人的空间，它是整个城市的公共空间。城市公共空间的公共性需要全体公民有公共空间的意识，共同自觉维护好这样的公共空间资源是每个公民的基本素养。广场舞是群众自发的文化现象，因此其发展存在一些实际困难和问题。

1.广场舞召集人的素质问题

当前，广场舞受到我国很多市民的喜欢，是一种十分平民化的运动，广场舞的规模逐渐增大，人员也越来越多，其召集人及领头人的影响力也越来越大，因此召集人的素质对整个广场舞队伍的素质都有很大影响。当前，广场舞的召集人及领头人的素质参差不齐，有的召集人本着积极宣传社会正能量、引导群众丰富精神文化生活的目的，但有的召集人则将广场舞当作宣泄不满情绪的一个平台。随着市民对广场舞的认可及喜爱程度逐渐增加，广场舞人员的规模逐渐增大，从某种程度上说，广场舞召集人的素质成为影响社会稳定和谐的一个重要因素，因此需要加强召集人的素质培训，以使对市民进行积极、正确的引导。

2.广场舞扰民问题

广场舞的兴起及发展，对丰富人们的文化生活有十分重要的意义，但广场舞的规模越来越大，其发展过程中产生的各种噪声污染也越来越严重，对周围群众的生活带来严重的干扰。从当前媒体反映的情况来看，广场舞的发展与周围群众之间的矛盾变得越来越严重。广场舞的集体活动特点决定了其性质的公共性，会占用各种公共空间，然而广场这种公共空间的所有人是全体群众，因此在广场舞发展的过程中，出现了比较严重的占用场地及扰民的现象，使得群众的生活质量受到很大影响。

3.广场舞场地不足的问题

广场舞的规模越来越大，对场地的需求也越来越大，由于当前公共文化活动建设过程中场地比较缺乏，很多广场舞活动大都在居民小区周边的空旷场地进行。小区规划建设的过程中并没有将广场舞的场地规划在内，广场舞活动场地规划总是滞后于市民的需要，因此出现了群众占用公共场地的情况。随着城市广场舞的兴起和发展，原有的场地已经不能满足人们的需求，甚至会出现抢占场地引发争议的现象，对社会的和谐稳定带来了很大的负面影响。

五、新媒体时代下如何增强广场舞在群众文化建设中的地位

广场舞作为群众自发组织形成的舞蹈，不仅仅是一种简单的文化现象，更是值得全社会思考的社会现象。从另一个角度来说，广场舞在各地的不断兴起，更反映了当地社会文明程度和人民群众对精神文化的追求，尤其在大力推进"文化旅游名城建设"和"敦煌文博会"召开的当下，健康向上的群众文化活动，尤其是广场舞成为大多数老百姓茶余饭后健身娱乐的首选，因此，政府及文化部门，应积极组织、引导，使广场舞朝着更加有组织的方向发展，只有这样，广场舞才能更加有序发展，参与程度才会越来越高。

1.规范广场舞开展

规范广场舞开展可以显著增强其在群众文化建设中的地位与作用，并使得广场舞对于群众文化建设的积极影响逐渐扩大。近年来关于广场舞扰民甚至引发系列矛盾的报道屡见不鲜，这也表明广场舞这一文化娱乐活动有待规范，部分地区不规范的广场舞开展不仅无法对群众文化建设作出贡献，甚至会导致很多层出不穷的问题。因此，规范广场舞开展势在必行，而地方文化机构也应当对其区域内广场舞的规范事宜进行规划与指导。广场舞本身是一项产生于人民群众中的文化娱乐活动，对于广场舞开展进行的规范与引导应当控制好具体的"度"，避免过度干扰从而影响广场舞活动开展的活力。从具体做法上来看，地方性文化机构需要依托现有大型公共娱乐空间进行广场舞开展，对于广场舞开展的时间、地点等进行详细要求，使得广场舞这一集体性活动不会影响到他人正常生活。广场舞开展更需要组织者与领导者，地方文化局可以考虑对广场舞实际组织者与领导者进行培训，从而使得其能够对广场舞开展进行更好的规范与指导。

2.创新广场舞艺术形式

创新广场舞艺术形式同时也是增强其在群众文化建设中地位与作用的可选途径。当前曲目依然较少且缺乏创新的广场舞艺术表现形式，对于其群众文化建设产生不利影响。创新广场舞艺术形式需要得到重视并明确出创新主体进行创新事宜。地方性文化机构可以考虑定期举办广场舞会演等活动，鼓励广场舞表演者积极参加活动，从而促进广场舞表演形式在区域内部的传播，使得优秀广场舞作品能够更为广泛地流传。此外，地方性文化机构也可以依托专业舞蹈人才进行广场舞创新，从曲目选择及舞蹈动作编排两个层面进行创新，在创新广场舞艺术形式上结合实际参与者年龄、性别构成等进行动作调整。创新广场舞艺术形式同时也需要充分调动人民群众积极性。人民群众长时间参加广场舞活动，因此更容易对广场舞的实际形式进行丰富与创新，而这一进程中，地方文化机构给一定引导也将有利于更为多元的广场舞创新形式的产生。

广场舞蹈是在原生态舞蹈的基础上加以整理、有所创新，广泛借鉴各种舞蹈形式，可谓千姿百态。舞蹈种类没有高下之分、卑劣之别，本质都是相同的，只是专业舞者与业余舞者的区别而已。他们同样属于舞蹈艺术大家庭的一员，相互沟通、相互交流、相辅相成，才能让舞蹈艺术散发迷人的魅力。

3.充分发挥政府职能部门的引导作用

各级政府相关部门应提高对广场舞这一广场文化活动项目的重视程度，认真履行政府职能，推进广场舞健康发展。文化部门作为指导单位，要加强对广场舞类型、特征等研究，积极做好引导。体育部门要将广场舞作为群众健身性体育项目纳入整体工作规划，大力加以扶持。规划部门要在新建社区、住宅集中区留有空间，为广场舞提供场地。建设部门要搞好绿化和场地建设，搭建好舞台，创造美好环境。并且利用自身的优势，积极宣传，让不同的群众都能参与进来。定期组织各类形式多样的舞蹈大赛等文化活动，让人们在活动中心智得到成熟、提高思想素质与文化水平，使广场舞更加吸引人民群众参与进来。

4.通过网络线上线下的传播互动，扩大宣传效果

在推动广场舞以更多形式开展的同时，拓宽相应的宣传方式也是必不可少的，相较于传统媒体，新媒体也仅仅是一种传播工具，在开展广场舞文化工作中，应通过新媒体技术的运用，增加新闻的可视性，吸引更多群众加入广场舞。宣传工作现在已经成为广场舞活动的一个重要因素，对于广场舞文化工作，进行大力有效的宣传显得十分必要。新媒体传播的特点就是受众广、传播快，借助新媒体技术开展广场舞的宣传，如建立官方网站、官方微博、官方微信公众平台等，可以获得较强的宣传效果。扩大广场舞在群众当中的影响力，使更多的群众知道如何去参与，吸引全社会关注及相关文化部门重视，让全社会形成自觉有效的发展态势，达到促进广场舞健康发展的目的。

5 利用网络传递地域性特色

想要广场舞活动进行顺利，就应该紧紧地利用新技术，增加文化工作的时代感，不但在内容上与时俱进，在形式上也要有所突破。广场舞者可将舞蹈视频拍摄并上传至网络，可以利用连接互联网，在网上交流不同地域所独有的广场舞特点；也可以比赛的形式，通过微博、微信等新媒体技术来发起投票活动，即可就活动内容进行投票，带领中老年人走近新媒体、走近"互联网+"，评比出最优奖项。通过这种方式增强老年人学习新媒体的兴趣和信心，并希望以此来传递敬老、爱老的传统风尚。

6.提升群众的公德意识和自控意识

随着社会发展，人们的权益意识也有了很大的改善，但是人们的责任意识还有待提高。责任意识的建立，是一个人遵守社会公德的重要表现。在现代社会中，人们的权益得到了更多的丰富和完善，所以在行使自己权利的过程中也应该要加强完成自己应该遵循的义务。广场舞是社会发展过程中形成的一项群众文化活动，对人们的身心健康有重要的意义，在享受广场舞带来的好处的同时，参与到广场舞活动中的群众也应该要意识到自身的行为对社会的影响，从而不断提升自身的公德意识及自控意识，防止在活动中对他人的生活造成影响。

第四节 新媒体时代的职工群众文化

——以庆五一文化专场为例

1.指导思想

围绕发展总体思路，以创建文明城市和提升职工素质为目标，以健康向上、小型多样、寓教于乐的文化体育活动为载体，坚持贴近实际、贴近生活、贴近职工，不断创新和丰富职工文化的形式与内涵，进一步激发和调动全市广大职工立足本职、无私奉献的主人翁责任感，促进全市经济社会发展，实现中华民族伟大复兴贡献力量！

2.活动内容

（1）弘扬工匠精神，宣传先进典型。

为了将工匠精神转化为品牌效应，制作工匠风采专题片，在网站、电视台等宣传阵地滚动播出，大力弘扬劳模精神，引导职工崇尚劳动、助力追赶超越的浓厚氛围，培育和践行社会主义核心价值观，广泛宣传工人阶级在促进全县经济社会发展中作出的重大贡献，唱响"劳动光荣，创造伟大"的时代强音。团结动员广大职工勤奋劳动、诚实劳动、创新劳动，为坚持正确方向，全面建成小康社会凝聚强大正能量。

时间安排：4月20日-5月31日

（2）慰问一线职工及劳模代表。

为营造出尊重劳动、关爱劳模的浓厚氛围，表示对广大一线职工的关怀和节日的祝福，表达组织对他们的关心和关怀，对节假日期间坚守在一线的公安、交警、环卫、污水处理厂等单位职工进行走访慰问。同时，看望慰问部分困难劳模，及时研究解决劳模工作生活中遇到的实际困难，落实劳模待遇，做到政治上关心，生活上照顾，工作上支持，使广大职工和劳模切身体会到温暖和工会组织的关怀。

时间安排：4月25日-28日

（3）开展劳模"五进"活动。

为大力弘扬劳模精神，广泛宣传劳模先进事迹，引领广大职工积极投身经济建设主战场，在全县上下营造学习劳模、关爱劳模、崇尚劳模、争当劳模的良好氛围，为全面建成小康社会建功立业，组建劳模宣讲团进企业、进机关、进校园、进村、进社区开展"模范在我身边"宣讲活动。充分发挥劳模先进的示范引领作用。

通过宣讲，使广大职工学习领会"爱岗敬业、争创一流，艰苦奋斗、勇于创新，淡泊名利、甘于贡献"的伟大劳模精神，引导职工崇尚先进、学习先进、争当先进，为建设幸福美好新XX做出更大的贡献。

时间安排：4月17日-4月28日

（4）开展"和谐杯"职工篮球比赛。

为不断丰富职工文化生活，培育干部职工团队精神，展现团结进取、蓬勃向上的意识，营造一个健身强体的和谐氛围，充分展示职工积极向上、创新进取，勇于奉献、建功立业的时代风采和精神风貌，组织开展"和谐杯"职工篮球比赛，进一步推动全县体育事业健康发展。

时间安排：4 月 27 日-4 月 29 日

（5）组织选手参加麦积区"庆五一""工会杯"职工羽毛球邀请赛。

通过举办选拔赛，选拔 8 名选手参加麦积区羽毛球邀请赛。

时间安排：4 月 20-4 月 22 日

（6）深入开展劳动竞赛活动。

1）开展全县餐饮服务业劳动技能培训。提高广大服务行业劳动技能，适时举办全县服务业劳动技能大赛。

时间安排：5 月 5 日-5 月 31 日

2）开展建筑业劳动竞赛。为发现和培养高技能人才，完善高技能人才选拔机制，进一步激发广大职工学技术、钻业务、比技能的积极性，全面提升建设系统生产工人的整体素质和专业技能水平，推动我县技能型人才队伍发展壮大，在全县范围内组织开展建筑业劳动竞赛。

时间安排：5 月 15 日-5 月 20 日

第七章　群众文化队伍的建设与管理

本章主要介绍群众文化队伍的组织与建设；群众文化专业队伍管理、骨干队伍管理、社团组织管理和志愿者队伍管理的基本方法与要求。

第一节 群众文化队伍的组织方法与建设目标

人才是先进的文化与生产力的有力创造者与传承者。人才是我国文化事业健康发展的重要内驱力，群众文化队伍也是国家人才的重要组成部分。加强普通群众文化建设工作，可以更快地推动文化事业的发展。因此，各层的文化机构皆需积极参与群众文化队伍的建设工作。

一、群众文化队伍的组织

（一）各级政府文化部门

根据我国的相关法律、法规和文化政策，本地域群众文化事业机构由各级政府文化部门负责管理。我国现行行政机构的组织方式是：在各级人民政府内设立相关的文化管理职能部门，在同级政府的领导下，负责组织和管理文化方面的行政事务，并实施对群众文化队伍的管理。文化行政部门依据规定的职责负责宏观管理全国文化馆事业。县级以上地方人民政府文化行政部门负责管理本行政区域内的文化馆事业。例如，各级人民政府所设的文化厅（局）、文化委员会分别负责对同级群众艺术馆或文化馆的管理。

（二）各级群众文化事业机构

各级政府设立的群众文化事业机构，即各级群众艺术馆、文化馆、综合文化站，负责承担对本地域内基层群众文化组织和团队的组织、管理、协调、指导和辅导的任务。在同级政府文化部门的领导下，由本级群众艺术馆、文化馆、综合文化站负责组织群众文化的专业人员，根据相应的专业类别和职能，对地域内的群众文化基层组织和群众文艺团队进行组织、管理和日常辅导。同时可建立由馆、站直接管辖的群众文化组织和团队，并定期开展群众文化活动。

（三）上级群众文化事业机构

根据我国群众文化事业的现行管理办法，上级群众文化事业机构与下级群众文化事业机构是业务指导关系，承担对下级群众文化事业机构的业务指导。履行指导职责的方式主要通过业务辅导、培训、调查研究、指导下级群众文化活动等。下级群众文化事业机构需要配合并落实上级群众文化事业机构组织开展的业务活动，完成信息报送、活动组织、作品推荐等具体工作。

（四）人民团体、社会组织设立的群众文化机构

除了政府文化部门群众文化队伍的组织体系以外，工会、共青团、少先队、妇联、残联、老干部管理部门等群众团体、社会组织也设有相应的群众文化机构。这些群众文化机构承担对本系统群众文化组织和团队的组织、管理、协调、指导和辅导的任务。在群众文化队伍的管理实践中，各级政府设立的群众文化事业机构是面向整个辖区所有群众开展群众文化服务，而群众团体、社会组织所设立的群众文化事业机构则只负责对本系统的群众文化组织和团队提供服务。两类群众文化事业机构既有联系，又有区别。妥善处理好两者之间的关系，可以有效地促进群众文化事业的繁荣和发展。

（五）各级政府文化部门及相关单位

随着人民群众文化娱乐需求的不断提高，在公园、街头等公共活动场所出现了许多自发组建的群众文艺团队。这些文艺团队已经成为群众参加文化活动的重要载体，在群众文化活动中发挥着重要的作用。各级政府文化部门，活动场地所在的公园管理机构、街道办事处，应将这些活跃在公园、街头的群众文艺团队纳入自己的管理范围，并有效地进行引导和指导。

二、群众文化队伍的建设目标

（一）为群众文化发展提供坚实的人才保障

人才资源是第一资源。群众文化队伍需要一批有知识、有文化、专业水平高、责任心强、热爱群众文化事业的人才。要使群众文化所需的人才能够源源不断地充实到群众文化队伍中来，就需要进一步完善群众文化人才的管理体制和用人机制。目前，我国群众文化队伍的人员结构虽然较之以往有了很大的改善，一批专业院校毕业的大学生、研究生不断地补充到群众文化队伍中来。但现行人事管理制度仍有许多不够完善的地方，制约了群众文化队伍的发展和进步。目前国家正在进行的"分类推进事业单位改革"的工作，将有助于改变群众文化队伍建设方面的病疾，有利于营造优秀人才脱颖而出的体制机制和社会环境。

（二）建立健全政策措施和制度保障

建立和完善群众文化队伍培养的政策措施和保障制度主要体现在以下几个方面。

1.规划引导

规划引导即强化对建设高素质人才队伍的职责意识。政府文化部门应成立群众文化人才建设领导小组，制定群众文化人才工作实施规划，将群众文化人才工作纳入基层领导班子目标考核责任制。同时，对群众文化事业要准确定位，在政策法规上规范群众文化人才的发现、培养和使用。

2.培养选拔

培养选拔就是将群众文化人才按照专业、能力等进行分类，开展有针对性的培养；创新培养方式，采取形式多样的培训方法；通过推行公开选拔、竞争上岗等制度，大胆发现并积极培养群众文化人才。

3.合理使用

合理使用即坚持以人为本，不断地创新和改革用人机制。实行职业资格管理制度，实行全员聘用制和岗位管理制。杜绝官本位思想，不能把"尊重人才"简单地理解为"让人才当官"去从事领导或管理工作，而应根据群众文化人才的特点，最大限度地用其所长，保证人尽其才；同时，应注意不断提高群众文化人才的政治、经济和社会地位。

4.科学评价

科学评价即建立社会公认的群众文化人才评价制度和以行业公认的业绩为衡量标准的人才考评机制。对群众文化人才的评价，应按照不唯学历、不唯职称、不唯资历、不唯身份的要求，建立人才综合测评体系，将人才的贡献、业绩、能力作为人才的主要评价指标。

5.创新管理

创新管理即建立起与社会主义市场经济相适应、与促进文化事业大发展大繁荣相适应的人才发展机制和人事管理体制，建立群众文化人才的考评机制、用人机制和激励机制，建立群众文化专业技术人员职业资格证书制度。群众文化专业技术人员职业资格证书是进入群众文化的职业前应取得的职业资格。群众文化专业的从业人员从属于社会文化指导员（师）职业，可将群众文化从业人员按照社会文化指导员职业资格的认定制度分为初级、中级、高级社会文化指导员和社会文化指导师等层级。

（三）加强对从业人员的规范化管理

群众文化从业人员是指在群众文化事业机构中工作并取得工资或其他形式劳动报酬的人员，即各级群众文化事业单位的工作人员。群众文化从业人员大体可分为三类：

一是群众文化事业机构的管理人员，即各级群众艺术馆、文化馆（站）的馆长、站长及其他管理人员（职员）；二是群众文化事业机构的专业技术人员，即从事群众文化艺术活动及辅导的群众文化业务人员；三是群众文化的工勤技能人员。对这三种人员应当区分情况，采取不同的方式进行管理。这是从业人员规范化管理的重要方面。

对群众文化从业人员的管理，应在建立健全群众文化人才引进、培养、选用工作机制的基础上，针对不同专业和门类的特点，加强分级分类指导，实行动态管理，并不断加大管理力度，注重在实践中发现和培养人才。同时应建立严格的人才绩效考评制度，将群众文化从业人员的工作情况纳入年度绩效目标考核之中。要强化对群众文化从业人员的培训，把培训的重点放在提高思想政治和业务素质以及新形势下提高做好群众文化工作的能力等方面。

（四）吸引各类优秀人才进入群众文化领域

发展群众文化工作的重点在基层。解决基层群众文化人才资源不足的问题，采用鼓励高校毕业生以及专业文艺院团改革中的分流人员到基层从事群众文化工作，是一条重要的途径。例如，农村中"大学生村官"从事群众文化工作，城市中专业文艺院团及社区中的文艺人才在社区中担任文化指导员，都对基层群众文化活动的开展起到了重要的推动作用。吸引各类优秀人才从事基层群众文化工作还可以采用如下办法：

一是对基层群众文化事业机构的空缺岗位实行社会招考录用，特别注重从社会各界发现具有文艺特长和实际工作经验的群众文化人才，通过聘用考核，安排到基层群众文化事业机构去工作。

二是在群众文化系统中建立人才选拔调动机制，对上级部门或单位的职位和岗位空缺，可采用从基层群众文化机构选调拔尖人才的办法，以此激励在基层工作的优秀人才奋发进取；即使进入上一级机构工作的群众文化优秀人才，也应鼓励和选派他们到基层锻炼或工作，借以积累工作经验，促进优秀人才的合理流动。

三是对于在群众文化领域工作多年的群众文化工作者，应鼓励他们到基层挂职，以此推动基层群众文化工作水平的提高。

（五）建设专兼职群众文化工作队伍

基层文化骨干和文化能人是群众文化队伍的重要构成，也是群众文化工作的有生力量。活跃在社区、农村中的群众文艺团队、特色文化户（家庭）等，都离不开基层文化骨干和文化能人的努力。因此，应当紧紧依靠和充分发挥这些文化骨干和文化能人在基层群众文化活动中的作用，不断壮大专兼职的群众文化工作队伍。

第二节 群众文化专业队伍的管理

一、群众文化专业队伍的基本概念

群众文化专业队伍有广义、狭义之分。广义的群众文化专业队伍是指日常从事群众文化工作的各类群众文化事业单位的工作人员，包括各级文化馆（群众艺术馆）、综合文化站以及人民团体、社会组织专门设立的从事群众文化工作的文化中心（文化宫）、青少年宫等机构的人员。狭义的群众文化专业队伍，则由群众文化事业单位中专职从事群众文化专业技术工作和管理工作的人员组成，主要包括群众文化从业人员中的第一类人员和第二类人员，即群众文化事业机构的管理人员及专业技术人员。

二、群众文化专业队伍的组建

群众文化专业队伍由各级政府或由工会、共青团、妇联、残联等人民团体负责组建，由各级政府文化部门或各类人民团体、社会组织的相关部门承担人员管理职责。群众文化专业队伍的组建涉及人员来源、人员构成和人员管理三个方面：

（一）人员来源

群众文化事业单位采取面向社会公开招聘的方式，扩充群众文化专业队伍。公开招聘应坚持德才兼备的用人标准，贯彻公开、平等、竞争、择优的原则，并应根据群众文化业务所需的专业，注重对拟用人选才艺、业绩和实际工作能力的考核。招聘方法为：

1.公开发布招聘信息。包括载明用人单位情况简介，招聘岗位，招聘人员数量及待遇，应聘人员条件，招聘办法，考试考核的时间（时限）、内容、范围，报名方法等事项。

2.资格初审。根据拟聘条件对应聘人员的资格条件进行审查，确定符合基础条件的人员。

3.考试、考核。可采用笔试、面试等多种方式。即根据群众文化专业和拟聘岗位的特点确定考试科目和方法，重点进行专业知识、业务能力和工作技能的考察。一般初审合格者可参加由相关专业机构组织的公共科目笔试；笔试合格者可参加各用人单位进行的专业技能测试或面试；急需引进的高级专业人才，可采取直接考核的方式招聘。

4.复查。对通过考试的应聘人员，进行思想政治表现、道德品质、业务能力、工作实绩等的考核，并对应聘人员的资格条件进行复查。

5.拟定人选并公示。即组织相关人员集体研究，按照考试和考核结果择优确定拟聘人员，并在适当范围公示 7-15 天。

6.正式聘用。按照人事管理权限报批或备案，由法定代表人（或受委托人）与受聘人员签订聘用合同，确立人事关系。

（二）人员构成

群众文化专业队伍的人员应由在群众文化事业单位中专门从事群众文化艺术及相关业务的专业人员构成，既包括文化馆（站）的专业人员，也包括其他群众文化事业机构的专业人员。以政府设立的群众艺术馆、文化馆的专业人员为例：根据 2011 年《群众艺术馆、文化馆评估标准》确定的艺术门类及相关功能的配备要求，群众文化专业人员应涵盖文学、音乐、舞蹈、戏剧、曲艺、美术、书法、摄影及非物质文化遗产（民族民间文化遗产）、群众文化理论以及演出设备管理、数字化服务设备管理等 10 个艺术门类及职能。同时要求，群众艺术馆、文化馆应保证各专业门类及功能配备齐全，并保证其中部分门类及职能配备专门人员。

每个门类及职能的专业人员数量，可根据群众文化事业单位的具体情况而定。同一个艺术门类的人员配备，应尽量兼顾不同的专业，如群众舞蹈应配备民族舞蹈、芭蕾、国际标准舞等专业人员；群众音乐应配备声乐、器乐、指挥等专业人员。不必强求每一艺术门类的不同专业都配备一名专业人员，群众文化专业人员应能做到一专多能。尤其对于县级文化馆而言，应根据人员编制合理配置相关门类及职能的专业人员。而对于综合文化站而言，由于人员编制的限制，不可能配备艺术门类和职能齐全的专业人员，可根据自身条件和地域特色，优先配备受众群体广泛、群众辅导活动需要的相关艺术门类和职能的专业人员。

（三）人员管理

按照国家关于事业单位管理的相关规定，群众文化专业队伍的管理应实行人员聘用制度和岗位管理制度。群众文化事业单位的业务人员需经过培训考核合格后持证上岗。在专业人员管理上，推行岗位职级管理制度及与之相配套的人员聘任制度、工资分配制度和社会保障制度，将人员由身份管理转变为按岗位职级分类管理。个人待遇与所在岗位的工作量、工作难度、责任大小挂钩，实行"级随岗走、薪随岗变"，强化绩效管理，鼓励专业技术人员向"专业能手"发展。

在人员聘任上，应按照"按需设岗，按岗聘任，签订聘约，优胜劣汰"的要求，科学设岗，严格考核，全面推行聘约管理。应根据群众文化专业队伍的不同专业类别、不同岗位，进行分类细化管理，实行不同的考核办法，科学设岗，竞聘上岗，评聘分离，以岗定薪，岗变薪变。打破现行的、单一的职称评审制度，实现群众文化职称资格社会评审、文化馆（群众艺术馆）专业技术职务按岗聘任和社会文化指导员职业资格认证制度三者并行的人员管理制度。

三、群众文化专业队伍的标准

群众文化专业队伍的人员应符合如下三项基本标准。

（一）政治思想素质

群众文化工作者所进行的是社会审美教育，因此要求群众文化专业队伍的人员应具备良好的政治思想素质。一是要热爱群众文化工作，有强烈的事业心和责任感，拥有良好的职业道德和职业操守；二是要有良好的思想品德和正确的人生观和价值观，要为人师表，当好"人类灵魂的工程师"，并能正视和解决自身存在的问题；三是面对各种复杂的社会现象要有较强的识别能力和判断能力，坚持弘扬真善美，摒弃假恶丑；四是要有群众文化工作者的亲和力和强烈的服务意识，有无私奉献的精神。

（二）专业技术能力

群众文化专业人员要具备较强的专业技术能力。一是要掌握相关的专业知识，同时加强对各种相关学科专业知识的学习，使自身的专业知识达到一定的水准；二是要具备群众文化活动的组织操作能力，包括策划能力、指挥能力、辅导能力、教学能力等；三是要具备一定的专业理论修养，具有分析问题和解决问题的能力；四是要具备较强的专业技能，拥有一项甚至多项群众文化的专业特长，具有进行群众文化传播的技能和进行群众文化理论研究的技能。 ## （三）从业资格

群众文化专业人员需要取得必要的从业资格：一是要求群众文化专业人员必须具备一定的专业学历；二是通过群众文化专业技术知识和能力的考核。2011年，国家人力资源和社会保障部发布了12批新职业的划分方法，"在群众性社会文化活动中，从事文化艺术传授、文艺表演和创作指导，整理、研究和开发民间文化艺术的人员"的职业名称被定为"社会文化指导员"。其从事的主要工作内容被定义为：

1.对社会文化活动进行咨询与指导；

2.对社会文化活动进行专业能力辅导；

3.策划、组织、排练和演出；

4.策划和实施群众性文化活动；

5.管理和使用社会文化活动所需要的场地、设备、器材、服装、道具等；

6.抢救、保护和开发利用民间民俗文化遗产。

从这一意义上说，现行群众文化事业机构的专业人员，都可以划归到"社会文化指

导员"这一职业范畴。目前，国家统一定名的"社会文化指导员"的职业名称尚未规范和推广，以"社会文化指导员"定名的职业资格考试也尚未开设，但可以想见，对群众文化全行业的职业规范之路将成为必由之路。对群众文化专业人员的继续教育培训是提高群众文化专业队伍水平的重要内容和必要措施。2007 年，人事部、教育部、科学技术部、财政部印发的《关于加强专业技术人员继续教育工作的意见》明确规定："专业技术人员每人每年脱产或集中参加继续教育的时间累计应不少于 12 天或 72 学时。"2011 年《群众艺术馆、文化馆评估标准》也以群众文化"业务人员岗位培训、继续教育达到 72 学时"，"职工教育及岗位培训达到 48 学时"作为群众文化继续教育考核的基本依据。因此，群众文化专业技术人员应根据国家对专业人员继续教育培训的有关要求，每年参加本单位和上级指导单位举办的继续教育培训，完成规定的学时。

四、群众文化专业队伍的培训

加强公共文化服务的人才队伍建设，提高群众文化专业队伍的服务水平，是各级政府文化部门的职能。从这个意义上说，群众文化专业队伍的培训应由各级政府文化主管部门负责。

因此，各级政府文化部应当根据和国家的文化政策、时代要求，并根据群众文化专业队伍的整体水平、共性特点和薄弱环节，有针对性地开展岗位培训和继续教育。群众文化专业队伍的培训内容包括：国家有关文化方面的政策和法律、法规，公共文化服务体系建设及有关群众文化的基础理论和专业知识，各类群众文化艺术的各种专业知识和技能等。国家有关文化方面的政策和法律法规，是群众文化健康发展必须遵循的基本原则和规定，只有准确把握国家有关文化建设的目标任务、政策规定，才能保证群众文化工作不偏离社会主义先进文化的前进方向。因此，强化对国家有关文化政策和法律法规的培训，是提高群众文化专业队伍工作水平的基本保证。

对群众文化专业队伍的培训，应注意抓好三个环节：一是根据人员的岗位类别分类进行。群众文化事业单位的岗位主要分为管理岗、专业技术岗和工勤技能岗。三种岗位的职能特点有明显的区别。因此，举办培训应区别对待，设置不同的培训班种和培训内容。培训课程可分为公开课和专业课，公开课以公共文化知识为主，所有人员均可参加；专业课则应侧重不同岗位的不同需求，以不同岗位的不同知识为内容。二是根据专业技术人员的职称层次开设培训班种和课程。可根据初、中、高级不同职称的人员，分别开设基础班、提高班和研修班。三是对群众文化专业队伍的培训应进行考核。即根据不同岗位和不同的专业技术门类，采取不同的考核方法，组织相应的展示和表彰。

五、群众文化专业队伍的考核

群众文化专业队伍的考核是群众文化队伍建设的重要方面。考核一般以考量从业者的工作业绩和工作态度为主，通常以岗位职责或工作说明书作为衡量绩效的标准。考核的内容应符合岗位的实际需要，主要包括德、能、勤、绩四个方面，以考核工作业绩为重点。

德：指工作态度和职业道德。即做到遵纪守法，敬岗爱岗，有良好的职业道德和政治思想品德。应主要从群众文化工作的角度去考核从业者的敬业精神和工作责任心，考核从业者的社会主义觉悟和相应的法律道德意识。

能：指工作能力和创新能力，包括从业者的体能、学识、智能和专业技能等内容。群众文化工作要求从业者要做到"懂"，即要做到懂群众，懂群众文化，懂专业艺术，能够了解和掌握群众的文化需求，具有较强的群众文化专业知识、技能和所需要的基本能力。考核的重点应放在对从业者调研能力、创作能力、学习能力的评定上，同时应检查专业技术人员参加继续教育学习的情况。

勤：指服务意识和工作态度，即从业者的工作积极性、责任心、纪律性和自觉性。群众文化从业者应具有服务意识，肯于并乐于为群众做好群众文化服务。考核时应着重检查从业者的履职态度、劳动纪律和出勤情况。

绩：指工作效率和效果，又称为绩效，是工作数量与质量的统一。包括从业者在岗位上完成工作的数量、质量、成本、社会效益或经济效益，以及专业技术人员获奖、发表论文、获得专利、出版论（译）著等情况。岗位外的绩效也是绩效考核的重要组成部分。考核时应重点检查从业者完成本职岗位任务指标的情况，以及所取得的工作成果。提高群众文化专业队伍的考核质量，需要研究和制定科学的考核指标体系，制定和完善严格、规范、可操作性强的考核办法，充分体现考核过程和考核结果的客观性、公正性和全面性。

第三节 群众文化骨干队伍的管理

在群众文化工作中，做好基层骨干培训与队伍建设工作，是满足人民群众文化需求的重中之重。群众文化服务工作有很多内容，然而纵观每一项工作内容，乃至整个公共文化服务体系的建设，都与基层骨干有着不可分割的关联。可以说，基层骨干队伍为群众文化服务工作奠定了坚实的基础。事实证明，拥有了稳固的、日益壮大且常保活力的基层群众文化队伍人才，群众文化事业就会更繁荣，为公众提供文化服务的能力也就越强大。

一、群众文化骨干的特征

群众文化骨干是群众文化活动的基本力量，在群众文化活动中发挥着中坚和带头的作用。群众文化骨干具有三个方面的特征。第一，热爱群众文化，以满腔热情投入群众文化工作。热爱群众文化是群众文化骨干最根本的动力来源，并在群众文化活动中能够激发和展示自己的全部能量。第二，具有一项或多项文化艺术专业技能，愿意以己之专长帮助他人。群众文化骨干一般具有较高的专业文化艺术水平，在群众中有很高的威信和影响力，具有表演示范能力和辅导指导能力。第三，具有较强的组织能力，能够鼓动和引导他人参加群众文化活动。群众文化骨干在群众文化活动中大多集组织者、辅导者和管理者于一身，有较强的组织协调能力。群众文化骨干作用的发挥，一定程度上制约着群众文化活动的兴衰。

二、群众文化骨干队伍的培植

群众文化骨干队伍需要进行有目的、有计划的培植。培植群众文化骨干队伍主要包括以下几个方面的内容。

第一，提高群众文化骨干的业务水平，给他们提供参加各种培训、交流、表演和深造的机会。群众文化骨干虽然热爱群众文化艺术，具有一定的群众文化艺术特长，但很多人没有系统地学习过文化艺术专业知识和技能，需要不断地充实知识和提高水平，往往对参加培训、交流、表演、深造的要求十分强烈。因此，各级群众文化事业机构应定期对他们进行培训，为他们创造更多的实践和深造的机会。

第二，对群众文化骨干组建的或在其中发挥重要作用的群众文化（艺术）社团，在场地、师资、设备等方面给予积极的扶植和帮助。群众文化骨干和他们所组建的群众文化（艺术）社团在群众文化活动中发挥着十分重要的作用，因此各级政府文化部门和各级群众文化事业机构应根据群众文化骨干和他们所在的群众文化（艺术）社团的水平、层级、活跃程度、贡献等因素，在活动场地、师资、设备等方面给予不同程度的扶植和帮助，并提供必要的辅导和服务。

第三，采用表彰、命名和奖励等手段，调动群众文化骨干的积极性。表彰、命名、奖励等手段对群众文化骨干有着重要的激励作用，也是对其进行管理的有效手段。各级政府文化部门和各级群众文化事业机构应分别从组织管理和业务管理的角度，采用多种方式进行表彰、命名和奖励。

三、群众文化骨干队伍的考核

（一）考核时间

对群众文化骨干队伍应定期进行考核。考核周期以一个年度考核一次为宜。根据一般的工作常规，可选在自然年度结束后的时间段进行。

（二）考核内容

对群众文化骨干的考核主要可安排三项内容：第一，个人群众文化专业知识和技能的考核。主要考核个人专业特长方面的知识和技能，如舞蹈、音乐、戏剧、理论、组织等方面的内容。第二，个人参加群众文化活动业绩的考核。主要考核个人年度内取得的成绩，如参加相关群众文化活动所获得的奖项、表彰，发表（出版）个人作品（专著）等内容。第三，个人参加群众文化培训学习情况的考核。主要考核个人各类参加辅导、培训的情况，包括所学的知识、学习体会以及考勤情况等。考核应以群众文化专业水平和能力为重点，目的在于准确掌握群众文化骨干的专业水平，及时获得群众文化骨干的需求信息，以调动群众文化骨干的积极性，更好地为其提供帮助。

（三）考核方式

群众文化骨干队伍的考核可采用总结、考试、问卷、评比、测评等多种方法。考核结果应与表彰奖励结合。考核方式应采取灵活、多样的形式，可根据不同类别、不同艺术专长的群众文化骨干采取不同的方法。例如，针对群众文化（艺术）社团的负责人，可采用总结、交流的方法；对于一般骨干成员，可采用考试、问卷的方法；对于相同艺术门类的骨干，可采用比赛、评比的方法。对于考核中的优秀者，应当在进行精神奖励的同时，给予一定标准的物质奖励。

第四节 群众文化（艺术）社团组织的管理

社团组织是人们为了达到某种目的而组织建立起来的共同活动的群体。群众文化（艺术）社团组织通常是群众根据自身的文艺兴趣和专长，按照自愿组合的原则，制定成员共同认可的组织章程，以交流文艺技能、开展文化活动等为手段，以丰富业余文化生活、强身健体、增进人与人之间的感情、宣传地区文化等为目的而组成的群众文化（艺术）团体。在一般意义上，群众文化（艺术）社团组织指的就是群众文艺团队。

一、群众文化（艺术）社团组织的作用

群众文化（艺术）社团组织的作用主要体现在以下五个方面：

第一，团结凝聚群众文化爱好者。群众文化（艺术）社团是人们为了满足自身的群众文化需求而建立起来的共同活动的组织，它通过群众文化固有的沟通效能、吸引效能和激励效能，促进社团内部与外部的相互交流，起到团结凝聚群众文化爱好者的作用。许多群众文化（艺术）社团都是凭借这种特殊的作用，从最初的几个人、十几人，而逐渐扩展为几十人甚至几百人，吸引了越来越多具有相同志趣的群众文化爱好者参与其中。

第二，搭建群众参与文化活动的平台。群众文化（艺术）社团选择相对固定的活动场所，作为经常开展聚集性活动的地点，是一种具有特殊效益的群众文化活动平台。这一活动平台的建立，不仅使社团成员有了彼此认同的活动去处，而且通过社团组织的活动带动和感染了更多的群众参与群众文化活动。

第三，推动群众文化活动的开展。群众文化（艺术）社团的活动，可以推动群众文化活动的广泛开展。政府文化部和社会文化机构举办的各类群众文化活动，往往需要群众文化（艺术）社团的参与。而群众文化（艺术）社团自身具有的组织性和活跃性，也为主办方举办群众文化活动提供了诸多便利条件。群众文化（艺术）社团通过对文化艺术的传播和传递，能够有效推动群众文化活动的开展。

第四，提高群众文化活动的水平。群众文化（艺术）社团有共同的审美需求和荣誉感，活动较为频繁，加之骨干成员的号召力和专业力量的指导，可以发挥团队的整体优势，有效地开展学习、交流、排练、演出等活动，有助于群众文化活动水平的提高。

第五，促进社会成员间的和谐。群众文化（艺术）社团依据共同的志趣和爱好，通过经常和有益的活动，能够在公共活动场所发挥很强的正能量。不仅可以有效地增进人际交往，消除潜在矛盾，还能增强团队成员的社会荣誉感和集体荣誉感，能够起到促进社会和谐的作用。

二、群众文化（艺术）社团组织的特点

群众文化（艺术）社团的特点体现在以下六个方面：

第一，群众参与的广泛性。群众文化（艺术）社团组织数量众多，能满足不同年龄、不同层次人群的文化娱乐需求，并吸引众多群众文化爱好者参与其中。群众文化（艺术）社团的准入条件一般较低，凡基本符合社团条件的人都有机会加入。其活动内容丰富，多以文学、音乐、舞蹈、曲艺、戏曲、小品、书法、美术、摄影等文化艺术类别为主，也有灯谜、集邮、手工技艺、读书会等群众喜闻乐见的活动样式。

第二，社团组建的自发性。群众文化（艺术）社团大多以群众文化积极分子为骨干自发组建，并依赖团队骨干的积极性而生存。这种自发性主要源于对文化艺术的热爱以及学习、提高、交流和展示的需要，以达到审美教育和自我开发的目的。群众文化（艺术）社团自发组建、自愿参加、自我管理的模式，有助于团队的自我成长和发展。但作为群众文化机构组建的群众文化（艺术）社团，需接受所属群众文化机构的登记备案和监管。

第三，社团成员的内聚性。群众文化（艺术）社团均具有一定的内聚力和行为的一致性，并有一定的行为规范和约定俗成的奖惩规范。在群众文化（艺术）社团内部，由于技艺专长、组织协调能力和综合素质等因素而自然形成的有威信的核心人物，拥有一种自然的影响力。这种影响力的作用，可形成比较显著的内聚力，即在核心人物周围拥有一批自觉维护社团核心利益和目标的骨干成员。在这些骨干成员的带动下，社团成员具有较强烈的集体意识和从众倾向。

第四，活动规律的灵活性。群众文化（艺术）社团的参加成员、活动方式和活动地点处于相对稳定的状态，但受外部环境制约时易发生改变。由于群众文化（艺术）社团的活动基本都属于业余的性质，多是在工作、学习之余或在离退休之后的闲暇时间进行，因此对时间和精力以及对活动的要求都比较宽松，受主客观条件的制约较少，活动相对比较灵活。

第五，组织者的权威性。一般群众文化（艺术）社团的组织者均有一定的号召力和影响力。这是因为群众文化（艺术）社团的组织者一般都是社团的倡导者、发起者，在社团中具有较强的专业艺术技能和活动组织能力，有较强的人际关系，在社团中拥有较高的威信，是社团的灵魂人物，在一定程度上制约着社团的进步和发展。此外，由于社团是自发、自愿形成的，以共同的兴趣、爱好和追求等精神需要为凝聚力量，以感情和共鸣为纽带，在这样的群体中，组织者多无偿付出，精力投入巨大，这在一定程度上决定了组织者所具有的权威性。

第六，保障条件的不确定性。群众文化（艺术）社团自发形成的性质决定其潜在的不确定因素。加之一般群众文化（艺术）社团均存在着成员不固定、需求不稳定、经费无保证、任务不确定的情况，在很大程度上加剧了这种不确定性。特别是由于没有固定的经费来源，活动场地和设备也没有保障，大多群众文化（艺术）团队处境艰难。随着各级政府对群众文化（艺术）社团重视程度的提高，群众文化（艺术）社团在活动场地、业务辅导等方面的基本保障条件有所改善，社团自身也大多利用公园、广场等公共场地开展活动，但这种潜在的不确定性仍然在很大程度上制约着社团的生存和发展。

三、群众文化（艺术）社团组织的组建

群众文化（艺术）社团从性质上说属于社会团体类别，但与政府有关部门和其批准授权成立的政治性社团组织不同。群众文化（艺术）社团可以由有关部门和单位负责组建和管理，也可由社会成员自我组建和管理。群众文化（艺术）社团一般与当地政府文化部门没有行政上的隶属关系，但需接受政府文化部门的管理、指导和监督。群众文化（艺术）社团组织的组建主要有以下五种类型。

（一）由群众文化事业单位组建和管理

即由文化馆、文化站、青少年宫、工人文化宫、老干部活动中心等群众文化事业机构组建和管理的群众文化（艺术）社团。这类社团一般要求在群众文化事业机构备案，具备一定的专业水准，活动也较为正规。以文化馆办群众文化（艺术）社团为例，这类社团分属不同的艺术类别，组建和管理的难易程度也有差异，大致分为三种模式：第一种，由具有相应的文艺专业背景的文化馆业务人员具体组建和负责日常管理，社团负责人及一切活动和管理均由文化馆业务人员负责，需要相关人员倾注大量的时间和精力；第二种，社团已经具有一定的规模和实力，有自己的组织机构和负责人，文化馆只负责安排业务人员进行辅导；第三种，挂靠在文化馆的社团，其内部组织机构比较健全，日常只需利用文化馆的设施场地并以文化馆的名义开展活动，文化馆只实施检查指导，保证活动方向，提供必要的服务。

（二）由街道、乡镇一级机构组建和管理

即由街道（政府派出机构）、乡镇政府委派相关职能部组建和管理的群众文化（艺术）社团。这类社团一般承担协助当地政府完成文化宣传方面的任务，在当地组织开展的群众文化活动中，以地域群众文化团队的名义参加，由当地政府部门给予不定形式的资金或物力支持。随着政事分开、管办分离等的进一步深化，街道、乡镇政府需改变管理方式，主要通过行政、经济等手段进行宏观管理。

（三）由社区居委会、村委会组建和管理

即由社区居民委员会、村民委员会为活跃地域群众文化生活而组建和管理的群众文化（艺术）社团。社区居委会和村委会均属于自我管理、自我教育、自我服务的基层群众自治组织。其组建的群众文化（艺术）社团多为满足群众自娱自乐，组建程序简便，限制条件较少。这类社团在实行自我管理的同时，一般由社区（村）文化室具体负责日常管理。

（四）由企事业单位、社会团体组建和管理

即由企事业单位、社会团体为满足建设企业文化的需要而组建的群众文化（艺术）社团。这类社团的主要功能为展示企事业单位、社会团体的对外形象和精神风貌，增强

内部的凝聚力和向心力。一般由工会或相关部门进行管理。

（五）由业余文艺骨干组建和管理

即由群众文艺骨干个人根据自己的志趣和专长自发组建和管理的群众文化（艺术）社团。这类群众文化（艺术）社团主要利用公园、广场等公共场地，有时也利用组织者的个人住所开展活动，社团活动以自娱自乐为目标，以感情为纽带，组织管理相对松散，组织成员处于动态变化之中。

群众文化（艺术）社团中的一部分社团相对比较正规，有的已登记为面向全社会的法人社团组织；但多数社团均只在地域群众文化管理部门备案，纳入地域群众文化的管理范围，以业余群众文艺团队的名义开展活动；还有部分社团未进行登记和备案。相对正规的群众文化（艺术）社团一般具有一定的组建规范，内容包括：自觉遵守国家的法律、法规，有相对明确的社团名称和组织管理机构，有相对稳定的社团成员，有相对可以利用的场地作为活动阵地，有相对稳定的活动时间和活动规范等。

需要登记为面向全社会的法人社团组织，一般需要具备如下条件：

1.有 50 个以上的个人会员或者 30 个以上的单位会员；个人会员、单位会员混合组成的，会员总数不得少于 50 个；

2.有规范的名称和相应的组织机构；

3.有固定的住所；

4.有与其业务活动相适应的专职工作人员；

5.有合法的资产和经费来源，全国性的社会团体有 10 万元以上的活动资金，地方性的社会团体和跨行政区域的社会团体有 3 万元以上的活动资金；

6.有独立承担民事责任的能力。社会团体的名称应当符合法律法规的规定，不得违背社会道德风尚；并应与其业务范围、成员分布、活动地域相一致，准确反映其特征。地方性的社会团体的名称不得冠以"中国""全国""中华"等字样。

四、群众文化（艺术）社团组织的管理目标

对群众文化（艺术）社团的管理，首先，应强调自治管理，即努力完善各项管理制度和规范，不断在社团演出（展示）、场地、经费等方面拓宽渠道，促进自身的健康发展。其次，各级政府文化部门应发挥管理职能，探索群众文化（艺术）社团发展的长效机制，通过例会、研讨、表彰等手段，激励团队的建设与发展。最后，群众文化事业单位应加强对群众文化（艺术）社团的辅导与服务，从提高艺术水平和质量的角度抓好团队业务知识和技能的培训，搭建群众文化（艺术）社团展示和交流的平台，积极扶持并促进群众文化（艺术）社团的进步。群众文化（艺术）社团的管理目标主要可设定为六

个方面。

（一）活动方向要求

活动内容和形式积极健康，符合社会主义先进文化和社会主义核心价值体系的要求。即坚持"二为"方向，"双百"方针，弘扬主旋律，提倡多样化，根据群众文化（艺术）社团的门类或内容，开展有益于人民群众身心健康和思想情操的活动，把握正确的群众文化活动方向。

（二）日常活动要求

坚持日常活动，参加的成员达到一定的比例，活动有计划、有内容、有记录、有检查。团队每年要有年度工作计划和年度总结，有团队展示活动。日常活动是社团组织存在的重要基础，也是成员之间相互学习、提高和沟通信息的平台。日常活动一般应围绕文化艺术的创作、排练、培训和欣赏进行，并根据社团的不同门类的要求，安排符合艺术规律和特点的活动内容。例如，摄影门类社团的日常活动应以展示、评审会员的摄影作品为主；合唱队的日常活动应以发声练习和歌曲排练为主；舞蹈队的日常活动则应以基本功训练和舞蹈作品的排练为主。

（三）服务群众要求

经常开展服务地区群众的公益性展示活动，在地域群众文化活动中有一定的受众面和影响力。即根据所属地域或机构的群众文化活动安排面向社会、面向群众的公益性的展示活动，有时也可根据活动需要自主举办公益性展示活动，借以丰富和活跃辖区群众的业余文化生活。

（四）品牌特色

即要求具有一定的文化艺术特色，拥有一定的活动品牌。群众文化的活动品牌都是经过多年积累，并在内容和形式上不断创新而逐步形成的。品牌在一定意义上就是群众的口碑。群众文化（艺术）团队的品牌应根据团队的艺术门类，打造具有鲜明艺术特色和反映地域生活的原创作品或活动项目，并通过参加或举办的演出、比赛、展览等活动加以推广，根据群众的意见不断完善和提高，使之得到群众的喜爱，并产生较好的社会影响。

（五）硬件条件

即要求有较稳定的活动排练场地和辅助设备。群众文化（艺术）社团应当拥有较为稳定的活动排练场地，这是社团活动的基本条件之一。根据社团的活动特点和规律，动态类社团的活动可安排在室内进行，也可安排在室外场地进行，而静态类社团的活动则多安排在室内场地进行。公园、广场等公共区域是许多群众文化（艺术）社团经常利用的室外活动场地，但季节、气候的变化在一定程度上会影响到社团活动的正常进行。

因此，各级群众文化机构或组织应为解决群众文化（艺术）社团活动场地的问题提供必要的帮助。此外，群众文化（艺术）社团还应配备一定的辅助设备，如必要的服装、道具、音响等。在这一方面，政府所设的群众艺术馆、文化馆（站）应把为群众文化（艺术）社团提供活动场地和设备作为免费开放的内容之一。

（六）创编能力

即要求具备一定的创编能力。创编能力是对较高水平群众文化（艺术）社团的要求。创编群众文化作品应与社会形势和工作重心、与当地群众的生活实际紧密结合，采用群众喜闻乐见的、反映地域文化特色、与社团艺术门类相适应的形式，突出作品的原创性和生活化，为地域的建设和生活服务。群众文化（艺术）社团应吸纳具有创编能力的群众参加，根据社团的能力和条件创编一定数量的群众文艺作品，并投入排练和演出。

第五节 群众文化志愿者队伍的管理

文化志愿者是群众文化体系建设的重要力量，在公益性文化艺术活动中为社会和他人提供服务和帮助。在群众文化辅导工作中，文化志愿者不仅使文化艺术充分体现了它的价值，而且在一定程度上促进了社会文化关系的和谐。

志愿者，也称义工，是自愿参加相关团体组织，在自身条件许可的情况下，在不谋求任何物质、金钱及相关利益回报的前提下，合理运用社会现有资源，志愿奉献个人可以奉献的东西，为帮助有一定需要的人士，开展力所能及的，切合实际的，具有一定专业性、技能性、长期性服务活动的人。志愿者以提供志愿服务的方式，给人们以实在的帮助和心灵的温暖，给社会以爱的力量和向上的希望。文化志愿者是志愿者队伍的重要组成部分，包括图书馆、博物馆、美术馆、文化馆、音乐厅、影剧院等各种公共文化服务机构的志愿者在内。群众文化志愿者专指利用自己的时间、财力和文艺技能，自愿为社会和他人提供公益性文化艺术服务和帮助的志愿服务人员。

一、群众文化志愿者队伍的社会功能

群众文化志愿者是以向社会和群众提供文化艺术服务和帮助为主要内容的志愿服务人员。群众文化志愿者队伍是群众文化事业的有生力量。在群众文化事业机构服务能力不能完全满足群众文化服务需求的背景下，群众文化志愿服务的机制有效地调动了地域社会文化资源，是对群众文化专业队伍的有益补充。群众文化志愿者队伍不仅拓展了群众文化服务的覆盖面，也促进了群众文化服务的深化。

（一）群众文化志愿者的分类

群众文化志愿者主要有两种分类方法：一是从参与群体的属性上划分：可分为个人型和团体型。即群众文化志愿者可以是个人，也可以是团体。二是从专业技能和人员结构上划分：可分为专家型、专业型、特长型和支持型四种类型。专家型志愿者：指文化艺术界的名人、学者等，主要为群众文化提供高档次的指导；专业型志愿者：指专业艺术院团的文艺工作者、群众文化机构的社会文化指导员等，主要指导和参与各类群众文化活动；特长型志愿者：指拥有一定文化艺术专长或技能的群众文艺团队骨干等，是群众文化活动的重要力量；支持型志愿者：指热爱文化艺术，愿意为文化艺术事业奉献智力、财力和精力的人士，主要为群众文化事业提供力所能及的支持和帮助。

（二）群众文化志愿者队伍的社会功能

志愿服务是文明社会的基本构成和重要内容，倡导的是"奉献、友爱、互助、进步"的精神，体现的是"帮助他人、完善自己、服务社会、传播文明"的传统美德。群众文化志愿者之所以肯于自我奉献，热心于公益文化服务，其最大的动力来源于他们对社会、对他人、对所从事的文化艺术发自内心的爱。群众文化志愿者队伍的社会功能主要体现在以下几个方面：

第一，价值回归功能。就是以无偿和奉献的精神为社会提供公益性的文化服务。群众文化志愿者与其他志愿者一样，都是以自愿贡献个人的时间和精力，以无偿的方式为社会提供群众文化服务。无偿、奉献是群众文化志愿服务的本质特征。群众文化志愿者付出自己的时间、精力、知识、技能、资源和爱心来回馈社会，是对社会的一种奉献。

第二，艺术普及功能。就是以自己的专业特长为群众传播文化艺术知识和技能。群众文化志愿者服务内容涵盖了音乐、舞蹈、戏剧、曲艺、美术、书法、摄影以及民间文艺等各种艺术类别，他们以自己的艺术特长和专业技能为群众提供艺术指导和辅导等服务，帮助群众提高专业艺术素养和能力，在满足群众多样化文化需求的同时，也使自己获得精神和心灵的满足。

第三，社会净化功能。就是以友爱互助的行动传播新型的人际关系和社会文明。群众文化志愿者在志愿服务中，除了传授文化艺术知识和技能以外，还承担着传播新型的人际关系和社会文明的责任。他们秉承高度的社会责任感，用爱心去感染他人，用生命去影响生命，用自己从事志愿服务的实际行动，传递出助人为乐的高尚品质和情操，传播新型的人际关系，倡导互助友爱的社会文明。

二、群众文化志愿者队伍的组织

（一）招募群众文化志愿者一般采用的程序

第一，确定志愿服务项目。群众文化事业机构应根据群众文化工作计划的内容，提出群众文化活动志愿服务项目，并按照实际需求提出招募计划。志愿服务项目可以设置为单项，也可以设置为多项。确定志愿服务项目应注重公益性和可行性，符合覆盖面广、受众面宽、影响广泛、效益良好等标准，并应通过相关专家的评审论证。第二，明确服务方式和要求。对所选定的志愿服务项目，可根据招募计划明确该项目的志愿服务方式和相关要求。第三，明确招募对象条件。包括拟招募的志愿者的年龄层次、学历要求、健康状况、知识技能等方面的条件，有些项目还应当明确告知在志愿服务过程中可能出现的风险。第四，明确报名方式。确定采用何种报名方式，包括现场报名、电话报名、网络报名、网点报名等。同时应确定联系人及联系电话。第五，发布志愿者招募书。在确定以上内容的基础上，拟定《志愿者招募书》并通过报刊、网络等媒介予以发布。发布范围可面向全社会，也可定向面对与项目相关的志愿服务机构。《志愿者招募书》应载明与志愿服务项目有关的信息，包括项目背景、项目内容、服务方式、项目要求、招募对象条件、报名方式、联系人等。

（二）制定群众文化志愿者指南和相关的管理制度

招募单位应根据群众文化志愿服务的相关内容，为志愿者编制服务指南或服务手册。服务指南的内容可包括：志愿者服务理念、誓词、基本条件、权利与义务、招募办法及流程、志愿者培训、志愿服务知识、基本要求、注意事项、日程安排、保障与表彰等。同时为了规范志愿服务人员的管理，保障群众文化志愿者的权益，提高群众文化志愿服务的质量，招募单位还应制定与志愿者管理相关的各项规章制度。志愿者管理的规章制度可包括：志愿者注册登记制度、志愿服务工作守则、志愿者招募制度、志愿者培训制度、志愿者管理办法、志愿者保障和奖励制度等。同时还应探索创新志愿服务的机制和方式，建立统一的志愿服务项目发布平台，提高志愿服务项目与公众需求、公众参与的对接效率，最大限度地发挥志愿服务的效益。

（三）群众文化志愿者的组织方法

群众文化志愿者队伍的组织方法大体分为以下几种：

第一，由相关的群众文化事业机构进行管理。即由群众艺术馆、文化馆、文化站等群众文化事业单位根据使用需要，直接进行群众文化志愿者的招募、培训、使用和管理。

第二，由各省市文化厅（局）组建的文化志愿者服务中心进行管理。即由政府文化部门设立文化志愿者服务中心，承担群众文化服务范围内的文化志愿者的招募、培训、使用和管理。

第三，由志愿者服务机构进行管理。即由群众文化事业机构以外的第三方志愿者服务机构负责群众文化志愿者的招募、培训和管理。志愿者使用单位可根据群众文化活动项目的需求，委托志愿者服务机构代为招募群众文化志愿者。组建群众文化志愿者队伍，是群众文化管理的一个新课题。建立完善的、符合群众文化需求的志愿者管理机制，需要进行新的研究和探索。

三、群众文化志愿者队伍的培训

培训是群众文化志愿者组织管理的一项主要工作。抓好志愿者的培训是强化群众文化志愿者队伍素质的关键，而强化素质则是群众文化志愿者队伍生存发展的必要条件。加强群众文化志愿者队伍的培训，可以有效地提高群众文化志愿者的政治素质、文化素质和专业素质，不断提高志愿服务的质量和水平。建立志愿者培训制度，可以不断提高群众文化志愿者的服务能力，更好地完成义务服务的任务。从一定意义上说，志愿服务的过程是自我教育、自我开发、自我提高的过程，针对志愿者的不同水平、专业和服务项目进行有针对性的培训，是做好志愿服务的重要保障。志愿者培训包括新志愿者培训、专业培训、全员培训等形式。

（一）新志愿者培训

原则上讲，新志愿者在完成登记后，都应当经过最基础的培训。新志愿者虽然都对自己所从事的专业有较高的造诣，但对志愿者和志愿服务的相关知识则未必有清楚的了解。因此，开展新志愿者培训是投入志愿服务前的一项基础性工作。新志愿者培训的内容可包括：群众文化志愿者组织的性质、任务和组织架构的介绍；志愿服务有关规章制度、纪律等方面的教育；志愿者服务指南的讲解；拟定开展的志愿服务项目的介绍；优秀志愿者先进事迹的介绍和交流等。

（二）项目专业培训

志愿服务往往依托具体的志愿服务项目来进行，每个志愿服务项目都有各自的具体要求，对志愿者的要求也有个性化的区别。根据不同项目的具体情况和个性化特点进行专业培训，是顺利完成志愿服务项目的前提。因此，在开展专项志愿服务活动前，要经过必要的专业培训，明确项目的意义、活动内容、时间、地点、相关要求、注意事项等，使参加该项服务的志愿者充分了解和掌握与专项服务相关的知识。针对专业性较强的志愿服务项目，可聘请有关方面的专业人员或有培训资格的志愿者培训师进行培训。

（三）志愿者全员培训

全员培训是志愿者培训的一项基础性工作，是提高志愿者基本素质、保证志愿服务质量的重要措施。培训内容可选择志愿服务的基本理念、通用技能和规范等。通常情况下，全体志愿者每年都应参加一次全员培训，并在相关志愿者服务手册或相关档案中予以记载。

四、群众文化志愿者队伍的考核与宣传

（一）群众文化志愿者队伍的考核

群众文化志愿者的考核可采取多种方式进行，包括进行群众文化志愿者年度服务考评，进行群众文化志愿者志愿服务绩效评估，建立常态文化志愿者星级评审体系，对优秀文化志愿者进行表彰和奖励等内容。可参照共青团系统评定"星级志愿者"的方法，在志愿者组织内部建立以服务时间和服务质量为衡量标准的星级认证制度，定期表彰"星级志愿者"。

（二）群众文化志愿者队伍的宣传

可通过对群众文化志愿者活动重点项目、重大活动或典型人物的宣传报道，逐步扩大群众文化志愿者队伍的社会影响力。在宣传途径上，可利用广播、电视、报刊、网站等媒介进行宣传，可在志愿服务活动过程中借助其他大型文化活动进行宣传，也可利用各级群众文化事业机构的常态化宣传阵地进行宣传。在宣传方式上，可通过组织媒体专访、制作宣传片、举办展览等方式，吸引社会各界的关注，不断吸收更多的文化艺术人才投身于群众文化志愿服务工作。

第八章 群众文化与公共文化服务体系建设

了解群众文化在公共文化服务体系中的地位，以及公共文化服务体系下群众文化发展的方向与道路；理解群众文化创新的方向与要求；能够运用上述概念，推动新形势下的群众文化工作，因此，本章主要研究群众文化与公共文化服务体系建设。

第一节 公共文化服务体系下的群众文化

公共文化服务是群众文化的基本功能，群众文化事业是公共文化服务体系的重要组成部分。公共文化服务的建设原则，即公益性、基本性、均等性、便利性都是群众文化服务应遵循的基本原则。

一、中国群众文化理论体系的形成与发展

（一）群众文化理论体系的形成与建立

1.群众文化理论体系的形成

建立自己的学科，构筑群众文化的理论体系，是群众文化重要的基础工作。伴随着群众文化的发展，人们对于群众文化的研究也在不断深入。新中国成立后，随着群众文化事业的发展、研究工作的不断深入，群众文化工作者以马克思主义的基本原理为指导，总结我国群众文化事业发展的实践，运用科学的思维方法进行分析概括，不仅为群众文化方针政策的制定提供了科学依据，也逐步完善着群众文化的理论。

1959 年，中央文化学院的群众文化研究班集体编写了第一部群众文化论著《群众文化工作概论》，标志着群众文化理论体系的初步形成。改革开放以后，在思想解放和实事求是的推动下，群众文化的研究者们坚持理论联系实际，从不同的方位、侧面、角度探求群众文化的理论，在群众文化的基础理论、群众文化史、群众文化活动、群众文化管理、群众文化辅导、文化馆等各个领域都取得了丰硕的成果。20 世纪 80 年代末 90 年代初，一批群众文化的理论专著相继出版，其中包括 1992 年湖南文艺出版社出版，常泊主编的《中国群众文化辞典》；1993 年中国国际广播出版社出版，郑永富主编《群众文化学》；1994 年浙江人民出版社出版，郑永富编纂的《群众文化管理学》、《群众文化辅导学》、《文化馆学》，以及周德辉、荣天筠、梁泽楚编著的《中国群众文化史》

（古代、现代、当代部分），李瑞岐的《论群众文化与民俗艺术》，金天麟的《群众文化民俗学研究》，牟光义的《群众文化社会学概论》，奎曾的《民族群众文化学通论》等。这些作品标志着群众文化学基本成形，成为一门独立的新兴学科。

2.群众文化学

群众文化学是研究群众文化本质及其运动规律的一门科学，是一门涉及诸多学科的综合性社会科学。它以群众文化现象及其规律为研究对象，研究的内容包括群众文化活动、群众文化工作、群众文化事业、群众文化队伍、群众文化机构以及群众文化发展史等。群众文化学理论体系所涵盖的内容众多。群众文化的基础理论主要是探索群众文化的起源、发展以及它在发展中的基本规律，包括民族群众文化学、文化馆学、群众文化史、群众文化管理学、群众文化辅导学等；群众文化的应用理论包括群众文化工作实务、文化馆（站）的服务与管理、群众文化队伍建设、群众文化活动的策划与组织、群众文艺创作等；从社会形态上包括农村群众文化建设、城市群众文化建设、民族地域群众文化建设、广场群众文化、庙会群众文化等。群众文化学涉及文艺学、教育学、心理学、社会学、民族学、民俗学、非物质文化遗产学、美学以及现代科学技术等相关学科，并由此形成了群众文化社会学、群众文化心理学、群众文化美学等分支，是一门综合性的社会科学。

（二）群众文化理论的功能与作用

群众文化理论是长期、丰富的群众文化实践的科学总结，群众文化理论指导实践，推动群众文化事业的健康发展。随着社会的发展，群众文化事业不断遇到新的问题、不断进行新的探索，也不断取得新的成果，为群众文化理论研究积累了实践基础。通过群众文化理论的研究，探索群众文化实践中出现的新问题，总结新经验，把群众文化的经验上升为理性认识，形成了群众文化的指导方针、政策、法规，指导群众文化工作，并进一步上升为群众文化的理论，从而推动群众文化事业的发展。如"数字文化馆"是群众文化中一个新的概念，在第一次文化馆评估时，还仅仅提出文化馆计算机设备配置的要求。随着一些文化馆网站的建立和数字服务的实践，第二次评估时将"网站"和"网页"列入提高指标中，推动了"文化馆网站"的普及发展，以及对文化馆数字服务的实践和理论的探索。随着文化馆网站的发展，总结实践经验，第三次评估就将"数字化服务"列入了评估标准，并提出了"数字文化馆"的概念。群众文化理论体系的形成是群众文化稳定、持续发展的保障。

和图书馆学、博物馆学相比较，群众文化还是一门新兴的学科，它的理论体系还很不完善、很不稳定，又缺少国外的参照，受社会环境的影响较大。同样都在"以文补文"、

"有偿服务"，但是公共图书馆、博物馆是把它作为权宜之计，作为一个有争议的课题进行探讨，并没有动摇其公益性属性和图书馆、博物馆的基本理论。而在群众文化领域，却出现了否定文化馆公益性属性，提出了文化馆企业化，文化馆走产业和事业相结合道路等方向性、基本型的理论问题。文化馆自身企业化的理论探讨动摇了群众文化的基本理论，造成了社会影响，险些在公益性文化单位中排除文化馆，影响了文化馆的发展。在许多地区，文化馆的设施建设远远落后于公共图书馆和博物馆，这和群众文化理论的不完善、不稳定，人们对文化馆功能作用认识不明确有着很大的关系。群众文化理论的系统化、科学化，推动群众文化事业的专业化、科学化、现代化进程。

群众文化理论研究存在着一些先天的不足，如在群众文化工作中存在着"重活动、轻理论"的倾向，影响着群众文化理论研究的开展；普通高校没有群众文化专业，各级社会科学院也缺少群众文化的研究机构，缺乏专门从事群众文化理论研究的专家学者和理论研究的学术平台；研究理论的方法不够科学，研究深度不够，存在着实用主义和图解政策的现象；群众文化的理论专著虽然不少，但是大都是分散的，分别编著、独立出版，没有形成系统化的理论，至今还没有一套完整的、成体系的群众文化的理论丛书。群众文化的专业化、科学化、现代化发展，迫切需要群众文化理论的系统化和科学化。

（三）群众文化理论的建设与发展

建设社会主义文化强国这一长期战略目标的确立，使文化在综合国力竞争中的地位和作用更加突出。公共文化服务体系建设，推动着群众文化的大繁荣大发展。群众文化的大繁荣大发展，要求群众文化的理论建设与之相适应。

群众文化理论要与时俱进，不断创新。近年来，群众文化研究的论文、论丛、专辑很多，研究涉及群众文化的各个方面。特别是这些理论研究围绕公共文化服务体系建设、非物质文化遗产保护、新农村文化建设、社区文化发展、文化馆的改革与服务等重大理论和现实问题，进行了多侧面的、较为深入的研究，探讨群众文化在公共文化服务体系建设中的新问题，总结群众文化在公共文化服务体系建设中的新经验，取得了不少成果，丰富了群众文化的理论宝库，也为政府部门的决策提供了参考和依据。但是，这些研究大多是分散的、某一方面的、某一地区的研究，缺乏系统化；研究者大多是群众文化工作者，缺乏专家学者的参加；从事的研究大都是文化馆或群众文化学会组织的，缺乏专门的研究机构；许多研究往往是功利性的（如职称评审需要），研究方法不够科学，研究不够深入；研究成果主要以论文形式发表，以论丛形式出版，没有形成有影响的理论专著。加强群众文化理论研究的系统化，科学化，研究群众文化的新形势、新问题，总结群众文化的新经验、新成果，使之上升为理性认识，形成有共识的群众文化理论专著，是当前群众文化的一项重要任务。群众文化理论研究要从以下几个方面加强。

第一，加强群众文化理论研究的系统化、科学化。要以《关于深化文化体制改革、推动社会主义文化大发展大繁荣若干重大问题的决定》（下文简称《决定》）为指导，紧密结合实际，开展群众文化理论的系统研究。中国群众文化学会每年举办群众文化论文征选活动，征文题目都与当年的新政策、新形势有关，并取得了一定理论研究成果。2010年征文的主题是"新形势下群众文化创新"；2011年的主题是"文化馆的免费开放"；2012年的主题是"城乡文化一体化发展"中的"村级文化建设与公共文化服务体系构建"。在紧密结合当前需要开展的研究的同时，需要制定群众文化理论研究的长远规划，把《决定》中提出的新形势下推进文化体制改革的指导思想、重要方针、目标任务和政策举措与群众文化理论体系建设有机地结合起来，形成一个研究系统，推动群众文化理论化研究的系统化和科学化。

第二，建设群众文化理论和研究基地和学术平台。群众文化的理论研究要想从业余研究向专业化研究方向发展，就需要建设群众文化研究的基地，搭建群众文化理论研究的学术平台，形成群众文化理论研究的专业队伍。要选择几个有研究基础（研究队伍和成果）的省级文化馆、研究机构或学院，建立群众文化的研究机构，出版群众文化理论研究的全国性刊物，团结和凝聚一批群众文化研究人员，吸引专家学者参加，形成一支高水平的群众文化理论队伍。

第三，加强理论研究的交流。应当像图书馆那样建立文化馆的年会制度，把群众文化的征文活动与年会制度结合起来，使年会成为群众文化理论研究的交流平台，展示群众文化理论研究成果，指导群众文化理论研究，推动群众文化发展。并在此基础上形成一些群众文化论坛，推动群众文化理论研究的普遍开展。如2011年11月，中国文化报、中国群众文化学会、宁波市文化广电新闻出版局主办的2011中国群众文化宁波论坛，论坛的主题是"免费开放背景下文化馆（站）面临的挑战与机遇"。

第四，实施群众文化理论建设工程，支持群众文化理论研究基地的建设和群众文化理论专著的出版。近年来已经有一些群众文化理论专著陆续出版，如杨建新主编，五洲传播出版社于2009年出版的《新农村文化建设实用教材》，李戈、刘新宝编著，天津海河文化编辑部2008年出版的《天津市公共文化服务指导手册》（群众文化篇）等。还有一些群众文化理论专著正处在编辑过程中，应帮助他们尽快出版。文化部组织编辑出版的文化馆（站）系列培训教材，做了一个很好的示范。

第五，加强群众文化理论队伍建设。天津市群众艺术馆自2004年开始，每年举办一期天津市群众文化系列专业技术人员论文培训班，聘请社科专家及群众文化领域研究员为授课老师，包括天津社会科学院教授、天津市艺术研究所专家、天津图书馆研究馆员、天津市群众艺术馆研究馆员、天津市群文学会学术委员会专家等，教授论文写作基本知识、专题论文写作知识、撰写论文的选题、结合本岗工作深入研究提炼撰写群众文化论文等。

二、群众文化活动的构成与特征

（一）群众文化活动的内容和形式

群众文化活动的内容，是指群众文化活动形式所表现的实质和意义；群众文化活动的形式，是指群众文化活动的内容得以表现的形态。群众文化活动的内容与形式的关系是辩证统一的关系。群众文化活动是以文学艺术为主要形式的，文学艺术作品通过艺术形象反映客观现实生活，客观地反映社会生活是群众文化活动内容的主要组成部分。文学艺术活动包含着人的智力、审美、健身等因素，渗透着活动者思想情趣和审美评价的主观性，文学艺术作品反映了社会生活的客观性和人们文学艺术活动的主观性的统一，构成了群众文化活动的主要内容。文学艺术属于意识形态，具有一定的思想内容，群众文化活动同样具有一定的思想内容。群众文化活动还包括一些以娱乐、健身为主要内容的活动。

群众文化活动形式包括群众文化活动得以传达的物质手段，如网络群众文化活动、电视群众文化活动等；群众文化活动的文学艺术的形式，如歌舞、曲艺、戏剧、器乐等；群众文化活动的组织形式，如展览、比赛、庙会等。群众文化活动的内容起着主导和决定的作用，形式由内容决定并为内容服务。群众文化活动的形式又能给内容以积极的影响，与内容相适应的、完美的形式能使内容得以充分表达，从而达到较好的活动效果。群众文化活动的形式是各民族在长期的群众文化实践中形成和发展的；活动形式的创新又促使活动内容更为丰富和新颖。群众文化活动的形式也有相对的独立性，不同的形式可表达相同或相似的内容，相同的形式也可表达不同的内容。

（二）群众文化活动的类别

群众文化活动内容丰富、形式多样，群众文化活动的类别也有多种划分方式。本节所讲的是三种主要的类别划分方式一活动样式、活动类别和活动总类。

1.群众文化活动的样式

群众文化活动的样式，是指按不同文化艺术门类区分的基本活动组成种类。例如：群众文学活动、群众戏剧活动、群众音乐活动、群众舞蹈活动、群众美术活动等。每种群众文化活动样式都具有相对的独立性，以其相对稳定的活动形式存在着。它们都以独特的形式和方式来表现群众文化活动的内容，同时也都以不同的形式和方式成为客体作用于群众文化活动的主体。从文化艺术门类层次上划分的群众文化活动样式，既包括这个门类的群众文化活动的过程，也包括与这个门类的活动成果有关的其他活动。

2.群众文化活动的类型

群众文化活动的类型指以共同的活动形态特征所形成的群众文化活动类别。如创作活动、表演活动、展览活动、观赏活动、培训活动等。它是比活动样式更高层次的群众文化活动形态。对群众文化活动类型的划分，是从其外部活动形态的共性上区别的一种分类方法。从其所包含的活动量（规模和参与人数）来说，有大型和小型之分，无论大小都是同类特征的活动组成的一个集合体。各种类型之间存在着相互作用、相互联结、相互依赖的内部联系：有的活动同时具有多种类型的特点，如农村题材小戏的创作活动就包括了小戏的演出活动和演出中观众的欣赏活动。

3.群众文化活动总类

活动类型更高的层次，是群众文化活动的总类。它是按活动主体在活动中的角色地位的不同来区分的，大体上划分为接受性群众文化活动和表现性群众文化活动两大类。活动总类是指活动类型的归属，阅览活动、观赏活动、培训活动等归属于主体接受性活动；创作活动、表演活动、展览活动、健身活动等归属于主体表现性活动。接受性群众文化活动是群众的艺术鉴赏性活动。群众作为活动的受体从活动客体上获得愉悦和审美享受，去认识客观世界。表现性群众文化活动是群众参与性活动，群众通过自身的文化艺术活动和文艺创作，来表现自己的思想情感、智慧和价值。接受性和表现性两大类群众文化活动是紧密地联系在一起的。接受中可提高表现能力，表现中可接受新的知识技巧。有些活动中主体的接受角色和表现角色可能反复变换；有些活动把接受与表现紧紧交织起来；有的活动同时具有接受和表现两种性质。

（三）群众文化活动的基本特征

群众文化活动具有存在上的广泛性。存在的广泛性体现在三个方面：从时间上看，群众文化活动过去、现在、未来都是人们不可缺少的一种精神生活内容；从空间上看，每个地区、每个民族、每个单位都有着一定的群众文化活动；从包含的内容上看，群众文化涉及诸如经济活动、政治活动、教育活动、宗教活动、军事活动、科学研究活动、人类情感活动等社会活动的各个方面。群众文化活动具有时间上的闲暇性。群众文化活动在劳动生产之余的闲暇时间进行，闲暇是人们正常生活的重要组成部分；闲暇活动是人心理平衡、生理调节的必需活动；闲暇文化娱乐活动是人的个性多样性发展和创造潜力充分发掘的重要途径。社会的发展使人们的闲暇时间越来越多，群众文化活动的重要性也越来越突出。

群众文化活动具有目的上的功利性。人们参加群众文化活动的目的是期望通过群众文化活动获取一定的功效和利益。对于人民群众来说，参加群众文化活动，都自觉地带着娱乐审美、提高文化素养、消遣休息、美化生活等目的。可以说，任何人都是从精神需要出发并抱有一定的动机目的去展开群众文化活动的。群众文化活动具有效应上的双向性。由于人们参与群众文化活动的目的是多种多样的，人们参与群众文化活动的目的与活动结果也是不完全一致的，这就带来了群众文化效应上的双向性，即群众文化活动可以产生正作用与副作用两种效应。

一般来说，内容健康的群众文化活动所产生的是正作用、即正效应；内容不健康的群众文化活动所产生的是副作用，即负效应。群众文化活动具有内容上的丰富性。群众文化的内容所涉及的方面广、种类多，是群众文化活动内容的量的特点。群众文化的群众性与群众文化的多功能性，决定了群众文化活动内容的丰富性。群众文化在其内容上几乎涉及人类文化需求的所有方面，各种形态的社会客观现实生活，都可以直接或间接地从中得以表现。群众文化活动具有形式上的多样性。群众文化内容表现出形态样式繁多的特点，它包含群众文化活动的类型、文化艺术的种类、群众文化的内容组织结构和外部形态。

三、群众文化活动的原则与规律

（一）群众文化活动的基本原则

群众文化活动要把满足广大人民群众的需求作为根本立足点和出发点。群众文化活动贯彻这一原则要注意三点。

一是要了解群众需求，根据群众的需求开展活动，把群众需求变为活动项目。

二是建立群众对于群众文化活动的选择机制，群众的文化需求是多种多样的，群众文化活动的组织者不可能完全满足群众个体的多样化需求，就需要建立选择机制，由群众选择参与自己需要的群众文化活动。

三是建立群众文化活动的群众评价机制，一项活动的效果如何，应由群众去评价，根据群众的评价意见去改进和提高。群众文化活动要坚持"业余、自愿、小型、多样、节约"的原则。群众文化活动的参加者主要是人民群众，他们的文化活动应该在业余时间进行。违背了"业余"原则，必然妨碍生产，损害群众的利益，遭到群众的抵制和反对。群众文化活动应当有更多的群众参加，使更多的群众受益，但这是建立在群众参与活动的自主性上的。群众文化活动要不断提高活动质量，增强吸引力，让广大人民群众自愿参与到丰富的群众文化活动中。

"小型"是与"业余"相适应的，又是受"业余"制约的，群众文化活动只能在业余时间进行，而业余时间是有限的，在业余时间开展小型活动，比较切实可行。"小型"又是与"多样"相联系的，"小型"容易"多样"，符合群众对文化活动多种多样的需要和爱好。提倡"小型"不排除在有条件的地方，于农闲期间和节假日适当组织一些中型或大型活动。群众文化活动还应该注意"节约"，要讲求投入产出，用最小的投入，获取活动的最大效益。群众文化活动的重点应放在基层和农村。基层特别是农村，文化资源相对缺乏，基层文化站活动能力较低，是群众文化活动的薄弱环节，又是群众文化发展的基础。应把群众文化活动的重点放在基层和农村，建立基层和农村的群众文化活动机制，使基层和农村的群众文化活动常态化。

（二）群众文化活动的基本规律

众文化活动的特点和原则，都是群众文化活动规律的体现。群众文化活动的基本规律有以下几点。

1.群众文化需求与群众文化活动相互制约的规律

群众文化需求决定着群众文化活动的发展，群众文化活动刺激了群众文化需求质和量的增长，不断激发出新的文化需求；群众文化需求和群众文化活动相互作用，形成良性循环，从而促进群众文化活动发展水平的上升。首先，群众文化活动主体在需要和动机作用下产生群众文化活动，而需要随其活动的实现获得一定期望程度的满足之后，接着又会产生新的群众文化需要。新的群众文化需要不仅是表现为对质的再次需求，而且是对质的需求的提高。从宏观上说，群众文化活动的发展是社会物质文明和精神文明发展的结果；而从微观上说，在群众文化活动中不断激发出来的新的需要，是推动群众文化活动不断发展的直接动力。其次，群众文化活动的一次次进行，可以使群众不断提高群众文化活动的能力，提高了的活动能力又会作用于群众，产生新的文化需要以及动机、兴趣，刺激着群众文化活动水平的上升，形成良性循环。

2.群众文化活动与政治、经济、社会、文化发展相互制约的规律

这是指群众文化活动与宏观社会环境的关系。政治、经济、社会、文化构成了群众文化活动的外部社会环境，影响和制约着群众文化活动的发展；同时，政治、经济、社会、文化的发展又为群众文化活动的发展创造了良好的客观条件。政治、经济社会制度决定着群众文化活动的性质，社会物质生活水平决定着群众文化活动的水平。群众文化活动已不仅仅是单纯的精神范畴的情感表达和自我宣扬，它已融入政治、经济、社会、生活各个领域，对内凝聚了力量，鼓舞了斗志，激发了群体的热情和智慧，形成了无形的生产力；对外树立了形象，展现了风貌，成为人们关注的焦点和亮点，为文化生产力的拓展和延伸创造了条件。起到了政治释放器、经济助推器、社会调和器的作用，在政

治、经济、社会生活各个领域产生了广泛而深刻的影响。

3.群众文化活动与活动客观条件相互制约的规律

这是从微观上讲的群众文化活动与活动的客观条件的关系。开展群众文化活动特别是大型活动需要一定的客观条件，包括资金、技术设备、人才、场地、交通工具等，这些客观条件制约着群众文化活动的开展。一方面，开展群众文化活动必须考虑客观条件，选择与客观条件相适应的形式、规模、范围，不能不顾客观条件盲目追求活动的规模、效果；另一方面，群众文化活动的开展又可以改善活动的客观条件，创造客观条件。有一些群众文化活动开始时受客观条件制约，只是文化馆开展的小范围、小规模的活动，后来影响扩大，受到政府和社会关注，客观条件改善，发展成为全市、全省，甚至全国性的群众文化活动。北京朝阳区文化馆的"社区一家亲"活动，最初只是由文化馆举办一些简单的文艺演出。由于活动深受社区群众欢迎，影响逐步扩大，受到政府关注，活动发展成为由朝阳区委宣传部、区精神文明办、区社工委、区农委和区文化委五家单位联合主办的全区性的活动，每年有700余场的演出、展览、培训、比赛、作品征集、生活体验等活动，参与人数达200万人次。

（三）群众文化活动的发展趋势

群众文化活动的主题更加鲜明。群众文化活动越来越具有鲜明的主题，弘扬主旋律，讴歌新风尚，激发热爱祖国、热爱社会主义的真挚情感。群众文化活动遍布城乡、常年不断，有的已经形成制度。如长沙市的群众文艺百团汇演，每年举办大大小小的演出12 000余场，辐射全市180多个街道（乡镇）、400多个社区，惠及600多万人民群众，已经形成常态化机制，被群众誉为"永不落幕的舞台"。群众文化活动特色与品牌逐步形成。群众文化活动与传统民俗文化、地域文化相融合，形成了斑斓多姿、特色鲜明的群众文化活动，有的已经成为品牌活动。以天津市为例，仅全国性的群众文化品牌活动就有"和平杯"中国京剧票友邀请赛、"天穆杯"全国小品展演、"文化杯"群众文学评奖活动、"北仓杯"环渤海地区青年歌手电视大赛四项。这些活动都已经举办了十余届，享誉全国。群众文化活动的社会化。

群众文化活动走出群众文化事业内的小循环，走向社会、市场的大循环，扩大活动范围，提高活动质量，增强活动效益。如天津市现有40多家民营剧团，一年演出场次3200场，刘荣升京剧团，哈哈笑、众友、名流等相声艺术团深受观众的喜爱。2010年，由市文化广播影视局、市群艺馆、今晚传媒集团和达仁堂京万红药业公司组成联合体，建立天津民营剧团产业孵化基地。市群艺馆所属的群星剧院，作为全市民营剧团演出的固定场所，更名为"今晚大舞台"。达仁堂京万红药业公司提供专项资金，支持民营剧团为群众提供公益性演出，形成了由企业、民营剧团、群众文化服务机构联合开展群众艺术鉴赏服务的格局。群众文化活动的网络化。群众文化活动资源正转向数字化，人们可以利用网络观赏群众文化活动；通过网上艺术比赛、网上展览等，开展网络群众文化活动。很多省、市文化馆在各自的网站上开辟了很多代表自己特色的栏目，有的介绍民族民间文化、品牌活动，开展网络比赛，宣传非物质文化遗产项目等；有的开展网上展览、网上艺术培训等活动；有的已经形成网上的群众文化活动品牌。如浙江省群众艺术馆的群众文化网站首页开辟了数字远程辅导点播平台，群众在家里就能参加文化艺术培训。

四、公共文化服务是群众文化的基本功能

（一）群众文化和公共文化

群众文化和公共文化是两个不同的概念。群众文化是与专业文化、市场文化等相对应的概念，是建立在不同文化活动的主体和目的基础之上的独特概念，即人民群众以自身为活动主体，以满足自身文化需求为目的，自我参与、自我娱乐、自我开发的社会性文化。专业文化的主体是专业文化工作者，其目的是为满足受体的文化需求；市场文化的主体是文化产业，其目的是满足文化市场的需求。

公共文化，其"文化"的界定与群众文化中的"文化"不完全相同，群众文化中的"文化"以文学艺术为主要内容，公共文化中的"文化"所包含的范围较广，包括艺术、娱乐、新闻出版、广播电视、文物博物、公共图书馆等。"公共"具有"共有的、公用的、共同的"含义，也常用来代表国家。现代意义上的"公共"（或"公共性"）的概念，是指建立在社会公/私二元对立基础之上的独体概念。在清晰的产权制度下，从"私人领域"之中区分出"公共领域"，从而诞生了公共领域和真正意义上的"公共性"。

群众文化属于公共文化范畴。群众文化具有突出的群众性和社会性，同时也就具有鲜明的公共性和服务性。群众文化是人民群众拥有和享受的精神文化，群众文化供给、服务对象是全体人民群众；群众是群众文化的主体，人民群众不仅是群众文化的享有者，更是群众文化的创造者。我国《宪法》规定：国家承担着发展文化馆事业和开展群众性文化活动的责任。从这一角度来说，群众文化属于公共文化。群众文化属于公共文化范畴，但不等于公共文化，就如博物馆、公共图书馆属于公共文化范畴但并不等于公共文化一样。群众文化这一普遍存在的文化现象几乎贯穿了整个人类文化的发展史，渗透于各个时代、各个民族的生活、生产活动之中，有其强大的生命力和特殊的发展规律。在公共文化与群众文化的关系上，不能片面地认为"以前都是群众文化，现在就完全改成公共文化，不用提群众文化了"。

172

（二）群众文化事业与公共文化服务体系

公共文化服务是指：由公共部门或准公共部门共同生产和提供的，以满足社会成员基本文化需求为目的，着眼于全体公众的文化素质和文化生活水平，既给公众提供基本的精神文化享受，也维持社会生存与发展所必需的文化环境与条件的公共产品和服务行为的总称。公共文化服务体系是为满足人民的基本文化需求和文化权益，提供公共文化产品和服务的系统的总称。

公共文化服务体系是一个大的体系，包括了公共文化产品生产供给、设施网络、资金人才技术保障、组织支撑和运行评估等分体系；同时包括了群众文化事业、公共图书馆事业、博物馆事业、美术馆事业等子系统。群众文化事业是公共文化服务体系的一个组成部分。国家发展群众文化事业，设立群众艺术馆、文化馆（站）等群众文化服务机构，从根本上说，是为了更好地组织各种群众文化活动，满足人民群众对文化艺术生活的基本需求，提高全民族的思想、道德、文化素质和修养，提供公共文化服务是其基本职能。群众文化服务是以政府为主导，以群众文化服务机构为骨干，社会广泛参与的公共文化服务。发展群众文化事业，设立文化馆、文化站等群众文化事业机构，开展群众文化活动是政府的职能。

群众文化事业机构应该努力提高自己的能力水平，夯实群众文化事业基础，起到群众文化服务的骨干作用。群众文化事业与公共文化服务体系的关系：群众文化事业既是公共文化服务体系的一个组成部分，又是一个相对独立的体系；群众文化事业的发展要遵循公共文化服务的基本原则和规律，又要遵循群众文化的特殊规律；公共文化服务体系为群众文化事业的发展指明了道路和方向，推动群众文化的创新，群众文化事业的发展为公共文化服务体系建设奠定了基础，扩展了领域；群众文化服务属于基本文化服务范畴，同时，群众文化还存在着大量的群众自发组织的群众文化活动和部分的非基本文化服务内容。所以不能简单地把群众文化与公共文化服务画等号。

五、群众文化事业是有中国特色的公共文化服务体系的重要组成部分

对于群众文化事业是公共文化服务体系的重要组成部分，应当从五个方面去理解。

第一，群众文化事业是公共文化服务体系的一个重要组成部分，这是群众文化事业与公共图书馆事业、博物馆事业等公共文化服务体系组成部分的普遍属性或共同属性。公共文化服务体系是一个大的系统，涵盖了政府文化工作的众多方面，既包括目前文化体制中的文化、广电、新闻出版等系统，也包括宣传、教育、体育、科技以及妇联、残

联、共青团、工会等系统；政府办的公共文化服务机构包括了文化馆（站）、图书馆、博物馆、美术馆、科技馆等，还有青少年宫、工人文化宫、老年活动中心、残疾人活动中心、妇女活动中心等。

第二，群众文化事业是具有中国特色公共文化服务体系的一个重要组成部分，这是群众文化普遍属性中的特殊性。公共文化服务体系的一些重要组成部分，如公共图书馆、博物馆等，在国际上具有普遍性，各国的公共文化服务体系都包括公共图书馆事业和博物馆事业。只有中国特色的公共文化服务体系包括了群众文化事业。中国群众文化事业的发展有其特殊的历史条件和历史进程，这是和其他国家不同的。国外也有一些和我国文化馆（站）类似的公共文化服务机构，如日本的公民馆、英国的社区中心、新加坡的社区中心等，但它们都不是真正意义上的群众文化事业，它们没有形成相对独立的社会文化形态，以及组织、机构、制度和理论体系。

第三，群众文化是以文化艺术为主要内容，以组织群众文化活动、开展社会文化教育培训和基层文化艺术辅导为主要职能，提供公共文化服务的，这是由群众文化事业在公共文化服务体系内的特殊规定性决定的。公共图书馆以文献信息资源为依托，向社会提供文化、信息和知识服务，开展社会教育活动；博物馆以自然和历史见证物的展示为基本工作内容，开展社会教育活动。这是由公共图书馆和博物馆在公共文化服务体系内的特殊规定性决定的。群众文化事业、公共图书馆事业、博物馆事业的存在和发展都有其不可替代性。

第四，群众文化事业是公共文化服务体系的源头之一。我国群众文化事业是在革命战争年代兴起发展，在新中国成立后逐步发展形成的，成为中国特色社会主义文化的重要组成部分，成为具有相对独立文化价值的服务系统，从而成为我国公共文化服务体系建设的重要基础。公共文化服务体系则是 21 世纪出现的新概念。在实践中，公益性文化事业与经营性文化产业的分野日渐清晰。它是我国公益性文化事业发展的一个新的阶段，是在我国长期形成的群众文化事业、公共图书馆事业、博物馆事业等公益性事业发展的基础上建设的，群众文化事业是其源头之一。我国的群众文化事业经过多年的建设，已经形成了省、地市群众艺术馆，县文化馆，乡镇（街道）文化站，社区（村）文化室五级群众文化网络，公共文化服务体系的五级网络，正是以群众文化网络为骨架形成的。

第五，群众文化是公共文化服务中最普及、最便利、受众面最广，也最受群众喜爱的服务。群众文化在公共文化服务体系中占有重要的地位。

六、公共文化服务体系建设原则在群众文化事业中的体现

（一）公益性是群众文化事业的基本属性

公益性指公共文化服务提供的文化产品和服务是免费或者是低收费的，不以营利为目的，是区别于文化产业的根本特征。我国群众文化事业是社会文化公益事业，文化馆（站）是公益性群众文化事业机构，它是政府为满足广大群众的基本文化需求而设立的，无偿或优惠服务是它的主要提供方式。文化馆（站）的基本属性从建立开始至今都没有改变过。即使是在文化馆为了解决经费不足，在国家政策指导下开展"以文补文"活动的期间，其公益性属性也没有改变。文化馆的有偿服务和文化经营活动主要集中在营利性的演出、电影放映、歌厅、舞厅和个性化艺术培训等文化市场领域，现在也不属于基本文化服务范围，而群众文化活动、基层辅导、业余文艺队伍培训等基本文化服务始终是公益性的；文化馆用于有偿服务和文化经营的部分是少数馆舍和人员，文化馆的主要资源用于公益性服务，文化馆"以文补文"的收入，主要用于补充开展公益性服务经费的不足。即使有少数地区、少数文化馆（站）的性质一度发生改变，也很快得到纠正。从总体讲，群众文化事业始终保持着公益性的基本属性。

（二）基本文化服务是群众文化事业的基本职能

公共文化的基本性，指满足群众基本的文化需求。群众文化服务提供的主要是面向广大群众开展的文化艺术普及型服务，面向业余文艺骨干和业余文艺团队开展的提高型服务；面向社会弱势群体提供的保障型服务等，这些都属于基本文化服务的范畴。一般群众文化被评价为"业余"的，但业余并不代表低水平，"业余"更多地指群众职业外的、利用闲暇时间进行的文化活动，是群众最基本、最普遍的文化需求，包括在闲暇时间里进行文化艺术鉴赏、参与群众文化活动、提高艺术技能和业余文艺创作等。群众文化机构应把基本文化服务作为主要职能，努力提供高水平、高质量的基本文化服务。

（三）均等性是群众文化群众性的内在要求

公共文化服务的均等性可以从三个方面来理解：全体公民享有基本文化服务的机会应该均等；全体公民享有基本文化服务的结果应该大体相等；在提供大体均等的基本文化服务的过程中，尊重社会成员的自由选择权。而这些正是群众文化群众性的要求。在我国，人民群众是群众文化的主体，不区分经济状况、家庭出身、受教育情况和职业背景等，人人享有享受群众文化成果、参与群众文化活动和开展群众文化创作的权利。群众文化尊重群众的意愿，人人都有选择自己喜爱的群众文化活动的权利。至于人民群众

享有大体相等的群众文化服务，既是群众文化事业建设的一个原则，又是群众文化事业发展的目标。

（四）便利性是群众文化群众性的实现方式

公共文化服务的便利性，就是建立阵地服务、流动服务、数字化服务全覆盖的公共文化服务体系，让群众可以就近、方便地享受公共文化服务。群众文化供给、服务对象是全体人民群众，为了保障人民群众享受群众文化服务的权利，必须保障这种服务具有最大限度的便利性。群众文化活动的开展，不受民族、区域、季节等时间和空间的限制，其实现方式本身就具有便利性，公园、广场以及社区、农村的空地上，到处都可以是群众文化活动的场所，到处都可以组织群众文化活动。

在我国，群众文化机构的覆盖面是很广的，从省级、地市级、区县级文化馆到乡镇、街道文化站，再到最基层的文化室，网络延伸到最基层，从业人员数十万，这个覆盖面和影响面是其他文化机构所难以企及的。群众文化的流动服务也得到蓬勃开展，在"文化下乡"、"四进社区"活动中，群众文化服务是其中的主要内容。

案例：长沙市公共文化服务体系建设湖南省长沙市坚持以科学发展观为统领，按照城乡统筹、全民共享的思路，以设施网络化、服务多元化、活动品牌化为抓手，突出群众的主体地位，努力构建网络健全、结构合理、发展均衡、运行有效、惠及全民的公共文化服务体系，有效满足了人民群众日益增长的精神文化需求。设施网络化，完善四级公共文化设施网络体系。长沙市先后投入 40 多亿元，建成了田汉大剧院、简牍博物馆、橘子洲生态文化公园、"一馆三中心"等一批重要文化设施；各区、县（市）投入 20 多亿元，建设文化艺术中心（大剧院）6 个；全市各区、县（市）都建有文化馆、图书馆；全市 181 个街道（乡、镇）均建有综合文化站，其中设施设备先进、服务功能强的示范性乡镇综合文化站 58 个。

全市所有社区（村）都建有文化活动室（中心），其中示范性文化活动室（中心）190 个。建成大型市民休闲文化广场 20 个、社区未成年人绿色上网场所 322 家、农家书屋 684 家、社区公园 27 个，全面完成广播电视村村通工程，实现了城乡基层文化设施全覆盖。服务多元化，坚持多样性、便利性的原则，创新供给方式。以全市 1 087 支业余文艺团队为中坚力量，组织开展群众文艺"百团汇演"活动，推动文化进社区、进村镇、进企业、进校园，三年来共举办各类演出 2 万余场次，辐射全市 181 个街道（乡镇）、400 多个社区，惠及 600 多万人民群众。2003 年开始，"政府买单、群众看戏"，年均送戏下乡进社区演出 800 多场，累计送戏 6 000 多场。全市文博单位、爱教基地、图书馆、文化馆全部向社会免费开放，并通过政府购买服务，逐步推进公园、游泳馆、学校文化体育场馆等免费向社会开放。活动品牌化，不断丰富和提高公共文化服务内容和质量。一是提升"百团汇演"群众文化品牌知名度。

二是培育地方特色品牌，如湘江剧院"好戏天天演"活动；打造了"文化橘洲"品牌，举办橘子洲音乐焰火晚会、橘子洲沙雕艺术节、音乐节、国际摄影文化节等活动。各区、县（市）按照"因地制宜、一地一品"原则，积极打造"湘江韵律"、"五彩星沙"等活动品牌，形成了市区联动、城乡互动的群众文化活动格局。开创"阳光娱乐，创业兴文"活动品牌。2008年以来，长沙市积极探索文化企业参与公共文化服务的新路径，以"阳光"为导向、以"娱乐"为基础、以"创业"为主线、以"兴文"为目的，精心组织开展系列活动，举办各类演出300余场，参与企业近3 000家，累计发放文化娱乐消费券16万多张，惠及数百万人民群众，受到群众好评、企业拥护和社会关注。

突出群众的主体地位，把群众性、广泛性、互动性贯穿始终。在服务对象方面，关注社会各个阶层、各个群体，积极引导普通市民和广大未成年人参与文化活动，公共文化服务向农村留守儿童、空巢老人、城市低保户、农民工、拆迁户等弱势群体倾斜。在服务内容上，坚持紧贴时代主题、紧扣群众需求，注重以群众喜闻乐见的形式，开发就地取材的文艺作品、多姿多彩的民间文化。在服务方式方面，让群众走上舞台唱主角，全市各类群众文艺团队1087支，业余文艺骨干10万余人，成为主力军。在服务效果评价方面，让群众走下舞台当评委，参与"群众文艺百佳团队"和群众文化"三优"评选表彰活动，2010年开展的"百佳群众文艺团队"评选等活动，网络投票达20万人次，网站专题总点击量超过100万次，活动参与人数之多，范围之广前所未有。

第二节 公共文化服务体系下群众文化发展的新机遇

在我国群众文化的发展过程中，有辉煌，也有坎坷。公共文化服务体系建设极大地改善了群众文化发展的环境，给群众文化带来了良好的发展机遇，使群众文化事业进入了一个快速发展阶段。

一、公共文化服务体系建设与群众文化发展的政策环境

公共文化服务体系建设的指导思想、目标任务、建设原则和一系列方针政策，解决了群众文化发展中的关键问题，并为群众文化发展创造了良好的政策环境。主要表现在以下几个方面。

第一，把群众文化事业和群众文化机构纳入公共文化服务体系建设，明确了群众文化走公共文化服务的发展方向和道路。20世纪80年代到21世纪初，随着经济体制改革的深入，群众文化事业形成、发展的基础一计划经济体制逐步向社会主义市场经济体制转变，运动式的群众文化不再有吸引力，市场文化、流行文化等多种新兴文化形式的冲

击让群众文化难以招架。在这个经济转型时期，群众文化机构经过了"以文补文"发展模式的实践，谈论过"文化馆的企业化发展道路"，研究过群众文化事业"产业化与事业化相结合"道路的可行性，个别地区和个别文化馆还进行了文化馆（站）转制的尝试。

群众文化工作者对于市场经济体制下群众文化事业的发展道路和发展方向经过了一个长时期的艰难探索。在这一探索过程中，社会上对文化馆的质疑之声不断：文化馆是干什么的？文化馆还有没有必要存在？文化馆还是否具有公益性质？群众文化事业的属性是文化产业，是文化产业与事业的结合体，还是公益性事业？这是在21世纪初，群众文化和群众文化事业的发展面临的根本性问题。2005年，国家提出了公共文化服务体系建设课题，并从一开始就把群众文化事业纳入了公共文化服务体系，从而解决了群众文化事业的发展道路和方向这一根本性问题。群众文化事业的发展要遵循公共文化服务体系建设的指导思想、目标任务、建设原则以及一系列的方针政策，这一点成为群众文化工作者的共识。

第二，提出公共文化服务机构免费开放的政策，实行基本文化服务的免费服务，实现了群众文化机构服务模式的根本性变革。让群众广泛享有免费或优惠的基本公共文化服务是公共文化服务的原则，既然群众文化事业纳入了公共文化服务体系，文化馆（站）从"有偿服务"向免费开放转变就成为必然。2004年，文化部、国家发展和改革委员会、财政部等12个部委联合发出《关于公益性文化设施向未成年人免费开放的意见》，文化馆、文化站开始实行对未成年人免费开放。随着公共文化服务的进展，一些地区的文化馆（站）从向未成年人免费或优惠开放逐步向对全社会免费开放过渡，2008年珠江三角洲等经济发达地区（如深圳、佛山、东莞等）的文化馆（站）开始实行面向全社会的免费开放。2011年1月27日，文化部、财政部下发了《关于推进全国美术馆、公共图书馆、文化馆（站）免费开放意见》，到2011年年底，全国所有文化馆（站）基本实现免费开放。从而实现了群众文化服务机构服务模式的根本转变。免费开放打造了全新的文化馆（站）社会形象，使群众文化服务迈上了一个新的台阶。

文化部、财政部《关于推进全国美术馆、公共图书馆、文化馆（站）免费开放的意见》（下文简称《意见》）下发后，各地文化行政部门和公共文化机构积极响应、迅速行动，免费开放工作全面推进。截至2011年年底，全国15个省级美术馆已经全部向公众免费开放。在2952个公共图书馆、3 285个文化馆、34 139个乡镇综合文化站实现了无障碍、零门槛进入，公共空间设施场地也全部免费开放，所提供的基本服务项目全部免费，按时完成了《意见》预定目标。2011年，全国文化馆组织培训班培训人次达到615.18万人次，比2010年增长43.1%；全国乡镇综合文化站组织训练班培训人次达到1 231.28万人次，比2010年增长32.7%。

第三，实施了文化馆（站）建设工程，促进了群众文化设施建设。颁布了公共文化服务机构建设标准，提出了以服务人口为依据设置和确定文化馆（站）建设规模的原则和建设指标体系，实现了群众文化机构建设的规范化和法制化。国家就提出了"县县有文化馆，乡乡有文化站"的目标，但是，直到21世纪初，这一目标还没有实现。文化馆普遍存在基础设施落后，服务资源总量偏少的问题，特别是县乡两级文化设施面积狭小，场馆陈旧落后，活动器材和设备奇缺，难以开展相应的文化活动。在公共文化服务体系建设中，中央、高度重视基层群众文化设施建设，2002年年初，办公厅转发的《文化部国家计委财政部关于进一步加强基层文化建设的指导意见》，提出了要"加快推进基层文化设施建设"，出台了文化设施建设的任务、规划、资金投入及相配套的有关政策。

文化部和国家发展和改革委员会、财政部等有关部委联合实施了一系列重大文化工程，包括：县图书馆、文化馆建设工程，乡镇综合文化站建设工程，流动舞台车工程，乡镇综合文化站内容（设施）建设工程等。改变了基层群众文化设施落后的面貌，全面提升了群众文化服务机构的服务能力，到2010年，基本实现了"县县有文化馆，乡乡有文化站"的目标。我国群众文化设施的建设基本是和行政层级相对应的，其建设规模要求也是与其行政级别相对应的。一个100万人口的县与一个1万人口的县，其文化馆的建设规模要求是相同的，这显然不符合公共文化服务均等化的要求。"均等化"体现在公共文化设施建设上，就是要求每个公民拥有的公共文化服务设施的面积应是大致平等的。2008年以来，国家发展和改革委员会、住宅与城乡建设部、文化部等联合颁布了《文化馆建设用地指标》、《文化馆建设标准》、《乡镇综合文化站建设标准》，提出了以服务人口为依据设置和确定文化馆（站）建设规模的原则和建设指标体系，实现了群众文化机构建设的规范化和法制化，推进了群众文化设施建设的均等化，一批设施达标、布局合理、功能完善的文化馆（站）正在全国各地兴建。

国家关于群众文化设施建设的重大工程：

县图书馆、文化馆建设工程。文化部、国家发展和改革委员会实施了县图书馆、文化馆建设工程，中央投入资金4.8亿元，各地配套资金14.2亿元，对全国1 086个无设施或设施面积低于300平方米的县级图书馆、文化馆设施建设予以补助，建设规模达197.27万平方米。乡镇综合文化站建设工程。文化部、国家发展和改革委员会实施《全国乡镇综合文化站建设规划》，文化部和发改委通过转移支付资金39.48亿元，新建和扩建2.67万个农村乡镇综合文化站，到2010年全国所有农村乡镇基本建有具备综合服务功能的文化站。流动舞台车工程。从2005年到2010年，中央财政安排资金3亿元，为剧团和基层群众文化机构配备1 000余辆流动舞台车，改善了服务条件。流动舞台车深入城乡基层，开展灵活、多样、方便的文化服务，受到基层群众的欢迎和好评。乡镇综合文化站内容建设工程。为解决乡镇综合文化站设施"空壳"问题，财政部从2008年开始安排专项资金2.59亿元，为列入规划的乡镇综合文化站配备文化共享工程和开展文化活动必需的设备、器材、图书。

第四，提出了完善公共文化服务投入机制和加强公共文化服务队伍建设等一系列政策和措施，为群众文化的发展提供了经费和人才保障。1996年，《关于加强社会主义精神文明建设若干重要问题的决议》就明确提出了对政府兴办的文化馆等公益性事业单位，"应给予经费保证"的政策，但是由于种种原因，这一政策在许多地方没有落实。随着公共文化服务体系建设的深入，国家提出了建立公共文化服务人、财、物保障机制的一系列政策和措施。在实施文化馆（站）"免费开放"中，中央财政投入了18亿资金，建立了中央与地方财政"经费保障分担"的机制和补助标准，解决了文化馆（站）长期存在的经费投入没有保障的问题，以此为契机，群众文化事业的经费保障机制正在逐步建立。2011年，中宣部、中组部、中编办等六部委发布文件，规定"乡镇综合文化站（中心）是政府举办的公益性文化机构，是群众文化活动和精神文明建设的重要阵地，承担着提供公共文化服务、指导基层文化建设、受委托协助管理农村文化市场等职责，要配备专职人员，每个乡镇综合文化站（中心）至少应有1个至2个编制，比较大的乡镇可适当增加编制"。此文件解决了文化站的人员编制。同年，文化部下发了《全国基层文化队伍培训工作方案》，计划用5年时间，建立10个全国性培训基地，形成省、市、县各级文化队伍培训网络，对现有24.27万县、乡专职文化队伍和391万左右的业余文化队伍（包括基层文化指导员、大学生村官等）进行系统培训，使专、兼职结合的基层文化队伍素质得到显著提高，公共文化服务能力明显增强。

中央与地方财政"经费保障分担"的机制：

文化馆（站）人员、公用等基本支出由同级财政负担，开展基本文化服务项目支出由中央和地方财政共同负担。中央财政设立专项资金，重点对中、西部地区地级市和县级文化馆以及乡镇文化站开展基本公共文化服务项目所需经费予以补助，对东部地区"免费开放"实施效果好的地方予以奖励。2011年，基本文化服务项目及非补助标准为：地市级文化馆每年50万元，县级文化馆每年20万元，乡镇综合文化站每年5万元。对中、西部地区中央财政分别负担50%和80%。

案例：成都市建立乡镇（街道）文化站和社区（村）文化室经费保障机制

在公共文化服务体系示范区建设中，成都市按照城乡一体化和公共文化服务"均等化"的原则。建立起乡镇（街道）文化站和村（社区）文化室的经费保障机制。乡镇（街道）文化站人均经费保障机制：按照中心城区、近郊区、远郊区常住人口每人每年10

元、8 元、6 元标准纳入县级财政预算。市财政对远郊区县按照每人每年 2 元补贴，转移支付给远郊区县，全市共计 1.1 亿元。村（社区）文化室经费比例保障机制；2012 年起，将已纳入财政预算的村级社会管理和公共服务专项资金一每村（社区）每年 30 万元，每年按照不低于 10%落实村（社区）文化室运行经费（不低于 3 万元），全市共计 1 亿元。

第五，提出了创新公共文化服务方式的要求和有关政策，为群众文化拓宽服务领域，创新服务方式，提高服务质量指明了方向。公共文化服务体系建设是个新课题，公共文化服务体系下群众文化事业的发展同样是个新课题。2007 年，下发的《关于加强公共文化服务体系建设的若干意见》中，就把"创新公共文化服务运行机制"，"创新公共文化服务方式，积极探索适应社会主义市场经济要求、保障社会公平正义的公共文化服务方式"作为公共文化服务体系建设的一个重点。群众文化机构和工作者努力探索公共文化服务体系下群众文化服务的新机制、新方式，发展了群众文化的理论与实践。

二、公共文化服务体系建设与群众文化的发展模式

"以文补文"最早是在群众文化领域兴起的，20 世纪 70 年代后期，广东的群众文化单位开始利用自身的业务技术、设备和场地，开展经营和有偿服务尝试，有关部门也开始总结和推广"以文补文"的经验。1984 年 12 月文化部在天津召开全国城市群众文化工作会议，会议的内容之一就是总结交流"以文补文"的经验。以此次会议为标志，"以文补文"在全国文化馆（站）铺开。1987 年文化部、财政部、国家工商总局发布了《文化事业单位开展有偿服务和经营活动的暂行办法》。

1988 年，文化部、财政部发布《文化事业单位进一步开展有偿服务活动若干问题的规定》，"以文补文"成为一项重要政策。虽然 1996 年，通过了《关于加强社会主义精神文明建设若干重要问题的决议》，明确提出"对政府兴办的图书馆、博物馆、科技馆、文化馆、革命历史纪念馆等公益性事业单位，应给予经费保证"后，从方针政策层面讲，已经终止了"以文补文"政策，但上述办法和规定直到 2007 年才正式废止。文化馆（站）的"以文补文"服务模式延续了 20 多年，已经形成了一整套与之相适应的政策、思路、机制和方法。如在财政体制上，大多数文化馆（站）被划为差额补贴事业单位，只保障人头费和公务费，基本上没有正常的服务经费，一些"以文补文"搞得好的文化馆（站）变成自收自支的事业单位，个别文化馆（站）还挂了"公司"的牌子。在内部机制上，设立有偿服务项目，组成产业部门，实行经济核算，给各部室下达创收指标，参与市场竞争。在政府公共资金不能保障群众文化服务的条件下，"以文补文"模式发挥了一定的积极作用，如弥补了财政投入的不足，改善了职工的生活，增强了自

身活力，给群众提供了多样的文化选项等。

但其负面效应也非常明显，"以文补文"挪用了公共资源，侵害了广大群众应该享有的公益性文化服务保障权（如充分保障公益性活动空间的权利）；以无偿或低价的方式占有公共资源（包括使用建筑空间、公益性文化单位品牌效应等），进入市场竞争，造成不正当竞争，损坏同类市场主体的利益；模糊了公益性文化单位的公益形象、职业形象，降低了公信力，并连带产生出负的内部和外部效应。在内部，是走事业化发展道路，还是走产业化发展道路，或是走产业与事业相结合的发展道路，成为群众文化发展中争论不休的一个关键问题。在外部，对群众文化事业单位存在必要性的质疑声不断。在公共文化服务体系建设的大前提下，群众文化必须迅速转变长期存在的"以文补文"的发展模式，改变与"以文补文"服务模式相适应的工作思路、工作机制和工作方法，走公共文化服务的发展道路，在"公益性、基本性、均等性、便利性"四位一体中把握群众文化的发展方向、目标、动力、格局和战略。从总体上，与我国公共文化服务体系建设的目标相适应，群众文化应当按照结构合理、发展均衡、网络健全、运行有效、惠及全民的原则，以政府为主导，以各级文化馆（站）为骨干，鼓励全社会积极参与，努力建设以群众文化产品生产供给、设施网络、资金人才技术保障、组织支撑和运行评估为基本框架的覆盖全社会的群众文化服务体系，切实保障人民群众进行公共文化艺术鉴赏、参加群众文化活动、提高文化艺术素质、参与文化艺术创造等基本文化权益。从运行机制上，群众文化要建立与"免费服务"模式相适应的运行机制、工作思路和服务方式，主要表现在以下几点。

第一，以基本文化服务为主要职能，明确免费服务的内涵和内容。文化馆（站）提供的文化服务是一种具有非竞争性与排他性的公共文化产品，可以划分为基本文化服务与非基本文化服务两大类。按照公共文化服务的要求，免费开放的基本内涵是指，由政府买单，确保公共文化单位基本服务免费提供，确保人民群众基本文化权益公平、均等地实现。文化馆（站）免费开放包括公共空间设施场地的免费开放；与其职能相适应的基本文化服务项目健全并免费向群众提供，并免费提供配套管理服务。文化馆（站）与其职能相对应的全部功能用房，文化馆（站）职能内的全部服务都应当实行免费服务。这就要求取消在其职能范围内的收费项目，撤销与职能无关的非制度性非辅助类经营项目，收回出租或用于经营的功能用房和设施，补齐按其职能应具备的基本服务缺项，并根据群众的基本文化需求和社会经济发展，逐步扩展免费服务项目。

第二，转变工作重点，把主要工作放到提供好基本服务项目上来。为满足广大基层群众多层次、多样化的需求，文化馆（站）可以保留一部分实行有偿服务的非基本服务项目，作为基本服务的补充，但不应成为业务工作的主体。基本公共文化服务以外的公益性服务，要降低收费标准，按照成本价格为群众提供服务。

第三，建立与"免费服务"相适应的工作制度。建立"免费服务"的承诺与公示制度，制定文化馆（站）服务标准，推动免费服务的制度化、规范化；完善文化馆（站）免费服务指标（开馆时间指标，免费服务项目指标，免费服务的受众率指标等），加强对免费服务的监督考核；推动体制机制创新，深化文化馆（站）内部机制改革，优化组织结构，改进内部管理，创新服务方式，提高运营效率。

第四，完善政府对文化馆（站）"免费开放"的保障机制。各级文化、财政部门要加强对免费开放工作的组织领导，将免费开放作为群众文化事业建设的重点工作，纳入文化建设总体规划，纳入重要议事日程，纳入财政预算；要建立统筹协调、密切配合、分工协作的工作机制，加强文化馆（站）免费开放工作的组织和领导；要充分依靠专家，加强对免费开放工作方案的制度设计和科学研究，保证免费开放工作科学有序地开展。

第三节 公共文化服务体系下群众文化的创新

公共文化服务体系下群众文化的创新，包括群众文化工作理念的创新、管理体制的创新、运行机制的创新、服务方式的创新等，涵盖了群众文化工作的各个方面。

一、"以人为本"，保障人民群众的基本文化权益

"以人为本"要求群众文化工作要把满足人民群众的基本文化需求作为出发点和立足点，树立"以需求为导向"和"普遍均等"的服务理念，以及与之相适应的运行机制和服务方式。首先，群众文化服务要适应人民群众多方面、多层次、多样化的文化需求，根据人民群众的需要提供群众文化服务。群众文化服务普遍存在的一个问题是：服务供给的主观倾向严重，基本沿用了计划安排的方式，"有什么，给什么"，产生了"想看的看不到，不想看的偏偏送过来"等供需背离的问题。

问题产生的原因，一是受群众文化"为政治服务"理念的影响，把工作的立足点放在为政府服务，按照政府要求提供服务，围绕政府的工作开展活动，很少考虑群众的需求；二是群众文化工作局限在群众文化机构内部，由于受到群众文化机构自身资源的限制，群众文化产品的新形式、新内容不多，没有能力根据群众的需求提供服务。"以需求为导向"的群众文化服务，要求群众文化服务要创新机制，从群众文化机构内部服务的小循环，转变为社会的大循环，依靠社会文化资源，开展群众文化服务；要创新内容，提供形式和内容丰富多样的群众文化产品；要创新服务方式，建立"群众需要什么，就提供什么"的服务模式。

案例：杭州市文化馆"群文配送服务"

杭州市文化馆为了解决自身资源不足、社会群众文化条块分割、利用率不高，群众

文化活动形式陈旧、内容贫乏，以及群众文化服务供需不对称等问题，实施"群文配送服务"，并建立了与之相适应的运行机制和服务模式。创建杭州群众文化网，在网上设置"群文配送平台"，建立全市"群文配送网"，形成三个运行机制。一是群众需求反馈机制，通过网上的"信息平台"公示群众文化服务信息，搜集百姓需求，根据百姓需求提供需要的文艺演出和辅导。二是社会化供给机制。整合社会演出资源，联合全市13个艺术表演团体，提供上百台节目，在网上公布，供群众选择；整合社会艺术人才资源，有131名辅导教师提供音乐、舞蹈、文学创作、戏剧小品、美术书法等辅导课程供群众选择。三是基层配送机制。在全市建立群文配送基层服务点，包括杭州市8区、2县、3市的乡镇、街道、社区、企事业单位和部队共421家。

421家基层服务点和13家艺术表演团体、131名辅导教师可以在网上对接，可直接选择或预约演出和辅导，根据基层服务点的选择和预约配送演出和辅导。2011年，通过网上预约，完成配送演出800多场，配送培训辅导100多次。其次，群众文化服务要按照"普遍均等"的要求，满足社会各方面的需求，特别是基层群众和弱势群体的文化需求。

文化站是最基层的群众文化机构，也是服务能力最弱的，不能把基层群众文化服务的责任完全交给能力最弱的文化站。群众文化服务要创新"文化下乡"、"文化进社区"活动的形式与内容；各级群众文化机构要实行定点服务与流动服务相结合，阵地服务与基层服务相结合，推动群众文化服务向社区和农村延伸。要创新对老年人、少年儿童、农民工、残疾人等弱势群体服务的机制，保障他们的基本文化权益。

案例：福建省艺术扶贫工程

2004年2月，福建省艺术馆在多次深入农村调查的基础上，以"关注农村、关注贫困、关注教育"的社会视角，开始组织实施福建艺术扶贫工程。多年来，全省文化馆定时、定点、定员为贫困地区儿童开展免费的艺术启蒙教育，截至2011年8月，已覆盖到全省9个地市的88个县、乡，有213个偏远农村小学成为艺术扶贫活动教学基地，举办各类艺术兴趣班300多个，600多名文化馆专业人员常年坚持定期、定点下乡为学校儿童免费开展艺术辅导和培训，受益学生达26万人次，成为全省文化馆有史以来开展规模最大、范围最广、时间最长、影响深远的公益性文化活动，开创了农村公共文化服务的新途径。2009年9月，福建艺术扶贫工程获得了第三届文化部创新奖。2010年6月，福建艺术扶贫工程又荣获文化部颁发的全国第十五届群星奖。2010年7月，福建艺术扶贫工程入选文化部十大"国家文化创新工程"。艺术扶贫工程通过自身服务行为的纯洁和规范，创新优良的服务样板，形成无形的感召力量，这种感召力量吸引了更多的社会资源。五年来，省内外多家单位、企业分别为艺术扶贫挂钩小学捐建操场、图书馆，捐送篮球架、床架、书包、文具等实物，折合人民币近 300 万元。艺术扶贫工程的开展，在提供公共文化服务方面，开创了一个先例，把城市文化资源无偿输入偏远农村；形成一种机制，把文化下乡转化为乡下文化；创设一个典范，把各方力量感召到扶贫帮困的队伍中来；树立一种精神，把专业人员的思想境界提升到新高度，对农村公共文化服务这个最薄弱的环节进行探索和实践，充分体现了公益型文化事业单位公共文化服务的职责和义务。

案例：邯郸市"欢乐乡村"文化工程

2010 年邯郸市开展"农村文化的现状与需求"调研发现：广大农村文化生活匮乏，只有 11% 的村经常组织文化活动，70% 的村偶尔举办文化活动，19% 的村常年不组织文化活动，人们农闲时除了喝酒、看电视，其余时间就是打麻将、打牌，没有其他活动。文化资源利用不足，现有的乡村文化站、文化广场和活动中心等没有很好地发挥作用，有的常年闲置，有的挪作他用，许多文化器材堆在库房、落满灰尘。乡村专业文化人才匮乏，文化活动经费不足，农村文化活动开展困难。

为此，市委决定在全市农村开展以十项活动为内容的"欢乐乡村"文化工程。包括："布谷之声"农民歌手大赛、"说唱脸谱"农民戏曲票友大赛、"田野之歌"农民合唱比赛、"乡音乡情"农民器乐大赛、"欢快的舞步"农民秧歌舞大赛、"品味幸福"农民民俗绝活儿展示、"情趣乡村"农民小品曲艺比赛、"美丽新家园"农民摄影作品展、"多彩的生活"农民书画剪纸比赛、"魅力家乡"农民舞龙舞狮大赛。充分利用现有农村文化阵地和资源，每年以十项主题活动为平台，每项活动推出百名优秀人才，打造千支乡村文化队伍，带动百万人参加，实现"以十带百、以百带千、以千带百万"的链条式发展。在实施中创造了委政府"主办"、企业"助办"和群众"自办"相结合的方式。

"欢乐乡村"文化工程实施两年来，举办各类大型活动近 2 000 场，培育了近 3000 支农村文化队伍，使农村文化阵地利用率达到 90% 以上，培养发现了 2 万余名农村文艺人才和千余支乡村文化队伍，吸引了上百万农民群众参与，成为"百万农民群众自娱自乐的综艺大舞台、没有围墙的乡村大剧院、永不落幕的快乐大本营"。

案例：广东省群众艺术馆

"广东流动演出网"广东省借鉴现代物流的理念和做法，创造性地构建了"广东流动图书馆"、"广东流动博物馆"、"广东流动演出网"。其中"流动演出网"是由省群众艺术馆牵头组织实施的。具体做法包括以下四点。第一，建立演出信息库，把优秀的演出资源都收进库内。第二，统一调配资源。由省馆牵头，统一调配队伍进行流动演出。第三，分区流动演出。省群众艺术馆把全省分成 5 个片区，科学制定演出路线和地点，每年分季度、以就近原则组织演出。第四，提供设备和培训。省群众艺术馆负责购置和配备适合农村基层演出的舞台和灯光，并定期组织各种培训，提高基层队伍的业务素质。

二、群众文化资源的整合与共享

我国的群众文化机构是一种条块分割的管理体系。一方面，我国已经形成了省、地市、县、街道乡镇、社区村五级群众文化服务网络，但是，由于各级群众文化服务设施实行条块管理，各级政府按照行政级别对自己建设的群众文化机构进行管理，各级群众文化机构在本级政府的领导下开展工作；另一方面，还存在工会（工人文化宫、俱乐部）、教育（少年宫）、共青团（青年宫）等系统的群众文化机构，这些机构各自为政、条块分割、分散服务、投入大、效率低，这种服务模式和机制不符合体系建设的要求。作为一个体系，应当使各级、各系统群众文化机构形成一个体系，实现资源共享、联合服务，发挥整体的效益。

群众文化创新的一个重要内容，就是改变目前群众文化工作"各自为政、各自为战"的现状，消除行政壁垒和区域分割，突破体制障碍，加大跨地区、跨部门、跨领域、跨系统的群众文化项目的交流与合作。要以地市级群众文化机构为龙头，增强地市、县、乡三级群众文化机构的协调配合，统筹群众文化资源要素的合理配置和资源的整合利用，探讨多种形式的联合服务的新模式。

案例：吴江区"区域文化联动"服务模式

江苏省苏州市下的吴江区推出区域文化联动服务模式，即打破行政区划的界限，通过广场文艺联演、电影联映、书画联展，等等，将原本分散于各镇、村的文化资源攒成一团。通过互助互演，原本没法运作的文化活动成为现实；通过巡演，原本高昂的公共文化成本得以降低。2003年夏天，由市文化馆牵头，组织盛泽、平望、震泽三个镇的文化站开始了"区域文化联动"。

文化馆在组织、业务、技术上提供服务和保障，负责策划、辅导、统筹、舞台、灯光、音响、舞美等工作，每个镇分别排练一台两个小时的综艺节目，再从中抽调部分优秀的节目组成一台联合节目，在每个镇巡回演出，深受老百姓的欢迎，在全市农村引起了强烈的反响。2004年，"三镇联动"发展成覆盖全市的"十镇联动"，形成全市区域的文化大联动。2009年始，又扩展到周边地区，实现了吴江与周边地区文化服务产品的交流交换，这既让群众感到了熟悉与新鲜，又提升了吴江文化在江苏及沪浙等周边地区的文化影响力。连续八年运行"区域文化联动"，进而推动大运河沿线城市的群众文化艺术产品的交流互动，目前已建立与青浦、湖州、无锡、徐州、淮安等十几座城市群众文化艺术产品的定期交流机制，形成了群众文化资源跨地区、跨部门、跨层次供给新方式的雏形。

案例：成都市文化馆多级联动辅导

成都市文化馆通过资源整合、工作联动的方式，探索建立市、区（县）、街道（乡镇）和社区（村）多级联动辅导模式。在管理体制上，市文化馆建立市民公益艺术培训学校，区文化馆建分校，文化站建辅导站。由市文化馆组织协调全市的市民公益艺术培训学校、分校和辅导站的建设与工作。在师资上，由各类艺术院校专业教师、专业院团骨干演员、市文化馆专职辅导干部150人组成专家辅导队伍；整合各区（县）文化馆群众文化辅导资源和社会优秀艺术人才933人，登记造册，形成辅导教师队伍；在此基础上对街道（乡镇）3 799名辅导员进行登记，形成辅导员队伍。2010年，举办培训班200个，年培训10余万人次。

三、群众文化队伍建设的创新

群众文化队伍的素质决定着群众文化工作和群众文化服务的水平，做好群众文化工作，人才是关键，队伍是保证。目前，群众文化队伍存在的主要问题是：基层群众文化单位缺乏稳定的专业化队伍，人员年龄偏大，观念相对落后，知识结构陈旧，能力和素质难以适应新时期基层群众文化工作的开展；乡镇文化站人员兼职过多，难以保证稳定性和专业化；培训机制不健全，培训资金匮乏等，严重影响着群众文化事业的发展。

要按照"存量优化、增量优选"的原则，探索能够发现人才、吸引人才、培养人才、用好人才的体制机制，建立一支稳定的、高素质的群众文化人才队伍。包括：改革用人机制，建立健全以培养、使用、激励、评价为主要内容的政策措施和制度保障；实行职业资格管理制度，加强对群众文化从业人员的规范化管理；运用多种方式加大培训、轮训力度，着力提高群众文化服务队伍的思想政治素质和新形势下做好群众文化服务工作的能力；广泛开展文化志愿者活动，在"高校毕业生到农村服务计划"中增加文化服务内容，鼓励离退休文艺工作者、艺术院校学生和其他热心公益事业的各界人士为社区和乡村提供志愿文化服务；发挥群众文化骨干的作用，培育和发展业余文艺队伍。

案例：北京市群众艺术馆的"竞争上岗"

北京文化艺术活动中心（群众艺术馆）实行"竞争上岗"，已经进行了两届。通过公布各部门岗位和岗位要求，职工自愿报名，竞聘各部门的岗位。召开职工上岗竞聘演讲大会，职工通过演讲的方式，从个人履职情况及对今后工作的设想等方面展开阐述，详细列举了自己竞聘的理由和优势。由中心专家委员会成员和外聘专家组成的评委会听取竞聘者的演讲，并从10个方面进行综合打分。全体职工根据每个人的演讲，填写《民意测评表》，认定哪位同志适合哪个岗位。全体职工的竞聘演讲大会，给中心的每一位职工一个自我展示的机会，给能者一个平台，也让庸者无所遁形。

案例：广西壮族自治区群众文化业务人员技能比赛

广西壮族自治区文化厅为了提高群众文化业务人员的专业技能，在群众文化业务人员培训中引进竞争机制，开展技能比赛活动。到2012年，由广西壮族自治区文化厅主办、广西群众艺术馆承办的全区群众艺术馆、文化馆业务干部技能比赛已经举办了三届。在第三届比赛中，来自全区各地的15个代表队共226位群众文化干部各展才艺，交流艺术成果。本次比赛涉及声乐、器乐、舞蹈、戏剧、美术、摄影、书法几个门类，由主办单位组织专家对各类节目及美术书法作品进行分类评比，当场亮分，评出各类单项奖和团体奖。为鼓励选手积极参赛，还把比赛与培训相结合，特别增设了专家讲座这一环节，在往年的现场点评基础上，以讲座的形式，针对各比赛项目，邀请评委、专家上课，使选手能够全面、系统地对专业知识进行学习与交流，使比赛的平台得到延伸和拓展。

案例：天津市群众艺术馆"千村百站"农村文艺骨干培训工程

群众文化工作的重点在农村，难点也在农村。天津市群众艺术馆面向基层、眼睛向下，着力于农村文化队伍建设，推出"千村百站"农村文艺骨干培训工程，致力于提升乡镇文化站站长、村级文艺骨干的公共文化服务能力，培养农村文化建设的带头人。此项工程于2009年启动，于2011年结束。主要做法包括以下几点。全面覆盖，分段实施。涵盖本市12个农业区县及其所属行政村的3 835名村级文艺骨干和156名文化站站长，培训计划分为三个阶段。

依据需要，设置内容。包括：基本艺术技能（音乐、舞蹈等），公共文化的服务形式和内容，基层文化活动的策划与组织，非物质文化遗产保护的常识以及网络操作等。并针对各个培训地区文艺骨干对不同门类文化的需求，安排课程。健全规章，确保实效。天津市群众艺术馆制定了相关的制度和要求，授课结束后进行结业考试，对考试合格者颁发结业证书。"千村百站"农村文艺骨干培训工程加强了农村文艺骨干队伍建设，培养了一大批农村文化带头人，他们成为农村文化建设的引领者，带动了农村文化活动蓬勃开展。

四、群众文化的数字化建设

加强群众文化的数字化建设，探索群众文化的数字化服务模式，是群众文化的一个紧迫任务，也是群众文化创新的一个重要内容。第三次文化馆评估把数字服务纳入评估标准，促进了文化馆的数字化建设，现在，大多数省级文化馆已经有了自己的网站，在地市和区县级文化馆拥有网站的也不在少数，前面提到的杭州市"群文配送服务"就是依托于杭州市文化馆网站开展的，说明有一些文化馆的数字化服务已经达到了较高的水平。

但是从总体讲，在公共文化领域，相对于博物馆、公共图书馆的数字化建设，文化馆的数字化建设相对落后；数字文化馆相对于数字图书馆来说，也是一个新的概念。要努力提高群众文化的信息化、网络化水平，加快数字文化馆的建设，加快群众文化资源的数字化，开展网上剧场、网上展览、网上辅导、网上群众文化信息发布、网上创作和群众文化活动远程指导，使之成为传播群众文化的新途径、群众文化服务的新平台。

案例：成都市的网络文化馆

成都市文化馆建立了成都市文化馆网站，开办了群众文化"网络文化馆"，先后开展了多项网上群众文化活动。群众广场舞蹈的网络视频教学，将文化馆创作的群众广场舞蹈内容编制成教学视频，通过网络视频教学的方式对全市各区、县文化馆（站）的文艺辅导员、群众文艺队伍及社区文艺骨干进行培训，参加培训的群众多达5万人。在网上开展"文化馆作为与发展研究"论文征集活动，收到包括北京、深圳等地在内文化馆的论文100余篇。举办美术、书法、摄影网络大赛和展览，半个月内就收到各行各业群众创作的1000余幅作品。开展重点课题研究的网上收集和研讨活动。组织"优秀网络评论员"评选等群众文化活动。

案例：浙江温岭市横峰街道文化站

"越剧戏迷QQ群"为了保护、继承传统戏曲文化，满足群众戏曲艺术生活的需求，横峰街道文化站凭借"中国台州鞋网"和"台州越迷俱乐部"等三个QQ群，成功打造了"鞋乡戏迷会"交流新平台，吸引了大批戏迷朋友参与越剧文化交流，成为该站文化品牌项目之一。该项目被评为2009年度温岭市宣传思想工作创新奖。文化站的网络管理员通过整顿成员设置、戏迷活动策划宣传、对活动疑问的解答、记录参演人员节目以及展演结束后的意见汇总5项措施保证QQ群的正常活动。戏迷联欢活动之前，文化站先拟好一份通知和活动海报，通过QQ发布到戏迷群里，每天两次，使戏迷群的成员对将要开展的活动有所了解。

管理员时刻关注戏迷群动向，及时对提出的疑问进行解答。每次活动之后，管理人员对参加的表演节目、人数以及演唱形式进行统计汇总，并将结果在网上发布。通过QQ群既宣传了戏迷会活动，也确定了演出的节目及形式。每个活动结束之后，管理员都会把演出的剧照和视频整理好传到戏迷群空间里面，方便大家观看；同时，管理员会在戏迷群里组织一次讨论，汇集各方意见和建议。"越剧戏迷QQ群"服务模式超越了传统意义上的文化群体，培育了新型戏迷团队；超越传统文化工作格局，逐步形成品牌影响力；超越传统文化发展局限，展现了优秀文化的传承力。QQ网络虽然是虚拟的，但在横峰街道文化站的用心管理下凸显了高科技的"链接"魅力，"孵化"了新型的越剧戏迷文化群体。"越剧戏迷QQ群"的加盟链接包括"新青年越剧群"、"越迷来吧"、"大溪水泵戏迷文化"、"台州海上新芳梨园"、"浙江·台州杜桥戏迷群"、"台州戏迷群"、"越剧艺术群"、"越迷聊吧"、"台州越剧网听友群"、"林家小妹观影团"、"台州戏迷群"等18个QQ群，使文化信息发布、越剧信息收集范围达到最大化。2010年浙江（横峰）"鞋乡戏迷会"首届联谊活动展演，有200多位来自杭州、温州、宁波、绍兴、丽水、台州等地的戏迷自带伴奏带或伴奏曲谱，自费前来参加，吸引当地群众前来观看，盛况空前。

五、群众文化活动的创新

一方面，随着群众文化需求的变化，人民群众对于群众文化活动的要求（包括活动的形式、内容、质量）越来越高，越来越多样化；另一方面，群众文化活动的新载体、新形式、新内容不断出现和发展。这些都要求群众文化活动要不断创新。群众文化活动创新，要广泛动员社会力量，利用各种载体和有效形式，在社区、乡村、企业、校园和军营搭建群众文化活动平台。要不断创新群众文化活动的内容，依托传统节日、重大节庆日和民族民间文化资源，组织开展群众乐于参加、便于参与的群众文化活动。

要建立群众文化活动的长效机制，做到经常化、制度化。在群众文化活动创新中，特别要注重打造反映时代精神、具有地域特色、深受群众欢迎的群众文化活动品牌，扩大群众文化的影响力。本章所举的案例，可以看作群众文化活动创新的典范，属于群众文化的品牌活动。2009年，中国群众文化学会和中国文化报社主办了全国首届"群文品牌"评选，从参评申报的90多个群众文化品牌中，选出20个全国首届"群文品牌"，包括北京市的"社区一家亲"系列文化活动，天津市的"和平杯"中国京剧票友邀请赛、"天穆杯"农村小品展演，河北省的"彩色周末"文化活动等20个项目。

案例：江城人民的精神乐园-"武汉之夏"

武汉地势如盆，夏季时间长、温度高，被国人戏称为长江流域三大"火炉"之一。很早以前，武汉人就形成了在街头纳凉消暑的习惯。随着时间的推移，人们纳凉时的娱乐活动越来越丰富，拉琴的、唱戏的、赛歌的、说书的，比比皆是。这便是享誉全国，深受江城市民喜爱的特色群众文化活动"武汉之夏"的地方特色和群众基础。自1978年至今，"武汉之夏"已连续举办33届，从6月至9月的100余天里，遍及江城大街小巷的"武汉之夏"活动，以其丰富的内容、广泛的参与性和浓厚的娱乐性，吸引了众多江城市民参与其中，发挥出文化服务社会、服务大众的作用。早期的"武汉之夏"以群众自娱自乐为主，活动规模小、形式简单、重娱乐性而轻艺术性。

随着经济社会的发展，"武汉之夏"也随着时代的发展与时俱进，以不断创新的内容和形式，满足人民群众日益提高的文化生活需求。除了市民自娱自乐的文化活动外，武汉邮政艺术团、武汉电信艺术团、武钢文工团、星海合唱团等知名的社会艺术团队也加入到"武汉之夏"的活动中，武汉京剧院、武汉汉剧院、武汉楚剧院、武汉市说唱团等市属文艺院团也参加到"武汉之夏"的活动中，这些专业文艺院团除开展专场演出外，还按照就近的原则，派出专业老师指导辖区的群众文化活动。每届"武汉之夏"活动均从实际出发，活动规模有大有小。"武汉之夏"的开闭幕式往往集中组织开展广场文艺演出活动，活动规模大，演出阵容强，社会影响广，突出了活动的示范性和指导性。而各个街道、社区开展的"武汉之夏"活动，则因陋就简，就地取材，活动规模较小，突出了活动的娱乐性和参与性。较有特点的有露天电影、露天舞会、街头卡拉 OK 以及楼台对歌、"家家乐"趣味游艺、青少年之家、文化夜市等活动形式。

案例：浙江省庆元县"月山春晚"

"月山春晚"起源于 1981 年一个偏远山村浙江省庆元县举水乡月山村农民们自编、自导、自演的春节联欢晚会，如今被誉为"中国最山寨的春晚"、"中国式过年之文化样本"，并入选浙江省高中语文教材。"月山春晚"的特色包括以下几点。

一是举办时间的持续性。"月山春晚"不受环境、经费、人员等因素制约和影响，从未间断，坚持举办了 30 届。"月山春晚"的演出平台从最初简陋的操场到如今灯光音响设施齐全的村大会堂；表演形式从最初简单的自演自唱、自娱自乐到如今汇集歌舞、器乐演奏、小品、舞台剧等门类齐全的文艺节目。"月山春晚"从简单到精美，从简陋到完善，在月山全体村民的不懈坚持下，演了 30 年。

二是参与群体的广泛性。当地农民的自发性极强，村民广泛参与"月山春晚"。童叟同台演出，上至 90 多岁的白发老人，下至 4 岁孩童，村民们男女老少齐上阵，一同体验，一同快乐。一直以来，"月山春晚"的组织者、参与者和观看者都是月山村的村民群众，随着它的逐年发展壮大，组织群体从老少兼有的非专业人员发展成具有高效组织和执行水平的年轻志愿者专业团队；参与群体从几个孤单年轻的身影发展成全体村民，并吸引了月山村以外的人群参与其中。由于组织规模和表演水平逐年提升，"月山春晚"已成为一台集聚农民思想文化，不断创新发展，有着深刻内涵的高质量乡村级春晚。

三是节目内容的独特性和创新性。近年来，在月山村一批称作"月山芽儿"的青年有序组织、精心策划及文艺工作者的指导协助下，"月山春晚"的参与人群更加广泛、内容更加丰富、形式更加新颖、特色更加鲜明。

广受媒体报道和赞誉的"月山春晚"品牌和王牌节目-"农装秀"和"农活秀"，展示了犁田、捉泥鳅、插秧苗、打稻谷、编草鞋、种香菇等原汁原味的农业生产场景，其创意和包装显示出极强的创新意识，是浙江农民"种文化"活动最到位的诠释和展现。

此外，"月山春晚"中农民十二乐坊、"天黑赶路、天亮卖鲜"等情景剧以及根据该村国家级非物质文化遗产保护单位"如龙桥"（廊桥）爱情传说改编的舞台剧《如龙与来凤》等极富创意的特色节目，都充分体现了"月山春晚"扎根基层的草根属性。它所表现的内容和形式，所反映的主题都来自群众日常生产生活，为群众所喜闻乐见。其生活真实与艺术真实的有机融合，抒写的是人民群众生产生活中喜、怒、哀、乐的场景。将其淳厚质朴的农味，加以恰到好处的艺术设计，使群众能参与、看得懂、体验深。这些特色使"月山春晚"能持久延续，历久弥新，也使"月山春晚"走出大山，走入都市，走向全国。

第九章　群众文化辅导

群众文化辅导是群众文化活动中的重要环节，它对于开发人们的文化潜能，提高人们的文化技能，培养人们的道德品德等都具有积极有效的作用。本章主要对群众文化辅导进行探究，以期满足群众的文化需求。

第一节 群众文化辅导的基本规律、职能与功能

一、辅导与社会环境认识发展相一致相适应

（一）辅导与经济环境

在社会实践中，辅导作为一种独立的文化形态能够存在，并得到发展，是以一定的社会经济基础为前提的。因此经济基础对辅导起着决定性的制约作用，促使辅导的性质，辅导的调控方向，辅导的手段等方面随着经济环境的变化而变化。在发生这种制约作用的同时，辅导在促进经济发展中也具有其特定的地位和作用，这是一种互相作用的辩证关系。

任何一项事业的开展都会受到经济基础的制约，群众文化辅导同样也会在生产资料所有制关系方面，财产权方面以及培养什么规格的人才等方面受到经济基础的制约。一是生产资料所有制关系决定了辅导的支配权，任何一个社会集团支配了物质生产的资料，同时也就具有了辅导的支配权利。二是财产权制约着接受辅导的权利。三是经济基础决定着培养什么样规格的人才，它决定着向辅导对象灌输什么样的思想体系，文化内涵，引导辅导对象形成什么样的政治道德素质，制约着辅导对象的培养。

以上是从宏观的角度去分析经济基础对辅导的制约，那么从微观的角度来看，物质条件对群众文化辅导的影响也是很大的。因为人类要从事辅导活动，就必须相应地创造能开展辅导活动的外部环境和辅导工具。比如说，对一个舞蹈节目的辅导，就需要场地、桌椅、道具、录音机，等等。如进行其他门类艺术的辅导则需要更多、更大、更高级的场地、工具和器材。而这些设施的完缺，环境的好坏、工具的优劣都需要经济保证。另外，辅导活动必须提供相应的辅导资料，以前，辅导资料基本上都是白纸黑字，千篇一律，随着生产力的发展，辅导资料的多样化为辅导工作带来了极大的方便，包括文化产品质量的提高和多样化也为辅导的全面发展奠定了基础，可以预见，随着声、光、像、

电脑等高科技的发展，必将为群众文化辅导的普及与提高开辟更广阔的前景。资金投入的数量对辅导的数量与质量来讲一般是成正比的。单位资金的投入与辅导对象资金的投入也与经济的发展分不开。在辅导过程中，对时间投入的长与短与辅导质量有着直接的作用，而群众可投入的闲暇时间的多少则取决于社会生产力水平的发展和人民生活水平的高度。

群众文化辅导在促进经济发展中的作用主要是围绕培养具有高素质的劳动者来实现的。经济建设的飞速发展有赖于高素质的人才，而辅导在提高人的素质，文化创造力方面具有特殊的作用。通过生产更多更好的文化产品，丰富人们的精神生活，为经济建设创造良好的文化环境，这是间接的作用。群众文化辅导直接为经济建设服务，推动经济发展的作用则表现在对科学知识的辅导和生活文化的辅导等方面，如手工艺品制作，环境及家庭装饰以及先进的文化观念和公关礼仪。另外，辅导对经济的作用还在于促进了群众文化消费。通过辅导，群众的文化消费兴趣浓厚，质量明显提高，促进了文化产品的流通和自娱自乐文化活动频率的增加。

（二）辅导与文化环境

较之于社会的经济环境，辅导与社会的文化环境之间的联系似乎更为密切。从人的发展过程来看，人在改造自然环境的同时，也在创造文化环境。在文化的继承与发展中，积淀着过去文化成果中一些宝贵的东西，由于东西方文化类型的不同，量现出不同民族文化的特征，这一点在辅导过程中要特别注意。群众文化辅导是一种文化和技能的传授与接收的活动，它主要是通过培养人的文化素质和创造才能来促进文化产品的生产，这是间接的作用。而对文化消费的指导作用是直接的，因为辅导在传承文化知识、技能的同时，帮助辅导对象识别了质量不同的文化产品，调动激发了辅导对象参与文化消费的积极性，既加速了文化传播，又有利于形成开放性的文化格局。在辅导对象中，很难在生产者和消费者之间划出一条明显的界限，群众文化产品的消费者在任何时候都可能成为群众文化产品的生产者，或者说从一开始它就同时承担了生产、消费和再生产的任务。文化产品是社会生产发展的产物，是人类文化成果创造的重要标志。它随着社会的发展而发展，随着人类的进步而进步。生产发展到什么程度，文化产品的水平也相应到什么程度。现代群众文化辅导比较过去无论从哪个方面来说都有了非常大的变化，文化产品为辅导提供了条件，使辅导活动更加具体化和形象化。我们相信，随着社会的不断发展，文化产品的不断更新，未来的群众文化辅导也将是一种形象生动，主体多元的形式。

辅导把前人积累的文化、知识和技能传授给辅导对象也是一种再生产的过程，因为它扩大了掌握知识的人数，扩大了掌握知识的地城范围，提高了全社会的文化水平。这种扩大了的再生产为先进文化的普及提高提供了广泛的社会基础，为新一代文化生产力培养提供了一个新的起点。

（三）辅导与心理发展

辅导是人与人之间的活动，辅导者与辅导对象之间的联系必然会受到心理活动的影响。辅导对象的心理发展取决于两个方面：一是生理遗传因素，二是社会环境的影响。生理遗传因素由遗传素质、先天影响和成熟规律组成。这一自然条件是辅导对象心理发展的生物前提和赖以存在的物质基础，这种自然条件对后天辅导是有较大影响的。但随着年龄的增长，先天遗传在心理发展水平上的影响会越来越小，而后天对其影响会越来越大，而社会环境对其的影响，起决定作用的是社会生产方式的影响。包括政治、意识形态和社会的周围环境。但从人的成长过程来看，家庭和学校的影响最为直接。

孩子生活成长的第一个具体环境是家庭。第一个老师是家长，父母的道德观念行为习惯、性格爱好、言谈举止对孩子都有非常大的影响，有的甚至影响终身。我国的许多艺术世家、音乐世家、教师世家等典型的例子都能说明家庭辅导对孩子成长的重要影响。学校是孩子成长的第二个具体环境，人生的青少年时代基本上都是在学校这个环境中度过。社会通过学校对青少年实施有目的、有计划、有系统的教育，体现了社会对青少年的希望和要求。学校教育在青少年心理发展上也有着决定性的影响。为青少年在文字、语言、音乐、绘画等方面打下了基础，具备了一定的审美素质，为今后参与辅导奠定了基础。

人是社会的实体，不可能脱离社会而存在。人们通过生产劳动等各种社会活动与周围的人交往，通过书刊与各种传播媒介接受各种信息来认识世界，没有这些社会实践，辅导对象的心理就不能得到发展。在辅导时，辅导对象的道德观念、行为习惯、知识水平学习兴趣等都是现有的心理水平状态，这种状态也是在不断变化发展的。辅导者只有在辅导对象现有的心理水平和状态这块田地上耕耘，才能有收获，使辅导对象产生一种积极的态度，渴望得到新的知识，新的技能，这就打破了其原来的心理平衡，促进内部心理的矛盾活动，积极主动地领会内容，使内部心理的矛盾得到解决，心理水平得到提高。这一次又一次不断辅导中得到的发展，最终必将会产生从量的积累到质的飞跃。

（四）辅导与认识规律

辅导过程实质上就是提高辅导对象认识的过程，辅导对象掌握知识的认识过程是有着一定的客观规律的，只有遵循这个规律，才能收到好的效果。

第一，直观感知。在辅导过程中，有些道理，辅导者只凭口讲是很难讲清楚的，如果将动作分解开来，示范给辅导对象看，他们通过对示范的直接感知。对所学的内容构成鲜明、确切的表象，再加上自己的模仿练习，很容易理解并印象深刻，很快牢记。

第二，学思结合。学习是一种创造劳动，辅导对象对于所学习的内容要进行感知，理解和应用，并通过认真的观察，独立思考，分析研究，才能达到融会贯通。

第三，循序渐进。辅导对象掌握知识，总是从现象到本质，从具体到抽象、从简单到复杂、从已知到未知的逐步深化的过程。这一个过程是科学的规律，辅导者必须掌握这一认识规律，对于教材的编写，辅导内容的安排，辅导方法的使用都是具有重要意义的。

第四，反复巩固。辅导对象对自己所学习的东西多是间接为主，多是未曾亲身经历的，很容易遗忘，因此需要不断地练习加以巩固。如果"三天打鱼，两天晒网"的话，就不可能牢固地掌握所学的基础知识和基本技能，一旦需要，就无法及时的再现和运用。所以说，反复巩固是非常重要的。因为反复巩固也是对知识技能不断加深理解，不断巩固提高的过程。

二、群众文化辅导的职能和功能

（一）辅导的导向职能

导向，一般是指辅导的内容、方式、成效对社会精神文明发展进程和公众思想政治素质的提高与巩固具有引导定向作用。人们的思想意识和行为，都不是先天固有的，而是要靠后天教育的，任何一个统治阶级，为了巩固政权，维护社会安定的需要，都必须要通过一定社会意识形态来统一人们的意志，规范人们的行为。

社会对辅导的价值取向从静态的空间角度看，它对社会政治、经济、文化及人的发展都具有积极的推进作用。从动态和时间角度看，它在过去、现时、未来这三个时间范畴里都能发挥导向作用。所以说，它是体现了适应社会发展需要的价值取向。从传统的导向职能来说，群众文化辅导把本民族历史进程中所形成的优良的精神传统延续下去，发挥着一种传递的作用，另一方面在弘扬民族优秀文化的基础上根据社会发展和人们的需求，创造出新的文化样式，为促进社会的进步服务。民族精神是一个民族赖以生存和发展的精神动力和精神支撑，是民族文化最本质、最深刻的体现。历史和现实都告诉我们，一个民族没有振奋的精神和高尚的品格，不可能自立于世界民族之林。

群众文化辅导就是要帮助人们在世界范围各种思想文化的相互激荡中把弘扬和培育民族精神作为文化建设的一项极为重要的任务。所以，面向传统的导向作用，具有现实的、深远的意义。

群众文化辅导对现实的导向作用，主要反映在对社会生产力和经济发展的促进作用上。社会经济的发展归根到底是生产力的发展，而生产力中最活跃的因素就是人。当今世界，科学技术突飞猛进，人类进入知识经济时代，我们比任何时候都更加清醒地认识到培养人才在实现中华民族伟大复兴中的特殊地位和重要作用，要把现代社会生产过程中的劳动者都培养成为具有一定文化科学知识的人，才能把现代化的复杂的系统的灵巧的劳动工具运用到现代生产中去，才可能产生最大的效益。所以说，对人的培养在现实导向中显得尤为重要。虽然说人才的培养要有强大的教育做后盾，但群众文化辅导作为社会教育中覆盖面最广，内容最丰富的一个方面是不容忽视的力量。面向未来的导向职能，主要是从人的智能开发的角度上来考虑的。未来社会对人的要求会更高、更全面，这就要求在对人的智能开发上要具有预见性和超前性。根据社会发展的变革趋势和未来方向设计辅导培养内容以及方法。采取灵活的辅导方法，多元的辅导内容使辅导对象，特别是青少年辅导对象成为建设新世纪的合格的人才。

群众文化辅导还有一个导向作用，那就是促进群众文化生活走向有序，对群众文化生产和消费进行社会控制。首先，从内容上进行调控，群众文化的内容十分广泛。作为辅导者，在众多内容中要关注重点，通过对辅导力量的安排，活动条件的提供以及辅导者自身辅导工作发挥的影响等产生调控作用，使健康向上的内容始终成为群众文化活动内容的主旋律。其次，是在供需关系上进行调解，在一个地区范围内，供应过量和需求不足，都是事物矛盾的表现，需要调节，辅导对供需关系的调节不仅仅是单纯的抑制或补充而是要积极的使其平衡，无论从内容和形式上保证百花齐放方针的全面贯彻。最后，是从审美、认识、创造上对辅导对象进行引导，这种引导主要是通过示范来实现，要求辅导在多方面要具有为人师表的精神和行为，以此帮助辅导对象健康地成长，才能结出功能导向的硕果。

（二）辅导的辅助职能

辅助，指的是辅导在人们学习文化知识，技能时的帮助作用。辅导是普及文化知识，提高文化水平的重要渠道。在知识信息时代，一个人要想接受一次教育而受益终身已是根本不可能的。当辅导对象在走出校门踏上社会的那一刻起，新的教育内容和形式也就开始了文化知识的提高与更新，道德品质的不断完善，审美能力的培植与发展，这都与群众文化辅导密不可分，至于那些文盲和文化程度很低的人，则只能依靠群众文化的长期辅导来补充其不足。所以说，群众文化辅导对于提高人的文化水平是延伸的全程的教化。

21世纪，各种新的知识层出不穷，日新月异，使人目不暇接，人们的求知欲望也是与日俱增，在这样的时代，群众文化正由于它内容的综合和拥有知识荟萃、信息量大的优势，必须自觉地担负起普及和传授文化科技知识的任务。尤其是在农村和基层文化站，除了组织多种多样的群众艺术活动之外，那就是以新的科学技术直接指导农民科学种田、科学养殖、防害、防疫等而深受人民群众的欢迎。治愚也是群众文化辅导的一项职能，要让千百万人民迅速摆脱愚昧，仅凭思想教育是不够的，要充分发挥群众文化辅导的优势，通过内容与形式的完美结合促进思想解放，打开眼界，为生产力的发展提供智力支持。

帮助人们实现某种精神文化生活的需求，既是开展辅导的出发点，又是开展辅导的归宿。随着物质生活的不断改善和社会财富的不断增长，人们普遍要求参与丰富多彩的文化生活来不断充实自己的精神生活，通过自我参与，自我开发，自我欣赏，陶冶情操而达到精神上的愉悦和审美享受，同时，公德意识也得以体现。由于人类个性心理的差异，并受个人社会地位、工作环境、文化修养、性格年龄的不同而量现出千姿百态的文化需求，这些需求的出现必然也会导致文化活动的不断变化，不断丰富，不断发展。这种现象的出现，正是因为人们随着社会实践的不断深入，心理也在实践中不断完善，其可变性反映在精神文化追求上的具体体现。正是追求的不断上升，决定了人们永远也不会满足现状，更不会永远停留在现有的文化辅导活动的内容和形式上；也正是这种追求和不满足，促使群众文化辅导和群众文化活动由低级向高级，由单一向多元，由不自由向自由演变。

（三）辅导的传播职能

一切群众文化活动都是在传播中存在，辅导的过程也就是群众文化的传播过程。辅导的传播包括纵向的传递和横向的扩散两种形态。纵向的传递，是指群众文化在同一社会中从一代传递到另一代的社会传递过程。横向扩散，是指群众文化从一个群体、一个民族、一个国家、一个地城传至其他群体、其他民族、其他国家。其他地城的空间扩展过程。这两种形态的传播循环不息，而且也都离不开群众文化的辅导。

文化传播的首要条件是要有传播的载体，否则传播无法进行，辅导用作文化传播和扩散的载体有以下三个类型：

1.符号载体

符号载体，主要是分为文学符号和表象符号。文学符号主要表现为语言传播，如小说、诗歌、散文等形式。表象符号是包括美术、舞蹈等艺术形式的传播，这种形式历来受到辅导者和辅导对象的欢迎。

2.物质载体

物质载体，主要是指以现代化的大众传播媒介来进行群众文化传递和扩散的手段。这种形式的时速快，覆盖面广，它除了是一种文化扩散的物质载体之外，它还是一种直接的文化辅导手段，并能把传播的内容很好地保存起来。

3.人身载体

人身载体，主要是指以人作为载体的辅导手段，这种形式在辅导中起着非常重要的作用。因为它可以直接将群众文化活动所蕴涵的美感和哲理从一人向另一人，从一地向另一地，从一个群体向另一个群体最为形象、生动、真切地传播出去，包含着辅导者对辅导对象的交流。这种针对性地指导和强烈的现场气氛有着无可比拟的魅力，是符号载体和物质载体所不能做到的。

群众文化传播，是一个互动现象，既是辅导者与辅导对象之间的互动，也使各种载体处于不间断的互动之中。既有区别又有融合，但承担的任务却是共同的。

（四）文化辅导的功能

群众文化辅导的功能是辅导职能的具体体现在众多的功能中，承递文化功能不单是指科学文化知识的承递，而是包括艺术的承递与创新和智力的开发；而辅导主要是表现对群众文化的保存、活化和承递功能以及整理和选择功能。当然，还有更新和创造文化的功能。

今天的群众文化是昨天群众文化的延续、继承和发展，辅导是对传统文化的内容和形式承递的主要方式和途径。在文字发现以前，人类文化基本上是依赖口授和演示等辅导方式获得保存和承递，这种简单而又粗糙的承递方式。由于受到人的生理现象限制，如记忆力衰退，演示能力下降等，应该说是不太完整或不太准确的。文字的出现使人类文化的保存和承递发生了质的飞跃，它不仅可以把传统文化需要保留下来的部分全部保存之外，而且打破了文化保存和传递的时空界限。无论是对纵向前代文化的学习和掌握以及对横向异地异国文化的了解与交流都更加的广泛，随着现代科学技术的发展，人类保存与传递文化的途径和方式更加的多样化。录像带、VCD光盘、电子计算机的出现和发展，不仅可以保存更大信息量的群众文化信息，而且可以在更大的时间和空间中把握和传递群众文化，从而丰富了辅导的内容。所谓"活化"就是指将各种载体上的群众文化信息转移到人这个载体上，这个转移的过程就称为"活化"。把那些呆板的信息转移到人的载体并形象、生动地传播出来，通过群众文化的广泛影响、启迪，熏陶了优秀人才，并为各专业门类的艺术创作提供取之不尽，用之不竭的源泉。

群众文化的多样性、广泛性决定了辅导不可能是"复印式"的传承，而只能是选择性的传承。只有精心选择，才能传递群众文化的精华，只有整理和加工，才能使辅导对象能够接受，只有选择性的吸收，才能使异地文化与本土文化不断融合。原封不动地世代因袭相传是不符合现代的发展和需要的文化创新就必须打破旧的文化传统，不断地革新，不断地创造，不断地补充，不断地完善。群众文化辅导就是在传统文化意识与现代文化意识，民族文化与外来文化之间起着"联系"和"融合"的作用。它改造着传统文化中的落后，保护着民族文化中的精华，它选择外来文化的优长，发扬着现代文化的意识。

第二节 群众文化辅导的任务、原则、内容

一、群众文化辅导的任务

（一）思想品德的辅导任务

1.政治思想的辅导

政治思想的辅导，主要是解决辅导对象的认识立场和世界观问题。解决这些问题必须实施共产主义理想为目标的教育。在实施教育过程中，要培养辅导对象崇高的理想和信念，最终目的是培养辅导对象科学的世界观和人生观，帮助他们树立共产主义理想和实现中华民族伟大复兴的坚定信念，这是辅导活动的根本方向和根本任务。从事群众文化活动，是一项非常高尚的受人尊重和欢迎的社会活动。如果没有崇高的理想和信念，就会迎合低级趣味，随波逐流，扭曲人格和自己的文化才能，就会消沉、放任、为一时挫折而沮丧，失去对事业的信心和对文化创造的追求和勇气。

2.伦理方面的辅导

伦理方面的辅导，主要是培养辅导对象高尚的道德情操。这项全民教育是全社会的行为，范围广、时间长，所以说也就更适应于群众文化辅导活动。辅导教育的意义，就是要努力培养辅导对象的一种内在的自觉性，使他们的道德行为在人际关系的交流中得到发展和提高，把对高尚道德品质的仰慕变成他们发自内心的心理需求和行为追求。培养高尚的道德情操，就是要努力地塑造美好的心灵，诸如尊重别人、胸襟坦荡、文明礼貌、助人为乐、正直善良、无私奉献等品质，弘扬集体主义、爱国主义的精神等所有这些内容都可以在群众文化辅导中予以实施。使辅导对象具备高尚的优秀品质，充实而广阔的精神世界，这对于一个人的人格塑造和全面发展，都将产生长远而深刻的影响。

3.文化修养方面的辅导

政治思想的辅导、伦理方面的辅导，虽然都有着十分明显的政治思想教育和道德品质教育的作用，但它们不能代替群众文化辅导的任务，因为群众文化辅导除了承担社会的共同任务外，还具备与直接目的相联系的特殊任务，这就是培育辅导对象的文化修养。文化修养是指辅导对象在群众文化活动中个人心理和行为的自我锻炼、培养和陶冶以及由此而获得的文化知识、技能和才能。群众文化活动是一种发现美、表现美、创造美的

审美创造过程，参与者必须要以一定的文化修养作为基础，否则就不能有效地去审美或达到较高的审美境界。辅导为文化修养的锻炼提供了条件，而且特别能够培养文化修养的能力和品质。但文化修养的提高绝不是一朝一夕之功，而必须持之以恒，终生努力。辅导对象的文化修养对于辅导对象来说是至关重要的，因为只有具备了一定的文化修养，才能有正当的审美趣味，才能自觉地参加群众文化活动，并在创造和享受中进一步提高自己的文化修养；只有具备了一定的文化修养，才能去辨别生活中的美与丑，才能以正确的人生态度去对待现实，而且还会不断地去创造美的生活。总而言之，具备一定的文化修养对个人对社会都有重大的价值和意义。

（二）文化技能的辅导任务

文化技能，是指人从事某项文化艺术审美活动的一种行为方式。正因为是文化技能，所以是包含着智力活动技能和操作活动技能两个方面。智力活动技能是属于人的大脑的，必须通过操作活动才能够表现出来，应该说是审美操作活动。它对于文化技能的发展具有更为直接、更为重要的意义，尤其是对群众文化活动中的创造性审美就更是如此。操作活动技能是培养辅导对象掌握技术、技巧的能力，顺利地完成某项文化审美创造活动的熟练的行为方式。

对群众文化技能的辅导，首先要培养辅导对象的主动性。参与群众文化活动的辅导对象，在看、听、想的同时也就是文化艺术的审美操作或制作的行为，他们不满足于被动地接受，而是要积极地参与，在自我表演、自我创造、自我欣赏中得到美的享受、美的陶冶，这就是培养辅导对象的主动性。

文化技能只有在审美的操作活动中通过训练才能够逐步地培养起来。比如说对某一艺术门类非常喜爱，但不掌握其技术与技巧，那么就不可能进行有效的文化审美活动，更不可能有高度的文化审美才能。掌握技能就必须亲身实践，长期实践就必定会提高技能。

文化技能的辅导，必须依附于一定的物质形式，借助于一定的载体来进行。不同的文化形态、不同的艺术门类，需要不同的物质材料，如绘画书法艺术，则需要笔、墨、纸、砚和颜料等。帮助辅导对象熟悉和掌握这些物质材料，正是文化技能辅导的基础，在此基础之上，要使辅导对象掌握一定的活动内容所使用的工具，如绘画书法使用的笔、音乐、演奏使用的乐器、摄影艺术所使用的照相机、摄像机，等等。而最重要的则是使辅导对象掌握创作的规律和技巧。不同门类的艺术审美活动都有着各自不同的创作规律和技巧，需要辅导对象不断地去钻研才能够掌握和提高。

在实施文化技能的辅导活动中，要培养辅导对象的兴趣。群众文化活动是一种自愿的行为，没有任何强迫的因素。所以，参加与不参加恰恰是人的兴趣所致。由于辅导对象文化素质的不同，兴趣在他们的身上反应也就不同。有的人可能因为操作过难而望而止步，有的人可能因为操作过俗而望而生厌。因为一开始他们是因为有兴趣才主动接受辅导的，而这种兴趣又并非牢固的、持久的。当辅导对象生厌生烦之际，兴趣的培养与发展最重要。兴趣也不能是一成不变的，而是随着辅导的深入而深入，随着辅导的发展而发展的。在培养兴趣阶段，最能激发兴趣的应该是通过辅导活动让他们产生愉快的情绪，满足的感觉和自信心，这就要求在辅导内容的安排上，辅导形式的选择上都要适合辅导对象的需要，通过辅导内容使辅导对象开阔了视野，学会了技能，提高了审美鉴赏力。只有这样，兴趣才能巩固和深化。

操作训练是提高文化技能实质性的训练阶段，也是文化技能辅导中最为关键的阶段。这是一个漫长、机械枯燥、乏味的学习进程。对辅导者和辅导对象来说，都会造成一种无形的压力和约束力。一个动作和一个节目的反复训练，都需要辅导者和辅导对象的较大的忍耐力。要提高文化技能，这个过程是省略不掉的，但可以遵循规律，讲究方法，争取事半功倍。

首先，辅导者对辅导对象所做的示范动作必须准确，绝不能含糊。因为这是辅导对象模仿的范例，是形成动作定型的样象，掌握操作技能的重要来源，动作速度必须适中，轻重缓急，举止清晰。其次，是动作要领的讲解要准确，提示辅导对象观察动作的要领和分析动作的结构，提高辅导对象在模仿过程中的理解力，指导辅导对象在操作训练过程中更加准确有效地完成动作。在辅导者的示范过程中，要采取整体示范和分解示范相结合的原则，帮助辅导对象了解动作的全貌和分解的技术要求；在实际辅导中，有些辅导对象对整体动作中的某一个环节总是不顺或不准确，这时，辅导者就应该把整体动作分解开来，按照动作形成的顺序轻重、难易等一点一点地讲解清楚示范清楚，让辅导对象清晰地察觉到动作的结构和重点特点。这种常见的"毛病"主要是出现在过渡动作中，因此分解辅导的主要内容也常常是在过渡动作中。

在操作训练的基础上，形成了一定的技巧，辅导对象掌握了基本技巧之后，也就是具备了一定的表现能力。这种技巧的积累，还需要长期的锻炼，在实践中不断更新，才能形成和发展。以上各主要环节是相互影响、相互渗透又相互作用。辅导对象只有在兴趣的推动作用下，在掌握文化技能、技巧的基础上才能激活自身的素质、修养和创造才能。

（三）文化才能的辅导任务

才能，通常指有效完成某项活动的才能与能力。文化才能是人在从事某项精神文化活动中所表现出来的特殊的才智和能力，是群众文化活动中表现出来的文明形态。

人的才能表现具有社会性和广泛性。各行各业的人都有着从事创造性活动的才能，这种创造性活动的才能并不是先天就有的，而主要是通过学习和实践来获得。因此，群众文化辅导以其特有的社会性、广泛性、针对性强等特点，在文化才能的辅导中发挥着重要的作用。群众文化辅导所培养的才能，主要是指在充实业余文化艺术活动中，设计人的审美领域的一项专门的才能。其表现是广泛的，有艺术创作方面、有艺术表演方面、有文艺理论研究方面、有艺术活动组织方面、有美化生活方面，等等。这些才能，主要不是从专门学校里正规教育培养出来的，而是在群众文化辅导下通过各种艺术审美活动的实践培养出来的。文化才能分为智能和技能两个方面：文化才能是以一定智能为基础，通过一定的技能表现出来的创造能力；文化才能是群众文化活动中表现出来的高级智能形态和高级技能形态，不仅具有高级的感知能力，而且还有高级的表现能力。这两种能力的最终表现是在艺术活动中的物态的作品上，对于辅导来说一项根本性的任务就是要在各种各样的文化艺术活动中反映出辅导对象的文化审美创造力和表现力。因为文化才能辅导的任务就是在于对辅导对象的表现力，创造力的培养。

文化才能辅导的对象是非职业性的艺术专业人才，是社会中那些文化艺术的爱好者。这是由群众文化的性质来决定的。由于辅导对象的群众化，所以在基础、气质、技能以及他们的表现力、创造力等方面都不能要求过高，在辅导中只能是以培养辅导对象一般的智能和技能为主。通过培养他们的兴趣，从而丰富他们的精神文化生活，这是普及性的辅导。在庞大的群众文化队伍中，确有一些虽未经过专业艺术院校的培养，但却能以较高层次的艺术成果显示出非凡的创造力。这种例子在全国重大的各艺术门类的比赛和展演中屡见不鲜、举不胜举。对于这些优秀的人才培养属特殊和重点培养，这说明群众文化活动不会埋没人才，只要辅导者与辅导对象不懈地努力，同样可造就专业技能较强的艺术人才。另外，文化才能的辅导还具有很强的服务性，这主要表现在为辅导对象提供显示文化才能的机会、设备、场地等条件上文化才能辅导，不能是单纯地传播知识和训练技能，更多的是创造各种机会和条件，为辅导对象提供展示才能的途径。全面性的辅导牵连到辅导活动的各个方面，是一个动态的辅导过程。为了提高群众文化活动的质量，辅导者在辅导对象表现艺术才能的过程中采取跟踪式"一条龙"的指导手段。比如，为某企业组织一台以反映现代企业精神为主题的文艺晚会创作演出为例：从晚会的策划到脚本的构思撰写，从内容的构成到节目的组织，从剧本的创作到作曲配器，从小品到舞蹈，从演奏到唱歌，从舞台设计到服装、化妆、道具，从灯光到音响，每个节目、每个部门都必须进行实际指导，从而保证活动的顺利进行。

（四）群众文化辅导的原则

群众文化辅导的原则，是辅导实践经验的总结和概括。它作为正确处理辅导过程中各种矛盾关系的规则，贯穿于各类辅导的实践活动中。

1.群众文化辅导的教育性原则

群众文化辅导的教育性原则，是思想性和娱乐性的高度统一。应根据不同的辅导内容，正确处理好思想教育和文化娱乐的关系，做到教中有乐，乐中有教。在辅导过程中，首先，要提高辅导对象的思想觉悟，培养他们热爱文化艺术，热爱科学技术的热情。其次，要提高他们的文化知识水平，思想觉悟的提高，世界观的建立，文化知识的传播，艺术活动的开展等都要有一定的文化知识做基础。

在开展艺术审美和文化娱乐的辅导中，应以娱乐为主，让辅导对象在娱乐中得到教育，如果离开了乐，教也很难达到目的。如果娱乐活动开展得有声有色，辅导对象在健康高雅的娱乐活动熏陶下发生变化，这种教育往往是牢固的。娱乐是手段，教育是目的，潜移默化、寓教于乐，让人在不知不觉中成为一个有理想和有道德的人。在开展科技知识的辅导中，应以教为主，以乐为辅。首先，参加这个辅导内容的辅导对象是以学习科学技术和生产技能为目的的，这种辅导也是传播知识，讲求科学，破除迷信等为主要内容。以乐为辅，就是要对辅导对象进行启迪引导，形成热烈轻松的氛围，让他们在愉悦中接受知识，掌握技能，要正确处理好群众文化辅导中的教与乐的关系，在教育性和娱乐性发生矛盾时，应首先考虑教育性，防止不利于社会和辅导对象身心健康的现象发生。

2.群众文化辅导的实践性原则

群众文化辅导，不是单纯的对文化知识、艺术技能的传播。同时，还需要通过大量的实践活动使辅导对象把已学到的东西进行反复的操作和巩固，逐步形成他们自己的知识、技能和才能。这种实践不是一次二次，而是一个不断反复的实践过程。实践性原则的提出，主要是强调在辅导实践中对辅导对象实际能力的培养，要求辅导者把传播和实际操作结合起来，培养辅导对象自我参与、自我娱乐、自我开发的能力。

群众文化的辅导有速成性、实用性等特点。辅导对象前来接受辅导的目的也各有不同，有的往往是出于自己的兴趣爱好，有的是从缺什么补什么的角度来选择内容，还有的是为了展示自己的才华，发展艺术能力，为满足自己生理与心理的需要而参加辅导的。对于这样的辅导对象，由于学习动机和学习时间的制约，辅导者要考虑在有限的时间里采用简明扼要的方法，速成普及，可以采取学以致用，急用先学的办法，提高辅导对象解决实际问题的能力。在辅导中贯彻实践性原则，必须要从群众文化活动的实际出发，更多地引导他们动口、动手，通过反复训练和操作形成文化技能和才能；要从辅导对象的实际出发，联系辅导对象已有的知识、能力、兴趣和专长等实际，制定有针对性的辅导内容；要从辅导者提高辅导水平的实际出发，为了提高辅导质量，辅导者必须要提高自身的素质，从理论到实践，从讲解到示范，从形式到方法，都要让辅导对象满意。

3.群众文化辅导的审美性原则

群众文化辅导的审美性原则，就是辅导者在辅导过程中要重视对辅导对象审美情感的培养。辅导者应该精心地选择一些具有典型意义的审美客体，如各门类艺术生产出来的深受广大人民群众所喜爱的作品。这些作品中有视听艺术、有语言艺术、有造型艺术、有线条艺术、有色彩艺术等，适合广大辅导对象的需求和趣味。通过辅导，使辅导对象在艺术享受中、愉悦中得到性情的陶冶。也可以在现实的生活中启发辅导对象对美的发现。如大江、大河，小桥流水，高楼大厦，花园草坪等，让审美情景所具有的丰富多彩的审美因素给辅导对象以美的哺育，从而更有利于辅导对象的文化心理和行为的不断完善。

在实施辅导中，辅导者对充分发挥审美的感情作用要先行一步，进入审美角色，只有将自己的感情深入到辅导内容所要体现的审美角色之中，才能在辅导中产生审美情感，唤起辅导对象的情感。另外，要创设适合辅导对象学习的审美情境。审美情感的产生与情境密切相关。所谓"睹物思人"，"见景生情"就是这个道理。这"物"与"景"就是情境。创设情境，让辅导对象置身于特定的情境之中，触发他们的审美想象。在辅导中，直观性辅导也非常有优势。因为它充分利用辅导对象的视觉、听觉触觉等感官，去获得美的形象，使他们的大脑皮层处于兴奋状态，提高观察能力和学习兴趣。通过各种办法的辅导，培养辅导对象创造美的能力是辅导的根本目的。要创造美，不但要对感知、情感、想象等心理素质培养以外，还要锻炼辅导对象对美的形式的驾驭能力，能使内容与形式完美结合，是艺术家创造性劳动的标志。

4.群众文化辅导的区别性原则

辅导过程是帮助辅导对象把文化心理需求转变为文化行为的活动，从辅导对象的构成看，辅导对象是广泛的，多层次的。由于年龄性别、职业、文化程度，兴趣爱好的不同，因此，对辅导内容和辅导方式的选择上是有差异的。区别性原则，指的就是辅导者在辅导中，对辅导内容、形式、方法的选择上，都必须从辅导对象的实际出发，既要提出统一要求，又要照顾个别差异，做到因材施教，区别对待，使每一个辅导对象都能得到充分的发展。

在贯彻区别性原则时，要求辅导者对即将实施的辅导地区进行调查和了解，摸清当地人民群众的需求和文化活动的特点，认真研究后，来确定辅导的内容和形式。在此基础上，还要做进一步的深入了解，那就是了解辅导对象的文化程度、艺术素质、接受能力、兴趣爱好等情况，只有这样，才能做到心中有数。由于群众文化的广泛性，参与文化活动的辅导对象的接受能力和表现能力存在着差异，有的差异还是很大的，辅导者要正确对待这种现象。为了更好地发挥他们的所长，在辅导方法上一定要做到区别对待，做到集体辅导与个别辅导相结合，一般辅导与特别辅导相结合，课内辅导与课外辅导相结合，抓好中间，兼顾两头，全面提高辅导水平。

二、群众文化辅导的内容

（一）辅导课程的设置

1.组织管理辅导

所谓组织，是在共同目标指导下协同工作的人群社会实体单位，又是通过分工合作而协调配合人们行为的组合活动过程。管理，是指组织活动过程中所采取的方法和措施。组织和管理是相互依存的，有组织就有管理，没有管理活动的组织也不称其为组织。组织是动态组合活动和相对静态的社会实体单位，而管理则是如何把投入一个活动过程中的人力、物力、财力充分地运用起来，使之发挥最大的效果，以完成预期任务采取的措施和进行的活动。群众文化中组织管理辅导，就是通过对群众文化各类活动组织的程序、环节及管理的方法和手段的传播，提高辅导对象的组织管理水平。

（1）组织设计辅导

由于群众文化活动的对象具有广泛性、复杂性等特征，因此在组织某项大中型活动时，必须进行精心的组织设计，才能把分散无序的活动转变为有序化。组织设计就是对组织活动和组织结构的设计过程，是把任务、责任、权力进行有效组合和协调的活动。

首先，要明确组织的目标和任务，总体目标是任何一个活动的核心，根据核心目标才能有下一步的任务。在确立目标时，要把握适度的原则，既不能把目标定的太高，但也不能太低；不能让人失去信心，更不能让人失去压力和动力。其次，要对活动过程进行总体设计，任何一项活动的过程都有相互连接的程序和阶段，只有把握了全过程，做到胸中有数，才能使活动顺利地开展。总体设计要全面，对程序连接的时间要留有余地，不能太死，否则，一旦发现问题连解决问题的时间都没有，那肯定会出现忙乱不堪甚至更糟糕的情况。总体设计之后，要设计管理岗位和管理内容，每一个大型的活动都是由若干个阶段组成，而每一个阶段又都有若干个相关联的程序。因为，管理部门根据工作的需要成立管理系统，由岗位组成小组，由小组组成管理部门，再由管理部门组成本次组织的总体结构。管理岗位不能凭主观意志随意设置，要科学化、合理化。每个管理岗位都应有具体内容，如果某个岗位没有具体内容那一定是不需要的岗位。岗位内容包括岗位任务、岗位职责、岗位纪律等。明确了管理岗位和岗位的具体内容后，就要配置岗位工作人员，岗位人员要定量、定质、定量就是确定本岗位需要人员的数量；定质，就是确定本岗位需用人员的素质，确定人员的数量和素质，必须依据岗位的工作量和业务内容。

（2）管理手段辅导

管理手段辅导，是指用科学的方法对群众文化活动的过程进行有效的管理，使之创造最佳的社会效益和经济效益。在管理手段中，首先要培养"向导"，所谓"向导"，就是群众文化活动对象中的"领头"人物。这些领头人物基本上是长期共同活动在群体中间，由于他们有进取心，有使命感，业务能力强等优长在群体中自然产生的，他们的意志和行为对整体活动有较大的影响。对这些"向导"人物要进行有目的的培训，要器重他们，使他们在一定的范围内起带头作用，让他们真正起到"向导"的作用。其次，在活动内容上要力求新颖，富有情趣。群众文化活动是群众自发参加的，与共同爱好暂聚一起，为了满足自身文化生活的需求，对他们既没有行政命令，也没有经济手段，完全是靠活动本身来进行管理。因此，内容的新颖和富有情趣，则会增加凝聚力，使活动朝着健康方向发展。在管理手段中，制度约束和指标控制也是十分有效的办法。制度对任何组织或临时性组织都是具有约束力的。俗话说，"没有规矩就不能成方圆"，群众文化活动也是不能例外的。所谓指标控制，就是量化管理，它包括责任指标、计划指标、经济指标、时效指标、成果指标等，只有完成各项的量化指标，才能完成各项任务，最后，实现总体目标，做好协调工作，是不可忽视的重要内容。协调工作是能力的体现，无论是组织内部的协调，还是在社会大系统中外部环境的协调，都会直接影响到自身的发展，做好协调工作最重要的要素是合理的使用人才，所以对一个现代化管理系统来说，一定要做到知人善任，人尽其才。

2.群众艺术辅导

群众艺术辅导即审美辅导，是有目的、有组织、有系统地培养提高辅导对象的艺术欣赏和艺术创造能力的活动。

（1）艺术欣赏辅导

艺术欣赏是一种审美活动，它通过艺术作品所塑造的艺术形象，使人们在欣赏时产生强烈的审美感受，感到欣欣愉悦，受到教育。艺术欣赏辅导的首要任务，是帮助欣赏者弄懂并深入理解艺术作品。因为理解是欣赏的前提，作为辅导者要对作品作深入浅出的阐释，介绍作品的时代背景、流派风格。讲解作品本身的主题、立意以及表现手段、结构、线条色彩等特点。如果是戏曲、舞蹈等作品，还要介绍剧种、声腔以及舞台节奏、音乐、形体语言等，尽最大可能地使欣赏者看懂并理解作品是用何种形式与什么样的方式来为怎样的审美而创作的。这不仅是教会欣赏者鉴赏某一具体作品，而是教会了欣赏者懂得艺术欣赏的知识和方法。艺术欣赏辅导的另一个任务是帮助欣赏者总结欣赏艺术作品的经验；艺术欣赏是欣赏者根据自己的生活经历、思想感情，用想象去阐释，扩充并丰富艺术作品的内涵及艺术形象的过程，是一种审美再创造。辅导者应根据欣赏者通过自己再创造所得出的结论，从文艺修养，思想水平，知识储备等多方面进行指导，不断总结和积累欣赏艺术作品的经验，启迪欣赏者的想像，提高审美情趣。在欣赏活动中，每个人都是从自己的审美观出发，根据自己的审美感受和趣味作出审美判断，只有欣赏者在感觉和情感都能肯定接受的时候，他才能认定这个作品。这是一种感觉与理解，感情与认识相统一的精神活动，需要辅导者宣传正确，进步的审美观，激发欣赏者高尚健康的情感，使欣赏者在正确的、进步的审美观指导下进行艺术欣赏活动。

（2）艺术创作辅导

创作，是根据生活积累，把在观念中产生的艺术形象，通过物质材料外化为可感的艺术形象的过程，艺术创作的辅导首先要培养和锻炼作者的思想修养，因为这直接关系到一部作品思想内容的深度和广度。要帮助作者提高政治思想，道德品质等方面的素质，使他们用正确的立场、观点、方法来观察生活和认识生活，对作品反映的社会生活负起高度的责任，创作出有利于社会进步的作品。社会生活是创作取之不尽、用之不竭的创作源泉，作者必须要深入生活，从生活中汲取养料，在现实生活的启发和推动下产生创作的意愿，作品中表现的思想内容也离不开生活时代的观念形态。群众文化辅导的对象主要是业余作者，虽然他们都有各自的生活环境和工作岗位，但深入生活也是需要的，组织他们去体验另外的生活和劳动以开阔视野。艺术创作是一种精神活动，在创作过程中表现技巧是不可缺少的，要准确反映自己对生活的感受，必须要有熟练的创作技巧，像创作中如何安排人物、结构、情节、矛盾冲突等都需要运用技巧，所以说，帮助辅导对象正确把握创作规律，提高创作技巧是十分重要的。

（二）辅导大纲及辅导教材的编写

辅导大纲及辅导教材的编写也是群众文化辅导的重要内容。无论是大纲还是教材的内容都要根据辅导对象的需要而决定。由于辅导对象的复杂性，决定了大纲及教材的动态性。辅导大纲从总体上规定了一门课程所应传授的知识技能的内容。一般包含两大部分：说明部分和正文部分。在说明部分，规定课程的辅导目的、任务、教材编写原则、教材的体系、辅导方法的要求等。在正文部分，系统地规定教材的全部主要课题及辅导时数，每个课题的要点以及练习等。辅导教材是指每门课程的具体辅导内容，它是由辅导者根据辅导对象的需要而编写或选定的。

辅导教材是为完成课程的目的而服务的。因此，在编写教材时就要从实现课程的目的出发，比如说舞蹈课程的设置，他们的任务是使辅导对象具有一定的舞蹈表现能力和舞蹈审美能力，那么在编写教材时，就要围绕着如何完成目的任务提出具体的辅导内容。从舞蹈作品的赏析到对舞蹈动作的模仿，从简单的练习到用心的创作，逐步使辅导对象提高舞蹈的审美能力和表现能力。群众文化辅导的对象最主要的特点就是广泛性，复杂性。他们来自社会的各个阶层。有农村与城市之别，有干部与职工之分，有男女之别，有文化高低之分，有南方与北方之别，有贫穷与富裕之分。因此说，辅导对象的理解能力和接受能力是不可能都在一个水平上的。编写教材时就要以辅导对象的整体平均水平为准，但又要兼顾两头，编写教材要坚持逻辑程序和心理程序的统一。逻辑程序是指教材要按知识的逻辑顺序来编写，心理程序是指辅导对象在接受辅导中的认识规律。要坚持这两个程序的统一，既保证知识的严密系统性，又保证深入浅出，由具体到抽象，由简单到复杂，易教易学。在编写教材时还要坚持科学性与思想性的统一：教材的科学性，就是要求编写的教材必须是真正的科学知识，是经过实践验证无可争辩的事实及理论；而思想性则是要求从科学知识本身的实际出发，以马克思列宁主义的立场、观点和方法阐述教材，使教材有益于培养辅导对象的高尚情操，健康的思想。坚持科学性与思想性的统一，也是新时期培养"四有"新人的必然要求。

（三）编写辅导教材所要掌握的几个基本阶段

1.感知阶段

人们对事物的理性认识是建筑在该事物的真实的感性认识基础上的。没有感性认识，就没有理性认识。认识开始于客观现象的感知这一规律，决定了在辅导过程中，辅导对象掌握知识的第一个阶段就是感知教材。感知教材可以通过对实物和教具的观察，也可以通过辅导者的语言以及文字、图画对事物的描述，还可以通过社会实践等各个方面来获得。辅导对象把获得与所学课题有关的丰富的感性知识以图像的形式，清晰地保留在大脑中。

2.理解阶段

认识的真正任务在于经过感觉而到达于思维，到达于逐步了解客观事物的内部矛盾，了解它的规律性，了解这一过程和那一过程间的内部联系，即到达于理性认识。辅导对象掌握知识也是这样，在获得了客观对象的感知后，必须向理解过渡、理解教材、掌握概念和理论，是辅导对象掌握知识的重要阶段。理解是关键，理解需要进行思考，需要将感性材料去粗取精，去伪存真，由此及彼，由表及里的改造制作。只有这样，才能产生从感性认识到理性认识的飞跃。

3.巩固运用阶段

人的记忆不能不受到遗忘的影响，辅导对象对所学习到的知识需要有一个巩固的过程。要反复复习，通过温故而巩固自己的知识，通过巩固也能不断地加深理解，"温故而知新"就是这个道理。辅导对象掌握知识的目的是在于运用，在运用阶段，辅导对象就是要把学到的知识再回到实习、练习等实践性作业中去，使知识转化为技能技巧。这需要大量的实践，才能更好地培养辅导对象的工作能力。

（四）辅导计划的编制

辅导计划是辅导者对未来的辅导工作在进行科学预见的基础上确定的行动方案。任何一位辅导者，在任何一次辅导活动开展之前，都应根据辅导任务的要求编制辅导计划。否则，辅导工作就会陷于混乱状态，人力、物力和财力也会遭到损失。由此可见编制辅导计划是很重要的，而编制辅导计划也是群众文化辅导的重要内容之一。

编制辅导计划的基本要求首先是整体性：辅导计划是服务于辅导目标的，编制计划以辅导的目标任务为依据，既要有明确的重点和中心，又要注意计划的连续性和整体性；其次是完整性：计划是为了实现目标而应该安排的所有工作，如教材、方法、要求、步骤、时间、地点等都应考虑，从而保证辅导计划的完整性。从实际出发是为了保证辅导计划的可行性，辅导计划应该从单位的人力、物力及财力等各个方面的实际情况出发，盲目的计划是难以实施的。在编制辅导计划时一定要对偶发事件等变动因素有所准备，无论在时间安排还是在财务预算上既要有正常措施，又要有补救措施，一旦情况有变，就能及时应对。因此，适当留有余地也是一项基本要求。

辅导计划的种类很多，从期限上划分可分为长期计划、中期计划和短期计划。长期计划是战略计划，是一项旨在取得重大成效的计划。这种计划跨度大，时间长，短期内看不出什么效果，但只要按计划按步骤地来完成，取得的成绩是重大的；中期计划也叫年度计划，是长期计划中的阶段性计划，它的计划内容也只是长期计划中的一个部分；短期计划也叫辅导过程计划，是组织群众文化辅导活动的执行性计划，是一项十分细致而又具体的计划。辅导过程计划是建立正常的工作程序，确保总体计划和其他各项计划完成的重要手段。

辅导计划的编制过程一般要经历三个阶段：第一个是准备阶段：无论是编制长期计划还是短期计划，都要有一个准备阶段。这个阶段主要是让辅导者进行调查研究、收集资料。这些资料包括：上级关于对辅导工作的指示、学科及辅导对象的具体情况、所任学科的辅导大纲、教材的体系和基本内容、辅导的适当方法、辅导的各种因素等；第二个是编制计划草案阶段：这个阶段较为复杂，首先要确定辅导任务，而且必须具体化，不能笼统含糊，为了做好辅导任务的具体化，那就要研究辅导大纲中规定的要完成的任务。要研究辅导过程的教材，选择特别有成效的部分来使用。要研究辅导对象的知识基础和发展水平，对辅导对象的不同情况，提出不同的要求；其次是选定辅导内容，因为辅导任务是通过辅导内容来实现的，所以，必须要根据辅导任务来选定辅导内容，可以从教材中划出基本的和主要的部分，选择可能在最大范围内完成所提出的知识技能辅导和思想品德辅导的任务，还要选择各类学生不同需求的补充材料。内容选定后就要选定辅导形式，因为辅导对象的复杂性，所以辅导方式必须是灵活多样的。可以是一种，也可以是几种形式的综合运用；最后是辅导方法的选定，这要根据辅导任务的要求，教材内容的特点以及辅导对象的接受能力来选定，不按照这三个方面的因素来选定方法是肯定会失败的；第三个是辅导计划正式确定阶段：通过各个方面的准备以及计划草案的拟定，经过科学的论证后，由行政领导正式下达执行。

第三节 群众文化辅导的方式方法及评估

一、群众文化辅导方式方法的划分

群众文化辅导的方式是为辅导内容和目的服务的，必须根据不同的辅导对象的文化需求，在辅导的方式方法上应是多方面、多层次、多渠道的。群众文化辅导者在长期的辅导实践中积累了丰富的辅导经验，这是广大群众文化辅导者集体智慧和才能的结晶，具有很大的应用价值。

（一）辅导的基本方式

辅导从方式上分为集中辅导与分散辅导，重点辅导与一般辅导。

集中辅导是一种有组织、有计划、有秩序的集体辅导方式，是群众文化辅导工作在：最短的时间内取得最佳辅导效果的有效途径。这主要取决于集中辅导的有利条件：即集中的地点、集中的内容、集中的对象、集中的时间等，为辅导者发挥辅导的示范作用，面对面地进行辅导服务提供了有利条件。集中辅导的活动方式有：培训班讲座与讲习班。举办辅导培训班要根据不同的辅导目的、内容和辅导对象来确定时间的长短，一般都采用短期培训班的方式。根据辅导对象相同的需求，在同一时间、同一地点、同一内容对多个辅导对象进行训练，完成规定的辅导内容，就可以结业。这种"短、平、快"的培训方式有较强的针对性和目的性，主要以传授科学知识和艺术技能为主，只要辅导方法得当，辅导对象都会在审美欣赏和操作实践上收到成效。也有一些半年以上的长期培训班，主要是以传授业务知识和专业技能为主，通过长期培训全面系统地培养文艺骨干。

讲座与讲习班，讲座是一种以语言为基本手段的辅导形式。当然，有条件可以借助幻灯、电视、电影、多媒体等先进的视觉工具加以辅助。讲座的特点主要在于宣传和灌输，提高辅导对象的鉴赏力，开拓辅导对象的创造性思维。讲座根据内容来区分，可分为综合性讲座和专题讲座，文化艺术等专业技术性较强的讲座一般属于专题讲座，而内容较为广泛的讲座一般属于综合讲座。讲习班是对辅导对象中较高层次的骨干进行某种培训辅导的一种形式。辅导者讲授的专题内容主要是辅导对象在实际工作中遇到的共同关心的。具有理论研究和实践价值的课题，要组织辅导对象讨论，在讨论的基础上，再由辅导者总结。这种辅导方式，紧密联系实际，有利于培养辅导对象的分析、归纳能力，迅速提高业务水平。

集中辅导的优点在于它的集中统一性。缺憾和不足也是由于集中统一而不易充分照顾到辅导者个性和能力上的层次差异，实行因材施教。但集中辅导这一形式之所以受到辅导者和辅导对象的普遍欢迎和广泛使用的重要原因，是集体辅导活动充分发挥了集体环境的作用。集体的交往中可以相互交流，相互启发，相互帮助，相互激励，有利于辅导对象文化才能的全面发展。集中辅导应尽可能创造多样而统一的方式方法，热烈而轻松和谐的气氛，才能更大程度地调动辅导对象的积极性和主动性。

分散辅导是根据辅导对象的不同需求，深入到各个辅导对象中间的一种单独辅导形式。群众文化的辅导对象来自社会的四面八方各个阶层，从事着不同的职业，有着不同的需求。因此，对群众文化的辅导也就会提出不同的需求。社会上的企业或单位，要求辅导的内容就不会一样，有的根据企业发展的需要，要求辅导者对企业员工进行培训、帮助员工提高文化艺术素养；有的单位则为了某一个活动的需求，要求辅导者帮助排练一台文艺节目等。再具体到每个辅导个体对象，有的喜欢唱歌、有的喜欢跳舞、有的喜欢画西，同是画画，却还有中国画、西洋画之分；同是唱歌，也有民族、美声、通俗之别。这种种现象，都说明群众文化辅导是不可能全部通过集中统一的辅导方法满足所有要求的。因此，除了阶段性的集中辅导之外，因单位、因地域、因人而异的分散辅导会经常性地深入到各个辅导对象中间去，提供单独的上门辅导的服务。这充分体现了方便灵活的特点，深受辅导对象的欢迎。虽说这种辅导是分散的，但它是一种有组织、有目的，有计划的辅导形式。

分散辅导的方式有：分片辅导、分类辅导和个别辅导。分片辅导是组织辅导者按照地区的划分，分工负责，既便于与辅导对象的联系，又便于掌握负责区域内的群众文化活动的情况；分类辅导即按项目划分，组织指派专门辅导人员，帮助基层进行戏剧、音乐、舞蹈、美术等各门类艺术形式的辅导；个别辅导是根据某些活动项目的个性特点，对具体某个辅导对象采取单独的个别辅导。

分散辅导的最大优点是把辅导内容和方法与辅导对象的实际需要相结合，把辅导工作与群众文化的实践活动相结合。辅导者经常深入到辅导实践的第一线，既可了解情况，也可制定针对性更强的辅导方案，既可发现新的问题，又可以促使辅导内容、计划、方法的不断变化和不断完善，从而使辅导工作做得更好。

集中辅导与分散辅导，是相互独立、相互排斥，同时又相互联系、相互包容的两种辅导形式，在群众文化辅导活动中各有优长。集中辅导是阶段性的，分散辅导是长期性的，集中辅导是为多数辅导对象提供服务的，分散辅导是为少数辅导对象提供服务的。两者表现形式不同，但目标却是一致的。所以，在实施辅导计划中，两种形式的辅导一定要安排得当，两者要各得其所、各到其位。相互协调、相互配合、防止顾此失彼。

重点辅导是对重点对象的辅导。根据群众文化事业机构的辅导范围，重点辅导对象大致包括三个方面：一是重点个体的辅导；二是重点单位的辅导；三是重点组织机构的辅导。辅导机构按照辅导计划和具体要求，选择一个或几个有代表性的个体和群体，通过实施特殊的辅导方法和措施，从中找到带有普遍意义的规律，用以指导和推动群众文化的开展。对重点的选择和确定，应该依据辅导活动的基本规律、依据实际辅导工作需要和要求来确定。作为重点辅导对象的条件，首先应该有区别同类对象的特殊性，这主要取决于他们自身的发展条件和能力；其次是应该有普遍的典型意义，也就是说有一定的代表性和表率作用，要求这些重点辅导的对象能成为群众文化活动的领头人，把群众文化活动逐步引向深入。对重点对象的辅导，也应该按不同的辅导目的，运用不同的辅导措施和方法，这主要是根据辅导对象的不同特点来决定的。

以个体为对象的重点辅导，指的是个人，但他们必须是群众文化活动中涌现出来的重点业余文化艺术创作、表演方面的骨干分子。这是对群众文化艺术人才的培养，虽不能说通过辅导使每一位辅导对象都能成才，但把一部分富有艺术创作和表演才能的重点对象培养成为群众文化方面出类拔萃的人才，都是完全可能的。由于各个重点对象都有自己的艺术气质和艺术爱好，对象间差异又比较明显，所以辅导往往是采取个别指导的方法。这种个别性的辅导方法适合对那些个人操作性较强的艺术门类的辅导，辅导者要根据各个重点辅导对象自身的优势，选取有利于他们自身发展的目标，因人施教，引导他们充分发现自己的创造才能。作为辅导者不仅要善于发现人才，还要精心地培育人才，要有甘为人梯的崇高奉献精神，无私地传授知识，无私地传授技能，争取群众文化有更多的人才出现。

以单位为对象的重点辅导，主要是以建立行业文化特色为主要目的。由于职业特点，文化结构，兴趣爱好等各个方面的不同，单位与单位，行业与行业之间都表现出群众文化活动群体的差异性。在这些差异性中间，辅导者应选择那些自身发展能力强，文化活动开展的比较活跃，且具有明显表现本行业特点的单位作为重点对象，以促使其形成本行业有代表性的文化特色。本行业的特点就是要反映本行业职工的现实生活，歌颂本行业先进的人物和先进的事迹。

以组织机构为对象的重点辅导，应该是以总结推广先进经验为主要目的。这里指的组织机构是指具有同类性质的群众文化事业机构的下属组织，群众文化辅导不仅只是对个人、单位实行有重点的辅导，而且也应该对基层同类的组织机构实行重点辅导。在这种上级与下级、政府与群团、专业与非专业的业务指导关系中、乡镇文化站以及社区文化站的辅导往往是群众文化事业机构中最突出的重点。他们是群众文化最基层的组织机构，直接联系着广大人民群众，他们的业务水平的高低直接影响着农村和社区文化活动的开展。因此，选出重点，总结出他们工作中的典型经验，进行推广示范，对整个群众文化工作的开展具有很重要的意义。对发现的重点、难点问题，要积极探索解决的办法，帮助他们解决在工作中普遍存在的问题。

一般辅导是指对一般对象的辅导，它运用普遍可以接受的辅导内容和方法来满足一般对象的要求。对一般对象的辅导是一种普遍的辅导，从艺术辅导的角度上说，就是培养一般的艺术接受者或爱好者。因此，对一般辅导对象的基本素质和能力不需要提出过高的要求。在辅导中，也不要超过他们的需求和能力，使他们难以接受。如今，文化生活已成为人们日常生活中不可缺少的内容，群众文化辅导作为社会教育的一个重要的组成部分，有着广阔的活动天地和广泛的活动内容。群众文化事业是劳动人民自己的事业，他们对于精神文化生活的需要就是通过各种文化活动来实现的。他们中不少人参与文化艺术活动的基本素质和能力都还处于启蒙阶段，采用普遍的辅导，激发更多群众的积极性，满足他们参与文化活动的需求，这是辅导工作的根本方向。

在对一般辅导对象的辅导中，首先要鼓励辅导对象积极参与文化艺术活动。很多辅导对象由于怕自己的基本功不过关，在众人面前"丢丑"，故不愿意在实际操作中一试身手，只是偏于欣赏。这就是平常所说的"只动眼不动手"。针对这种情况，辅导者要努力创造一种氛围和各种有利条件，鼓励他们大胆实践，让每个人都有操作和表现的机会。作为辅导者的要求，不能只看他们的文艺成果如何，而在于他们参与的行为本身，这是他们走向提高的起点；其次应采取多样化的辅导方法来增加辅导对象的兴趣。对一般辅导对象并无专业素质的特定要求，应指导他们去大胆地涉及社会生活的各个审美领域，以形成多方面的兴趣和爱好，启发他们尽可能选择那些通俗易懂、操作简单的艺术活动，鼓励他们按自己的需要选择样式和风格，因势利导，培养出更多的懂文化懂艺术的爱好者。群众文化是满足人们需求的一种社会活动方式，是为人的某种需求服务的。因此，可以把辅导活动与指导日常生活相结合起来，随着社会的发展和人民生活的日益提高，人们对文化艺术活动的需求，有些本身就是与日常生活和职业要求相交融的。比如说，人们为了提高自身的综合素质，就主动去学文化艺术，人们为了身材的挺拔，就主动去学习舞蹈，人们为了把字写的漂亮，就主动去学习书法等。这种结合日常生活需要来开展的辅导活动，无疑拓展了群众文化辅导的广阔发展天地，对于一般层次的对象的辅导具有普遍意义。

一般辅导，是以解决群众文化活动的普及问题；重点辅导，则是求得在普及基础上的提高。如果说一般辅导是在于使群众文化活动达到一定的广度的话，那么重点辅导则在于使群众文化活动达到一定的深度和高度。一般辅导和重点辅导既相互区别又相互联系，群众文化辅导工作如能做到重点辅导与一般辅导相结合，那必将使群众文化活动向更高的层次发展。

（二）辅导的基本方法

口传身授，是中国几千年来文化艺术技能传授的传统方法，也是群众文化辅导长期运用的行之有效的传统方法，它是通过口头传授和自身的现场示范，将文化艺术知识和技能传授给辅导对象的一种方法，由于它面对面的现场直观性，因此又称再现法辅导。这种方法，千百年来在戏曲行业里培养了一批又一批的表演人才和艺术家。随着社会的发展，如今的口传身授也不仅仅是对一个人或几个人了，而是可以通过培训班、讲座、研讨等各种形式面对更多的人进行面对面的语言传授，在口传的同时辅之以动作，使辅导对象通过一招一式的模仿很快地掌握有关技能。由于辅导对象是非专业人员，这种手把手的示范传授显得尤为必要。在表演艺术的辅导中，初学者总是特别依赖于模仿，是因为要得到充分的印象和及时的指正，而辅导进入到了高级阶段甚至是专业辅导时，辅导对象依然要依赖于这种方法，那是因为学会一个动作简单，但要掌握动作的神韵却是不简单的事情。只有通过口传身授，通过与传授者的形体交流，心灵交流，才能捕捉到动作的神韵，这是众多高科技辅导手段都难以达到的效果。口传身授，重于灌输和模仿，抑制了辅导对象创造力的发挥，因此，辅导者可在辅导的过程中，培养辅导对象的自我发现和自我教育的创作能力。

书面传授，是我国群众文化辅导中用得较多的一种方法，特别是对那些交通不发达地区采用书面传授是很受欢迎的。函授是书面传授的一种类型，它是按照辅导的目标，设立不同层次的课程，编写不同的教学内容的教材，邮寄给辅导对象进行知识传授。特点是系统性、通俗性、灵活性、广泛性。刊授是利用群众文化事业单位办的刊物，有目的、有计划的刊登或连载各方面的文化知识，对辅导者进行辅导。刊物是群众文化活动和辅导活动的一块重要阵地，也是联系广大辅导对象的纽带和桥梁。既可刊登辅导知识，又可以发表辅导对象的作品。通过编辑帮助作者对作品修改的过程，也是可以达到辅导的目的。向辅导对象提供各种资料也是书面传授的一种方式，资料的内容和提供资料的时间，都由群众文化单位根据社会需要而决定。

观摩感受，是在辅导者的主持下通过观摩，使辅导对象从实际感受中提高文化艺术才能的一种方法。通过文化艺术作品的展演示范，通过辅导者的分析引导，使辅导对象懂得应该怎样写，如何演。这种示范观摩活动形式多样，内容丰富，像参观美展、书展、摄影展等多种展览，观摩戏曲、舞蹈、音乐等各种演出，都可以收到较好的辅导效果。交流接受，是指辅导者与辅导对象之间，辅导对象与辅导对象之间以相互交流的方式进行的辅导。这种交流，有走出去的交流辅导，也有请进来的交流辅导。走出去就是根据辅导对象的不同要求，可以组织去外地进行学习、观摩、培训、演出、展览等活动，进行横向交流，相互取长补短，接受新鲜经验，找出自身不足。请进来是邀请有成就的艺术家、学者来当地讲学或演出，使辅导对象接受到最新的文化信息，开阔视野，更新观念，是提高自身水平的一条有效途径。

群众文化辅导是一所没有围墙的大学，是帮助辅导对象进入各门类艺术领域并向深度和广度前进的桥梁。为了使辅导对象在较短的时间内获得较多的知识，并得到巩固和提高，也为了辅导者能顺利地完成辅导任务，达到预定的目标，收到较好的效果，辅导方式方法的选择是十分重要的。不同的辅导目的，不同的辅导内容，不同的辅导对象，应选择不同的辅导方法。辅导方法是影响辅导效果的重要手段，正确的辅导手段能使辅导达到事半功倍的效果。

辅导者选择正确的辅导方法，首先，要依据辅导的目的和任务：每一次辅导都有一定的目的，没有目的的辅导是根本不存在的。我们今天的群众文化辅导工作，从宏观上说，就是为参加祖国现代化建设的人们提供科学文化知识，提高思想素质和文化艺术的鉴赏水平，落实到具体辅导项目时，其目的和任务则更为鲜明。比如，某城市要举行一次群众性的歌咏比赛，每个区、每个乡镇、每个单位、每个企业都要参加，这就给当地的群众文化单位的辅导者们带来了很多的麻烦，如每个单位都亲自辅导，时间上来不及，如果一部分辅导，一部分不管不问，那又不符合辅导的原则以及影响比赛的成绩，那么这时候，就需要辅导者选择一个正确的辅导方法，要既能解决时间上的问题，又能保证比赛的质量。先召集各单位的文艺骨干，集中对他们进行培训，从业务上给予辅导，然后由这些骨干回到单位去辅导，辅导者再有目的、有重点地深入到有关单位去加强辅导，这种辅导方法应该说是可以达到事半功倍的效果的；其次，要依据辅导的内容来选择辅导方法。依据内容就是依据文化艺术种类以及其具体内容的特点来选择方法。艺术门类的性质不同，辅导方法也不尽相同。例如：书法、绘画等常需要个别性的辅导，而歌咏、集体舞蹈则常常需要群体辅导，创作、书法可以是书面辅导，而戏剧、小品则需要口传身授。选择正确的辅导方法还可以依据辅导对象的特点和需要。群众文化辅导工作是满足人民群众多方面、多内容、多形式、多层次文化生活需求的重要手段和途径。随着人们物质生活的不断改善，群众对文化生活的需要越来越强烈和广泛，除了娱乐休息之外，还有审美的需要，陶冶性情、抒发感情的需要，等等。要使上述诸多需要得到满足，仅靠参与者的摸索是远远不够的，这就需要辅导者的辅导。因此，辅导工作必须要与辅导对象文化生活的客观需求相一致，不能脱离了辅导对象的实际需求。

群众文化辅导方法既是一门科学，又是一门艺术。众多的辅导方法有着很强的互补性，辅导者对方法的选择，没有固定的模式，应该说，群众文化辅导者的几十年来的辅导实践，创造了多姿多彩的辅导方法，给我们提供了许多有益的启示。

二、群众文化辅导评估

群众文化辅导评估，是辅导的重要环节，它的最终目的是评估辅导效果如何。通过评估，使辅导者了解各阶段辅导的实际情况，为改进辅导工作，调节辅导计划提供有效的反馈信息。

（一）辅导过程的评估

辅导过程，是指群众文化辅导的全过程，这个过程没有固定的模式，它是由辅导者根据自己的学识涵养和思维能力来设计和掌握的。因此，辅导者的不同，辅导的过程也就千差万别。由于过程的不规范，它会影响到辅导效果评估的科学性，所以用统一的标准和方法，对辅导过程的内容进行评估，就是要促进整个群众文化辅导活动的科学化，规范化。群众文化辅导工作是一项有计划、有目的、有组织地对辅导对象进行传授知识，开发智力，提高素质的活动，具有系统的整体性，所以说，科学化、规范化的辅导过程就显得尤为重要。辅导过程的评估，在辅导过程中起着督导作用，它对辅导者的辅导计划，课程安排，方式方法，计划进程都进行督导并反馈意见，确保辅导者对误差进行矫正，使辅导取得最佳效果。

对辅导过程进行全面评估，必须要运用辩证的系统方法考察辅导过程评估因素设计是否科学。

首先，要用整体的观点来看辅导过程。所谓整体的观点就是把辅导过程看做是由相互作用，相互依赖的各个成分所组成的有机整体。根据这一观点要先看辅导者综合完成辅导过程的各项基本任务，即给辅导对象传授知识、技能、培养辅导对象政治观点，道德品质，发展辅导对象的智力、意志，激发辅导对象的学习兴趣、创造潜能等。只有全面实现上述基本任务，才能提高辅导在人的全面发展中的作用。辅导中不可忘记某一项任务，也不可过分夸大某一项任务而忽略了其他任务。否则，就会影响整体效应的发挥。

在这种评估中，一方面要综合考虑辅导过程所受到的三个方面因素的影响，即：社会方面的因素（目的、内容）；心理方面的因素（动机、意志、情绪、思维）控制方面的因素（计划、组织、调整、检查）。完整的辅导过程结构，必然包括以上几种成分。如果没有目的和内容，辅导就失去了意义，没有动机、意志，辅导就缺乏了推动力，没有方式方法，辅导就无法进行，没有控制，辅导就会杂乱无章；另一方面就是要综合运用辅导原则和辅导方法。辅导过程是具有整体性的，综合性的，在辅导过程中，不能把辅导原则和辅导方法之间绝对化。只有总体实施，最优结合，才能相辅相成，充分发挥每个辅导原则和每种辅导方法的作用。

其次，是用联系的观点来看辅导过程内部和外部的各种因素。内部的因素有，辅导对象的知识、技能、技巧的掌握程度，智力、意志、情感的发展水平以及学习态度、集体影响等。外部因素有社会的政治、经济、生产力以及文化背景等。应该强调的是，在辅导过程中，辅导者与辅导对象之间相互作用的联系，是具有决定性作用的。只有在这两者积极的相互作用中，才能取得最佳的辅导效果。

再次，是要用动态的观点去分析整个辅导过程。任何事物都是处于不断发展、变化和运动之中的。以动态的观点去研究辅导过程中的主体和客体的活动，并研究这些活动的发展和变化，才能揭示辅导过程的动态性实质。例如：辅导者的思想和业务水平也应与辅导的要求相适应，这就促使辅导者本身也要不断地学习，不断地成长，通过辅导变得越来越有知识，越来越有经验。辅导对象在原来的基础上，通过辅导，使思想和业务水平有了提高。再辅导，再提高，始终处于动态发展之中，所以辅导也是一种创造性的劳动。

最后，是用适应环境的观点来对待辅导过程的评估。任何一个系统都是处在一个更大的系统之中，它的存在和发展都受到系统外界环境的客观条件所制约。辅导过程的评估也是如此，特别是评估的标准决不能千篇一律，应该根据不同的情况分别制定，做到与客观环境协调一致，密切衔接。

（二）辅导过程评估的程序-因素设计

1.辅导目标管理评估因素

目标，是我们做任何事情都想达到的境地和标准，确立目标对实行目标管理有指向作用、激励作用和凝聚作用。群众文化辅导中的辅导目标是辅导者在辅导之前所进行的设计，它包括辅导目标计划和辅导实施计划。辅导目标计划是辅导评估中的首要问题，因为目标具有方向性，方向错了，其他一切都白忙，在实施评估时要看辅导的目标是否明确，辅导对象的情况是否调查清楚，辅导内容是否适度，教材是否充实等。这些情况，都要在辅导者的辅导目标计划上反映出来。辅导实施计划是辅导者如何对辅导对象实施有效辅导的打算。辅导实施计划较为复杂，它在辅导过程中有几个阶段，即：感知阶段、理解阶段、巩固阶段、运用阶段、检查阶段。每个阶段既独立又相互联系，既有典型性又不是固定不变的，这需要根据不同的辅导内容及不同的辅导对象灵活地做好具体安排。在辅导实施计划中应有辅导进度计划，这是辅导者完成辅导任务的保证。辅导进度计划中包括辅导过程进度计划、辅导阶段计划和辅导课时计划。这是对辅导进度计划的再分解，是一项更为细致的计划。它包含课序、课题、辅导目的、辅导时数、技能操作、实践活动以及阶段名称、阶段课时划分、重点解决的问题、辅导的方式方法，还有课时辅导的内容及成果记录。

2.辅导内容适度评估因素

在群众文化辅导活动中，至今尚没有统一的教材，一般都是辅导者根据辅导对象的要求或根据不同层次的辅导对象而自己去安排辅导内容，编写辅导教材。辅导者在编写辅导教材时要注意以下几点：一是根据辅导对象的实际情况，确定所编写的主要辅导内容；二是编写在一定范围内完成所提出的知识、技能辅导任务的补充教材；三是编写在一定程度上完成所提出的思想品德辅导任务的补充教材；四是编写适应各类辅导对象或个别辅导对象不同需要的补充教材。在辅导内容的评估上，也是根据上述的范围来进行。一是要考虑到教材是否适度；二是要考虑到补充教材是否充实。

3.辅导方式方法运用适当评估因素

辅导的方式方法对于完成辅导任务，提高辅导质量来说，是非常重要的。在辅导过程中，辅导对象是否有兴趣，辅导效果的好与差等，往往和辅导者采用的方式方法有着直接的关系，辅导的方式方法是多种多样的，在辅导的过程中因辅导对象的不同又呈现出方式方法的不同。这就要求评估因素只是对辅导者选择方式方法的依据来进行评定。一般有以下三个方面：一是是否根据辅导的具体目的任务去选择，辅导活动一般都分为几个阶段，辅导者在每一个辅导阶段都有具体的辅导目的任务，辅导者选择什么样的辅导方式方法，都必须从这些具体的辅导目的任务出发。例如，辅导任务是传授知识，那就可以选择讲授的方法，如果是巩固技能的目的，就可以选择训练的方法，如果是辅导一个舞蹈，那就可以选择口传身授，反复练习，操作实践等方法；二是是否根据辅导内容去选择，辅导的内容不同也要选择不同的方式方法。例如，理论研究辅导，就要采取讨论的方法，书法绘画辅导，就要采取讲授、示范和练习的方法等；三是是否根据辅导对象的文化、职业、年龄等不同层次去选择，不同文化层次的辅导对象，认识能力的发展程度不同，年龄层次不同的辅导对象，接受能力和操作能力不同。因此，辅导的方式方法也就要有所区别。

4.辅导对象学业成绩测验科学性评估因素

辅导过程的最后一个阶段，就是对辅导对象的学业成绩进行测验，以此来衡量辅导效果如何。测评的方法很多，有个别测验，有集体测验，有书面测验，有操作测验等。无论是采取什么方法，都要注意测验方法的科学性，否则，测验的成绩就缺乏可靠性。首先，是测验标准化评估，标准化是指进行测评时，测验的条件和程序要始终保持一致，保证所有被测验者都能在完全相同的条件下接受测验，决不能随心所欲；其次，是测验客观化评估，客观化是指测验题的客观化，应该按照辅导对象的实际水平，选择一些难度适宜的测验题，过难过易都不能准确反映辅导对象的实际水平；再次，是测验可靠性评估。所谓可靠性，是指测验的成绩可信度要达到一定的标准，这种标准的确定，可采用科学的手段来进行；最后，是测验有效性评估，有效性指测验本身能有效地反映了期望预测的程度。它有内容效度，机构效度之分，内容效度要求测验项目囊括所有重要的内容、结构效度，要求测验结果能说明运用知识的能力结构。

（三）辅导效果的评估原则

辅导效果，是指辅导在社会上产生的效应和收益。辅导效果，是辅导活动的出发点和归宿，也是衡量辅导者能力和成果的综合尺度。辅导活动，辅导者是主体，作为辅导者，在进行辅导活动前，必须考虑如何从效果出发，对辅导者的能力和水平的考察，唯有通过辅导评估，在分析辅导效果时，要考虑主客观条件，不能离开具体条件去孤立地进行评估。只有进行科学地评估，才能有助于鼓励先进、鞭策后进、探索科学辅导的规律，全面提高辅导者的科学辅导水平。因此，在辅导评估时必须坚持科学而正确的评估原则。

第十章 农村群众文化活动的困境与出路

由于农民生活质量以及物质质量的不断提高，开始越来越注重自身内在的精神文化需求，但是由于相关人员并没有丰富的经验，造成在农村群众文化发展中时常发生文化活动单一、老旧、教育价值不高等问题。本章主要研究了农村群众文化活动的困境与出路，以期为农村未来的文化发展提供参考与建议。

第一节 我国开展农村群众文化活动的理论依据和现实依据

农村群众文化活动的内容丰富，形式多样，从广为流传的儿歌、谚语，到十八岁弱冠的成人礼，从青壮年恪守尊老爱幼的中华传统美德，到广场舞上活跃的大妈，从门上的年画，窗上红艳的窗花，到逢年过节的舞龙舞狮、跑旱船等等，群众文化活动渗透于我们生活中的方方面面，伴随着我们一生的成长，已成为人民群众文化生活的重要来源。

一、农村群众文化活动的基本内涵

（一）群众文化

群众文化是一个专有文化名词，是一种以主体划分为依据的文化类型，有"群众"和"文化"组成的偏正结构词组。群众，意指人口中的绝大多数，哲学上解释为"人民群众是一个历史范畴。从质上说是指一切对社会历史发展起推动作用的人们，从量上说是指社会人口中的绝大多数。"

"文化"的概念相对复杂一些，学术界一般将其从"狭义"和"广义"两个层面界定。狭义的"文化"是与政治、经济、社会等并列的，"指人类社会历史中专注于精神创造活动及其结果。"广义的"文化"，是人类有意识以来创造的物质财富和精神财富总和，范围几乎覆盖了整个人类社会生活，可划分为物质文化和精神文化两大层次，而张岱年在《中国文化概论》一书，将广义上的文化划分为物态文化、制度文化、行文文化、心态文化等四个层次，以下所要探讨的"文化"含义主要是指非物态层面、狭义上的文化。

关于群众文化的概念，目前学界尚没有一个非常一致的界定。湖南省群众文化学会组织编著的《群众文化工作概论》中将"群众文化"含义界定为"人民群众以满足自身精神生活需要为主要目的、以文学艺术活动为中心内容、非职业性的社会文化现象。"陈鸿德认为："群众文化的概念不外乎包含两个方面：一是群众文化的社会属性；二是群众文化的基本特征。"郑永富认为"群众文化是一个概念的集合体，包括群众文化活动、群众文化工作、群众文化事业和群众文化队伍在内的具体概念。"

（二）群众文化活动

群众文化活动是由群众文化概念衍生而来。目前，学术界多数学者比较赞同群众文化概念是个集合体，认为它是由群众文化活动、事业、队伍等具体的概念组成体系，而在构成群众文化体系诸要素中，"群众文化活动是核心要素，处于核心地位"。

那么什么是群众文化活动呢。"群众文化活动是指人们在职业外为满足自身精神文化生活需要而采取的文化行为"。纵观群众文化发展历史，群众文化活动出现与群众文化活动发展具有同时性，而其他诸要素则是在群众文化发展到一定历史阶段之后才出现的。"群众文化活动"之所以作为本课题研究要明确界定的核心词汇，是因为：其一，群众文化活动是群众文化建设的承载体。群众文化是文化软实力建设重要组成部分，"软实力"建设效果最终要达到"通过吸引而非强迫的手段来达到己所愿的能力"目标，如何把群众文化打造成文化实力建设的重要支柱，使群众自愿参与文化建设，激发全民文化创造的活力，最终要通过群众文化活动来承载，甚至群众文化理论、群众文化事业等群众文化系统诸要素的价值也是通过群众文化活动表现出来的；其二，群众文化活动存在和发展，决定了群众文化内部其他诸要素的存在和发展。群众文化活动内容、活动方式、活动阵地、文化队伍等是构成群众文化体系建设的最初单元，群众文化活动内容和方式是群众文化建设的核心，群众文化阵地建设是解决活动场所问题，群众文化队伍是为群众文化活动开展提供人才保障，群众文化活动的实践变化发展，最终决定了群众文化建设其他要素变化发展，其他要素的效果也要在群众文化活动中得到体现；其三，群众主体的需求促使各种群众文化活动的开展，由此形成了不同类型的群众文化形态，丰富了群众文化体系建设的理论研究。

（三）农村群众文化活动

在明晰了文化、群众文化、群众文化活动等概念，为"农村群众文化活动"的概念界定做好了铺垫。农民群众在闲暇时间开展的，为满足自身精神文化生活需要，以原生态文化、草根文化为基础，遵循美的规律，自我参与、自我娱乐、自我发展而进行的文化生产与消费，同时也包括专业文化者在业务时间内为农民群众提供的文化活动的总和，是农村群众文化功能、价值的承载体。关于对农村群众文化活动的界定，从三个角度进行阐释，其一，农村群众文化活动必须以"农民群众"为文化活动创造的主体，从主体需求内在动力界定其概念的基本内涵；其二，农村群众文化活动还应包括专业文化工作者，在遵循美的规律下，以农村原生态文化、草根文化为素材来源，借鉴吸收外来优良文化基因的文化创造。专业文化工作者作为农村群众文化活动主体创造力量重要组成部分，在以农村原生态文化、草根文化基础上，进行群众文化活动创造，推动农村群众文化活动创新发展，提升文化活动的质量，起着助推作用；其三，农村群众文化活动应顺应"大文化"发展的趋势，推动群众文化事业和群众文化产业双轨发展的机制改革，进行文化的生产和消费，探索基层群众文化活动发展的新路径。

（四）农村群众文化活动特点

所谓特点，就是一事物区别于它事物的特殊之处。从整体上把握农村群众文化活动特点，也就是从事物自身性质的角度来把握所要认识的研究对象，从而能达到对农村群众文化活动有一个理性的认识，以便更好地活跃农村群众文化活动的开展。

1.参与主体的群众性

参与主体群众性是农村群众文化活动最显著的特征，它表明农民是开展各类文化活动的主体，是推动农村群众文化活动发展最根本的依靠力量，这表现在两个方面：一方面，农民群众在整个文化活动发展中占据主导地位。群众文化起源于人们的社会生活，农民群众的参与为了满足自身对精神世界的追求，是自我进行文化生活创造的需要，它不同于主流文化活动灌输的"政治性"，又区别于大众文化活动传播的"商业性"，而是基于自身文化兴趣爱好，在活动中实现自身对文化接受和文化创造的双向转换，来驾驭群众文化活动客体，从而实现推陈出新；另一方面，农民群众在农村群众文化活动创新发展中具有能动自主性。"能动的自主性"是农民群众自我参与、自我娱乐、自我管理的"职业外"的文化外部形态重要阐释，农村群众文化活动属于农民群众自己创造的文化盛宴，农民群众在驱动、驾驭、调节农村群众文化活动发展的同时，还对文化活动的内容与形式进行审美性批判，并以群体利益为标准，发挥自身的文化创造力，进行能动的创造，剔除文化的糟粕，歌颂劳动的美好，传播正能量，增加对追求幸福生活信心和力量。农村广场舞是最为普遍的文化活动，而广场舞原本起源于城市市民休闲娱乐，智慧的农民群众将它引进来，在对广场舞本身接纳的同时，实现了创造性发展，改编众多经典的广场舞蹈老少皆宜，得到广大农民群众的认可。

2.活动内容的本源性

此处，"本源性不是指时间上的始末，也非逻辑上的先后，而是指存在论层面的基础性，即是人类社会生活存在。"农村群众文化活动内容的本源性，则是指群众文化活动源于农民的社会生活，以艺术化的形式再现农民群众生产和生活的方式。近年来，广大农村群众文化活动如火如荼的开展起来，山东省聊城市部分农村地区，挖掘当地特色的葫芦文化，开展了一系列以葫芦文化为中心的文化活动，并将葫芦文化走向了产业化发展道路，实现了农民群众"口袋"和"脑袋"的同时富裕；吉林省农安县部分农村地区，黑土地上"种"出了农民诗人，诗歌朗诵大赛吸引了大批农民群众的参与；青海省互助土族自治县部分村镇，欢快的三句半《新农村建设解读》、打搅儿《新农村》等充满乡土气息的文艺节目，充实着农民群众的精神文化生活；贵州省玉屏自治县部分村镇，将非物质文化遗产"赶坳"融入农村群众文化活动中去，激发了农民群众参与的热情……纵观近年来农村群众文化活动的发展历程，内容来源越来越丰富，既有继承了传统的民俗文化，又增添了时尚气息，也自办了各式各样的特色文化活动。总归一点，这些都源自于生活的本源，坚持了以农民群众为本的价值取向，在情感上产生了共鸣，得到认可与支持。

3.形式表现的感性化

农村群众文化活动是一项针对具有6亿多受众人群开展的艺术实践活动，由于庞大的人群，特别是农民群众文化水平参差不齐的限制因素，要求在农村开展文化活动的表现形式化必须感性化，通俗易懂。纵观近年来农村群众文化活动发展实践，丰富多彩的活动内容决定着农村群众文化活动形式灵活多样化的变革，从过去击鼓传花、丢包、讲故事等单一的传统表现形式，到今天以舞台表演为中心的多维立体式艺术呈现，精彩纷呈，如流行于湖北襄阳农村地区的"乡村夜话"，将戏曲送到了农民群众的田间地头；风靡中原农村地区的"教你一招"文化惠民活动，调动了农民群众参与的热情；将封闭的礼堂、图书室等文化场所以"流动舞台送文化"走近农民群众，是江西省临川区创新文化活动形式的伟大创举……总而言之，文化活动形式表达的多样感性化，符合农民群众的审美能力要求，农民群众参加的激情也随之不断高涨。

4.时间选择的休闲性

农村群众文化活动的时间大多选择在休闲时间，这充分表明农民群众参与的文化活动是在其自由支配时间内实现自我娱乐、自我满足的文化艺术实践。休闲的意义在于满足农民群众两方面的需求，"一是消除体力的疲劳；二是获得精神上的慰藉。"当农民群众基本的生存温饱问题解决之后，发展需求层次便会提高，解决农民群众精神枯燥乏味甚至荒芜的业余文化生活问题，便越来越成为推动当今社会健康发展而关注的焦点。送文化下乡活动常态化开展，农民自主创办的文化活动兴起，志愿者服务"三农"活动蓬勃发展……这些活动既消除了农民群众在参与农业生产劳作的体力疲劳，也鼓舞了农民群众对追求美好生活的信心，同时也是实现充分挖掘农民群众人格多样化发展，激发其文化创造潜力的重要渠道。

5.发展的开放兼容性

文化特质在于具有开放融合的特性，农村群众文化活动也不是固步自封、闭门造车式发展。近年来，农村广场舞普遍流行就是农村群众文化活动创新发展开放兼容性特征的最好实证。广场舞，它起源于现代都市，城市市民自发创造的集表演性和娱乐性为一体的文化成果，近几年它走俏乡村，在农村逐渐兴盛起来，然而非仅仅配上音乐的"神曲"，舞动着简单的步伐，农民群众却加以自己的智慧，创造了农村广场舞舞动的新篇章，东北农村地区的特色的秧歌广场舞；草原农牧区特色的蒙古广场舞；山西朔州白堂乡踢鼓子秧歌舞；四川米易县麻陇彝族乡云盘村舞动彝乡……精彩纷呈的文化活动改变了往日农民群众土里土气的外观，树立了良好的精神风貌，营造了农民群众参与文化活动的氛围，更是以开放姿态参与文化创造的创举。

二、我国开展农村群众文化活动的理论依据

（一）马克思、恩格斯关于文化发展的基本理论

马克思主义创始人关于文化阐述的著作、理论卷峡浩繁，博大精深，为我国农村群众文化活动开展提供了基础理论指导，其中社会生活理论、群众史观理论、人的全面发展理论，奠基了农村群众文化活动的基本立场、创造主体和价值目标，为在农村开展群众文化活动提供了基础理论指导。

1.文化产生于社会生活的理论。

"人们为了创造历史，必须能够生活。但是为了生活，首先就需要吃喝住穿以及其他一些东西。因此第一个历史活动是…即生产物质生活本身"。马克思、恩格斯认为，人们的社会生活是文化产生和生存的基本初始条件，而人们的意识、精神、观念等是人们社会生活的反映，并且能够在人类社会生活中得到印证说明，同时人们的社会生活还是文化扩大再生产的永久条件，在物质资料社会扩大再生产的过程中，"造成新的力量和新的观念，造成新的交往方式，新的需求和新的语言"。并随着人们社会生活改变，人们的意识、精神、观念也发生变化，"那些发展着自己的物质生产和物质交往的人们，在改变自己的这个现实的同时也改变着自己的思维和思维的产物"。同时，马克思恩格斯也比较注重强调文化在被人民群众掌握、运用下，能够转变为人们改造世界的某种物质力量。因此，活跃开展农村群众文化活动，必须立足于农民群众社会生活的基本立场上，以反映农民群众社会生活的文化创造，才能够适应当下农民群众的现实需要，才能实现农村群众文化活动创造性转换和创新性发展。

2.人民群众的文化史观理论

人民群众文化史观理论，坚持"人民群众是历史的创造者"，是人类历史上物质财富和精神财富的创者，是先进文化建设的主体和根本依靠力量。该理论的阐释主要体现在《圣神家族》一书，马克思与鲍威尔关于群众与真理关系论述中。鲍威尔认为："群众以为自己占有许多不言而喻的真理，实际上真理与群众无关，群众既不能认识真理，也不能占有真理"。而马克思驳斥说："工人创造一切，甚至就以他们的精神创造来说，也会使得整个批判感到羞愧"。广大工人群众才是历史文化的创造者，他们才真正掌握着真理。"历史活动是群众的事业"，在文化建设的今天，人民群众用辛勤的劳动和汗水创造历史的过程中，以一己之力的文化创造出辉煌的文化成就，人民群众对精神文化创造的伟大能动作用，在任何时代都是无法泯灭的历史功绩。因此，明晰人民群众文化史观理论的指导，就是要发挥农民群众文化创造的主体作用，抓住农民群众的根本依靠力量，激发其文化创造的活力，才能突破现阶段我国农村群众文化活动发展的现实困境，促进其创新发展。

3.人的全面发展理论

人的全面发展是马克思主义追求的最根本价值，也是开展农村群众文化活动的价值导向。马克思曾说：未来更高级的社会"以每个人的全面而自由的发展为基本条件"。人的全面的发展应包括：一是满足人的基本物质需求，进而满足精神需求的发展。当人基本物质需求得到满足后，对于精神文化的需求不断提高，这是人不断发挥创造性的重要条件，因此，人需求发展应内在包含着人基本需求的满足和人创造性需求的实现两个方面；二是人的基本劳动能力和非基本劳动能力的全面发展。人的基本劳动能力是人在开展社会生活实践的前提条件，非基本劳动能力则是指具备专业知识和技能才能获得劳动技能，而群众文化活动正好提供了促使人基本能力和非基本能力的全面、平衡发展的"场域"，能够激发人的本质力量的发展；三是指人在社会中政治、经济、文化等诸方面的社会关系的全面发展。人的全面发展要求人的活动的全面发展，突破社会分工造成人发展的"片面性"，而最根本的就在于人的思想、观念等意识形态的发展，群众文化活动的开展可以从人内心深处"种植"科学的人的发展理念，从人发展的文化理念入手，实现人的全面发展的"普遍交往"；四是人与自然应该处于和谐发展的状态，从而实现人与人、人与社会、人与自然可持续的发展；五是人的个性自由而充分的发展。它是指人的兴趣、心理、个性等方面应该得到自由和谐的一致的发展。因此，我国农村群众文化活动开展，必须以实现农民群众自由全面发展为价值目标，才能激发参与文化活动的兴趣，培育农民群众的文化自觉意识，发挥文化创造的活力，才能最终获得自由全面发展。

（二）马斯洛的需求层次理论

马斯洛的需求层次理论，从人本主义出发，注重分析人一生不同成长阶段的不同层次需求，来认知人的成长过程，以更好地对人成长关爱，对于农村群众文化活动的开展具有人本主义指导意义。

美国心理学家马斯洛将人成长的一生各方面的需求，从低层到高层次依次递进分为生理、安全、社交、尊重和自我实现需求五个层次。生理需求、安全需求人类最基本的生存需求，主要满足人对于吃、喝、穿以及人身安全的需要，最主要的矛盾在解决人的温饱和人身安全的需要，是人需求得到满足的起始阶段：社会需要、尊重需要是人的温饱解决之后，人追求更高阶段的需求。社会是由人与人的生活而组成的社会，而人们的社会生活关系则是人的本质要求，人总是处于一定社会关系中，人不可能脱离社会而孤单的存在，这便产生了人与人交往的情感和归属的进一步需求，需要得到他人的尊重和关爱，得到他人的认可与接受，正如马斯洛本人所说："社会上所有的人都希望自己有稳定、牢固的地位，希望别人的高度评价，需要自尊、自重，或为他人所尊重"。自我实现的价值追求与马克思主义理论关于共产主义社会实现人的自由而全面发展的价值追求不谋而合，两者具有高度的一致性，在于实现自我兴趣、爱好、个性等和谐一致的发展。

因此，随着农村经济的快速发展，当农民群众的生存需求得到一定程度满足之后，就会向文化需求的满足方面转变，农村群众活动开展的根源在于农民群众的文化需求，以马斯洛需求层次理论为指导，能够更好地满足农民群众正当利益的需求，激发农民群众创造的活力，推动活动的创新发展。

三、我国开展农村群众文化活动的现实依据

群众文化活动是一种超个体的群体现象，也是人社会化进程中的一个条件，通过群众文化活动的社会功能，促使人性内在向上提升和外向的伸展，达到对群体的综合素质的整合，以文化的进步带动人的文明发展。同时农村群众文化活动也是一项重大惠民工程，群众文化活动开展的如何，直接关系到广大农民的根本利益。

（一）提高农民群众生活质量的重要渠道

生活方式的转变是提高农民群众生活质量重要指标。近几年，随着农民群众物质生活大大改善的同时，封建迷信活动、赌博、攀比心理等不合理、不健康的社会问题也随之浮出，当前农民生活方式呈现出"传统性和现代性并存，落后和先进共同存在的生活方式"。富裕起来的农民和尚未富裕的农民都需要文化，不开展健康的群众文化活动，

低俗媚俗庸俗的东西就会乘虚而入，贫困与愚昧落后思想也在未富裕起来的农民群众身上剥离不开。因此，广泛开展自下而上自我参与、自我娱乐、自我管理的群众文化活动，传播科学文明健康的生活种子，培育高尚的道德和生活情操，激发农民群众内在的文化创造力，促使农民养成崇尚科学、移风易俗的良好生活习惯，自觉抵制迷信、迂腐、低迷的生活方式，将农民群众从酒桌上、赌桌上拉出来，参加集体户外活动，愉悦农民群众的身心，密切乡邻的关系，加强农民间的人际关系，锻炼农民的身体，同时，这也无形中解决了"未富先病、小福即病、富而有病"而导致的"因病致穷、因病返贫"问题，让广大农民群众在参与群众文化活动中，自觉养成"文明、健康、科学、节俭"的现代生活方式，促进农民群众的生活质量提升。

（二）加强文化民生建设的题中之义

文化是凝聚新农村建设的动力源泉，农村群众文化活动的开展，能够有力地实现好、维护好、发展好农民群众在文化层面享受权利、参与权利、创造权利，它能够最大限度实现让农民群众在共建中共享先进文化发展成果的愿景，提升农民生活的幸福感，这是衡量民生建设的评判指标，自然也是加强文化民生建设的题中之义。

第二节 我国农村群众文化活动的发展进程及成效

一、改革开放后农村群众文化活动发展进程简要回顾

1981年宣传部转发了《关于活跃农村文化生活的几点意见》，着重强调关心、丰富农民群众文化生活的重要性，并对如何在农村组织开展群众文化活动做出了一系列方针、政策指导。随着农村经济的发展，农村集镇文化中心大批地兴建起来，开辟了更多的文化阵地，农民群众参与文化活动有更多的选择，参加文化活动的热情不断高涨。1983年，中央政府为解决基层群众文化活动载体短缺的问题，增大了对基层文化资源的投入力度，专业的体育器材和专门的文娱活动场所等设施不断完善，乒乓球室、村镇篮球场等文化活动场所吸引了大批农民群众前来娱乐。

2005年，建设新农村的伟大战略正式被提出，承接这一发展机遇，农村群众文化活动的开展得到了各级政府财政的支持，基础设施建设规模不断扩大，文化信息资源共享工程开始恩泽农民群众，推进农村群众文化活动发展不断进入新的层次。2008年提出"坚持用先进文化占领农村阵地"的指导思想，大力推进乡镇综合文化站、农村文化书屋等重大文化惠民基础工程的建设，举办文明村镇、最美家庭等评比活动，提升农民群众的生活水平。2011年，明确提出"加快城乡文化一体化发展"战略，这一战略背景下，在农村开展文化活动有了城乡互动发展的新机遇。2014年，提出要进一步深化改革，重点

扶持贫困和偏远农村地区的文化建设，推进基本公共文化服务体系均等化发展。2016年做出文化精准扶贫战略，做出了一系列重大文化惠民工程，创造条件不断满足农民群众精神文化需求。

新世纪新阶段的农村群众文化活动，无论从内容还是形式上，都是群众文化活动史上的伟大壮举，既有传统的舞龙舞狮、踩高跷、逛庙会等民俗文化活动推陈出新，也有广场舞、交谊舞、歌咏比赛等流行时尚文化活动走俏乡村，既有口头传授的民间艺人绝活独领风骚，也有自编自导自演的各式文艺晚会百花争艳。农村群众文化活动开展更有活力和动力，农民参与的积极、热情不断高涨，广大农村地区在新的战略机遇下，各类群众性文化活动蓬勃开展。

二、现阶段我国农村群众文化活动的成效

农村群众文化活动的活跃开展，是不断创造条件满足农民群众对精神世界追求的"粮仓"。一直以来，农村群众文化活动坚持改善民生和提高农民幸福生活为着手点，坚持文化活动社会效益首要原则，乐民、富民、惠民。近年来，农村群众文化活动开展的各方面取得了明显的成效。

（一）提高了农民群众的生活质量

开展群众文化活动的根本目的在于满足农民群众自身文化需求，丰富农民的精神文化生活，增强其文化自觉意识和文化自信。近年来，精彩纷呈、形式多样的文化活动开展，真正应了农民群众的心景，成为建设新农村的一道亮丽的风景线。广场文艺"舞"起来，菏泽市高新区吕陵镇靳楼村、贾坊村、田寺村、郭庄村等三十多支广场舞队伍，每天晚上广场舞活动，充实了农民群众业余生活，舞出了农民群众新风貌；文艺戏台"筑"起来，枣庄市峄城区吴林街道10余家庄户剧团，将文艺的戏台筑在农村社区，将自编自导自演的文艺节目送到农民群众身边，庄户剧团的活跃演出，使吴林街道文化活动朝着"常态化"发展；文体活动"赛"起来，山东省枣庄市驿城区举办别具一格的农民趣味运动会；文明村镇"评"起来，山东省德州市齐河县潘店镇先后开展"乡村文明示范村"等特色的群众文化活动，还获得了德州市"四德工程"建设示范点荣誉称号，提升了农民群众精神文化素养，创建优美的村居环境，更净化自己心灵；文化服务"送"进来活动……农民群众的精神文化生活不再单调乏味，农民群众行动起来了，精神有了寄托，生活有了期盼，更重要的是"文明、健康、科学、节俭"的现代化生活理念逐渐走入农民群众内心深处，农民群众生活方式也开始发生着转变，在文化活动中收获了健康，在健康的生活中奋斗人生，既锻炼身体又怡情，生活质量逐渐发生质的转变。

（二）拓展了农村群众文化活动的空间

公共文化基础设施是开展群众文化活动的载体，没有相应的场所，各类文化活动组织、开展就难以运行。近年来，国家不断把加大对农村建设投入，文化建设的重心不断下移到农村，一大批村镇社会服务中心、文化活动小广场、乡镇综合文化站建成，农村公共文化服务设施取得了重大的成果，真正做到了将文化阵地延伸到最基层，拓展了文化活动的空间，在农村开展各种群众文化活动得以正常运行。

（三）提升了农村经济发展的软实力水平

文化与经济的关系始终是相辅相成的。随着经济快速发展，文化越来越成为凝聚推动经济发展的力量源泉，它是提升经济软实力水平的核心要素。"经济软实力是影响经济发展或经济发展相关联的软实力，主要包括：生态软实力；健康发展软实力；科技软实力；文明软实力等十大要素"。当前，"文明村镇"的评选，科技惠农进乡村活动，农民自办文化的"新秀"，民间职业剧团的迅速发展……有效促进了传统文化与现代文明两者之间的创造性转化和创新性发展，激活农民群众的文化自觉意识，增强了农民群众文化创造的活力，农民群众对价值观、生产方式、生活方式开始有着一个新的认知度，农民群众的文明程度、群体的凝聚和感召力也有着一个新的变化，更加科学合理的生产、生活方式投入新农村建设，它不仅解决了农民群众现阶段最为迫切精神文化生活需求的问题，从更深层次来讲，它对提升农村经济发展的软实力建设也有着不可估量的作用。近年来，山东省聊城市道口铺街道，在以"非遗双国宝，人文道口铺"主题为总要求下，积极发展特色旅游文化村镇，被司法部、民政部授予"全国民主法治示范村"高马村，城乡互动休闲采摘园的邵庄村，打造特色乡村民俗文化大集的王庄村，重点开发东昌毛笔相关旅游商品，做好水文化文章张堤口村等，都有着独特的历史底蕴，形成了特色的乡村文化旅游产业，农民群众的收入较之过去倍增，文明风尚俨然形成，文化创造活力在拉动经济发展作用不容小觑。

第三节 现阶段我国农村群众文化活动面临的困境及成因

实行家庭承包责任制改革以来，农村经济发展显著，农村群众文化活动获得了蓬勃的发展，特别是近年来，随着城乡文化一体化发展战略的实施，在构建城乡公共文化服务均等化契机下，一大批公共文化设施在农村各地建设起来，各式各样的群众文化活动如火如荼出现，显著地改善了农村单调枯燥的精神生活，净化了农村社会风气，为发展经济营造了良好的文化环境，但不可否认的是，现阶段在农村开展群众文化活动的仍面临很多困境。因此，必须对面临的困境展开分析，挖掘出背后深刻的原因，进行理性思考，以便制定正确的策略，推动群众文化活动卓有成效地开展。

一、我国农村群众文化活动开展面临的困境

（一）群众文化活动形式单一

"任何事物都具有一定的内容和一定的形式。事物的形式，就是这些内在要素的结构或表现。"群众文化活动的内容与形式如何，直接决定了文化活动最终开展取得的成效。

（二）文化活动公共空间狭小

必要的公共文化生活空间是开展农村群众文化活动的载体，公共文化生活空间缺失、被挤压，是各地农村举办文化活动面临的重大现实困境。费孝通认为，中国乡村社会是"熟人社会"，人们经常性的、面对面的沟通逐渐形成了乡村中的交流空间，这样的交流空间多以公共空间为依托。*从目前农村群众文化活动发展现状来看，农村公共文化生活空间狭小表现在：其一，公共文化基础设施不能满足开展群众文化活动的要求；其二，传统公共文化生活空间的衰落。长期以来，聚落在乡村的水井、河堰、寺庙、祠堂、村委会等，是维持农民群众社会关系和人际交往的特定空间，也是农民群众思想交流的公共场所。近年来，随着城镇化的快速发展，农村公共文化生活空间也面临着建设滞后、被边缘化的问题，加之现代化建成和新外部空间形式冲击，许多传统的公共文化生活空间被拆毁、弃用，祠堂、寺庙、村委会等功能也不断弱化；其三，一些制度化的活动形式不断衰落，村与村之间的乡规民约、村民集会等，也随着农村向城镇转变中公共文化生活空间变迁，"呈现正式公共空间趋于萎缩与非正式公共空间日益凸显的趋势"。因此，推进农村群众文化活动活跃开展，重构本地文化活动公共空间已是迫在眉睫。

（三）组织开展文化活动困难

文化队伍是在农村开展文化活动的掌舵者，是盘活整个文化活动最关键的因素。访谈聊城市部分乡镇综合文化站长的情况得知，各个乡镇配备的专职文化工作人员，远远达不到所辖区内开展群众文化活动的实际需要，组织开展文化厅文件正式规定数量的文化活动都难以为继。以聊城市阳谷县某镇为例，该镇下辖 66 个行政村，人口达 7 万多人，在乡镇综合文化站具体负责策划、组织、开展文化活动的专职人员仅有 1 名，除非有重大文化活动时，镇领导才会抽调其他部门人员配合组成临时工作团队，平时策划、组织、开展活动时都是单枪匹马作战，况且该镇仅有的一名专职人员，并非做到了专职专项，还要忙于该镇计生办、统战、卫生等方面的工作，再者专职文化工作人员本身综

合素质有限，面对如此繁重的工作，好多因人手不能，能力不足，在开展群众文化活动时，活动的策划、实施、效果势必大打折扣，有些群众喜闻乐见的文化活动也只能放弃，更是有些乡镇综合文化站成了安置闲散人员的岗位，对组织开展的文化活动，不冷不热，一知半解，这势必就造成群众文化活动开展的困难局面。

（四）文化活动创新性不强

现阶段在农村开展的群众文化活动，面临着低层次、同质化、创新性不强的困境，这主要体现在两个方面，其一，农村群众文化活动内容和形式同质化现象严重，缺乏特色；其二，推动农村群众文化活动创新发展的力量匮乏。群众性自发、扶持成长起来的文艺团体是丰富农村精神文化生活的主力，是推动农村群众文化活动创新发展的重要力量。

这一方面造成活动开展缺乏团体的组织依托，难以形成规模；另一面，群众文化活动创新依赖于团体的智慧，文艺团体缺乏是农村群众文化活动创新发展的主体短板。

二、制约我国农村群众文化活动发展的成因分析

（一）思想认识上不重视，"实用主义"崇拜盛行

农村群众文化活动相比于发展经济而言，投入资本较大，产出效益往往又是隐性的，深层次的，并不能带来立竿见影的效果，这在一定程度上会掩盖群众文化活动真正价值，造成思想认识上不重视。一方面，一些基层政府领导不能够正确认识群众文化活动的价值，没有摆正正确的位置，片面认为在农村举办群众文化活动没有发展经济"有用"，更没有"大文化"发展意识，宁愿把上级财政拨付给乡镇综合文化站每年活动经费分流挪作他用，大力搞政绩工程建设，如：修路、建学校等，这样直接导致许多群众性文化活动因资金缺失而被迫终止；另一方面，"有用便是真理"的实用主义价值观，渗透在农村社会生活、生产的方方面面，直接影响着农民群众对群众文化活动价值的判断。部分农民群众，在参与文化活动时，首先考虑自己的个人利益问题，在举办文化活动有需要时，号召大家自愿出钱出力购买服装道具，总有人会打退堂鼓，或直接不愿意参加，文化自觉意识仍局限于免费范围内，不能为整个文化活动、为集体的公共利益做出自己的贡献。

（二）文化建设持续投入不足，文化基础设施薄弱

资金投入和基础设施建设是开展任何活动的两项基本要素。不可否认，资金投入不足的问题是长期以来束缚农村群众文化活动开展的"物质因素"。在"城乡文化一体化"

发展的战略布局指引下，国家不断提高在农村文化事业方面的财政投入数量，但并未取得预期良好的成果，公共服务的基础设施建设薄弱，文化生活公共空间狭小，仍困扰农村开展文化活动的重要因素。其一，政府对于农村群众文化建设的财政投入总量不足，财政配置方式不科学，将有限的资金投入主要投资于基础设施建设，而在其他各方面投入严重不足，且基础建设方面的资金投入大多数也是一次性基建投入，后续财政投入断裂；其二，部分地区将有限的财政投入分流挪作他用；其三，社会力量对农村群众文化活动的投入几乎空白。积极引导社会力量参与农村群众文化活动，引入市场竞争机制，完善政府社会购买服务体制机制，正确处理政府、市场、社会关系，推动农村群众文化活动的社会化发展，这方面的探索几乎还处于起步阶段，需要深层次挖掘。

（三）基层文化队伍薄弱，文化产品供给不足

农村基层文化队伍是组织开展群众文化活动的掌舵者，演绎着双重角色，既是活动组织策划者，又是群众文化产品供给的创造者，但从目前整个文化活动开展的教训和不足来看，基层文化队伍建设仍是薄弱的一环。其一，各个乡镇文化站站长往往身兼数职，不能全身心地投入到发展农村群众文化活动当中去；其二，文艺团队数量少，文化创造水平不高。通过深入调研可知，现有的农村群众文艺团体多为自发性，以广场舞最普遍，能达到每个行政村至少有一支队伍，庄户剧团、书法协会、太极拳协会等文艺团队比较少，文艺团体的缺乏，会间接地导致文化活动内容单调。文艺团队是活跃农村群众文化活动重要因子，许多乡镇的活动开展不活跃，就是缺少文艺团体的支撑；其三，文化骨干缺少组织保障，并未形成合力。俗话说，要想"火车跑的快，全靠车头带"。文化骨干是农村能人中出类拔萃者，群众文化产品创造的主要依靠力量。在现行农村群众文化队伍建设中，对于乡村文化骨干挖掘不够，缺少组织编制，文化骨干仍是松散的个体，每逢重大活动，临时号召组成的团队并未能有效拧成一股绳，团体力量也达不到劲往一处使效果。马克思说过，人是构成生产力诸要素中最活跃的因素，农村群众文化队伍力量的薄弱，人的生产力"缺席"，无论从策划、组织以及举办各类群众文化活动，还是从农村文化产品创作方面，对农村群众文化活动来说，都是制约当前我国农村群众文化活动开展的重要因素。

（四）农村成人社会式微，文化活动内生动力不足

中国农村自古就是一个熟人社会，在农村传统"差序格局"中，农民群众都有着自己的角色扮演和社会地位，信息能够互通有无，农民群众能够认识到自己的生活意义，能够实现自己的人生价值，满足不同层面的精神文化需求，但在新型城镇化快速推进过程中，广大农村地区青壮年劳动力大量外流。据不完全统计，外出务工的人员占全村人

口的 25%-30%，有的乡镇地区更甚至高达 40%，留守的是多为老年人和儿童。大批有知识、有技能、有文化的青壮年劳动力的外流，造成了农村出现严重的"空心化"状态，然"空心化"的实质是农村成人社会的式微，青壮年是支撑农村文化建设精英力量，对促进文化活动开展、创新有着重大影响。由于农村成人社会的式微，一方面群众文化活动的开展，缺乏中坚力量参与而主体上却缺乏创新的活力，间接上造成供给公共文化服务因缺少青壮年的参加，客观上被处于边缘化状态，从而造成资源的浪费；另一方面，大量青壮年外出务工，向东部沿海发达城镇转移，削弱了建设的后劲力量的补充，造成了文化活动出现人才断层悲怆局面，客观上进一步拉大了城城与乡村文化发展的差距。可见，农村成人社会的式微，不仅严重削弱了群众文化活动内生力，还对于民俗文化的传承、农村社会良好社会秩序传统的维系等等产生了深刻的影响。

第四节 进一步推进我国农村群众文化活动发展的路径与对策

"文化进步是许多不同文化动力因素相互作用的结果"，推动农村群众文化活动创新发展的动力也是多样性的，一般可分为外源性动力，内源性动力和联动型动力，三方面只有形成了一个有机构成的动力系统，才能突破现阶段我国农村群众文化活动发展的现实困境，开辟基层群众文化活动创新发展的新路径。

一、"送文化"：外力嵌入激发农村群众文化活动发展的鲜活力

现阶段我国农村经济发展整体比较落后，要突破当下在农村开展广场舞等群众性活动所面临的现实困境，仍需要汲取外源性动力，以外力嵌入模式，激发我国农村群众文化活动发展的活力。以政府主导的"送文化"下乡，正是以外力嵌入农村群众文化活动发展的典型，是促进农村群众文化活动创新发展的重要外部力量。

（一）"文化下乡"是开展农村群众文化活动的重要途径

"文化下乡"，是我国政府主导的一项重要社会化工程，它把发展农村经济与建设农村精神文明结合起来，以外力嵌入式助推文化活动开展，是活跃农村举办各种群众性活动的重要渠道，对推动农村开展群众文化活动有着重要意义。其一，"文化下乡"本身就是一种群众文化活动，是农村开展群众文化活动的重要内容。"文化下乡"工程实施以来，秉持以农民为本原则，围绕着农村中心工作，着力培育农村文化市场，配置各类文化资源，制定各种措施，广泛组织各种文化活动的开展，多渠道、多形式、多样化

地丰富农村较为贫瘠的精神生活，满足农民对于"求知、求乐、求富"的多层次需求；其二，"文化下乡"突出体现了建设农村文化开放性的特点。"文化的开放性表现为文化的交流性、传播性、普遍性"，农村群众文化活动创新发展的魅力在于能够包容、借鉴、吸收外来文化，把外来精良文化。"送下乡"正好契合了农村文化建设的内在需求，为农村群众文化活动活跃开展带来了新活力，把"文化"送到乡村，一方面在增添了文化活动的内容，活跃了农村群众文化活动地开展，提升了农民群众的精神生活水平；另一方面以优良的文化基因改造着混杂在农村群众文化活动中不良"因素"，促进农村群众文化活动朝着文明、健康、绿色、和谐的方向发展；其三，文化下乡是活跃开展农村群众文化活动的"诱发因子"。所谓的"诱发因子"是一个生物学意义上的专用名词，指"能够诱导植物合成植保素，或产生防御反应的各种外界因子"。广大农村地区，蕴含着丰富的文化资源可供挖掘与开发，由于农民文化水平低、资金投入缺乏等各种因素的影响，农民群众文化意识淡薄，文化自觉性不高，在一定程度上存在着怀里揣着烧饼，到处喊饿的窘境。文化下乡属于一种文化基因的"诱发因子"，随着各种文化活动开展，农民群众在参加活动过程中，文化自主意识不断得到刺激，文化自觉不断得到提升，特别是送文化"结对子"的政策实施以来，农村群众文化活动潜在因子不断得到刺激，农民群众在文化活动的表现积极性不断高涨，各种文艺团体逐渐成立，农民自主举办的文化也渐渐不断扩大起来。

（二）发挥政府主导作用，构建文化下乡"多种兵"联合团队

文化下乡是政府主导的，自上而下地主动关心农民群众文化生活，支持农村文化建设的重大惠民工程。政府作为农村群众文化产品有效供给主体，在文化下乡活动实施以来，活跃农村群众文化活动开展，发挥着重大作用。但是，长期以来"送文化"下乡的供给中绝大部分是政府承担，在推进文化下乡活动中也面临着诸多尴尬局面：即使想尽脑筋，使出全身力量，千方百计送去的文化活动，仍有农民群众不情愿，不愿到场或者参加的热情不高。例如送电影下乡，一场电影下来，最后的观众竟是放映队的两个工作人员。要破解这一尴尬局面，必须深化文化创作的供给侧结构性改革，优化政府作为农村群众文化产品供给的主体，构建秉承为农民群众服务为宗旨，政府主导，省市县文广新局统一领导，文化端口下属相应单位为基本成员，省市县直属院团为先锋，各个乡镇综合文化站为承接，社会力量参与，农民群众互动，公共文化资源有效利用的一个"多种兵"联合团队。在具体操作上，根据不同地区群众文化活动开展的实际情况，要做到整体协调，统一组织，统一调动，不再是单一地、一厢情愿地演出、展览，而是集歌舞、曲艺、书法、画展、送科技兴农图书为一体，满足不同地区不同群体的农民的多样化、

多层次的精神文化生活需求。

（三）规划蓝图，注重送文化的顶层设计与底层需求对接

农村群众文化活动是农民群众的日常生活、生产的真实反映，有着乡土的逻辑和乡土伦理。送文化下乡，活跃开展各种各样的文化活动是农村工作重心下移的重要体现，是一种立足于底层农民群众需求、着眼于文化建设长远发展的顶层设计与安排，因此，"送文化"下乡，要做好规划，注重顶层设计与底层需求的有效对接。在文化建设空间上，注重外来文化与乡土文化的有效对接。外来文化，主要是指反映农村外部世界范围的人们的生产、生活方式的行为表达或价值追求。"送文化"下乡活动中，要注重外来文化与乡土文化伦理与逻辑的有效对接，以农民群众自愿接受为前提，以显性方式或者隐性方式，注入乡土伦理和乡土逻辑，使"文化下乡"变"常在乡"，避免因文化供给需求错位而出现人为抵制"文化下乡"尴尬局面。最后，文化下乡活动要立足于农民群众兴趣需求点上，把文化送到下乡里最根本目的在于契合农民群众对精神世界的追求，实现和发展他们的文化权益，精准掌握农民群众的兴趣指向是成功组织策划开展各种活动的重要条件，在文化下乡的顶层设计中，一定注重底层农民群众的兴趣偏好和真正文化需求，要考虑到农村文化建设的现状，注重天时地利人和的考虑，以"传统+现代"的互动创新模式，针对农民群众对精神生活需求的层次差异性的实际情况，依据他们不同文化兴趣和需求，分门别类安排各式各样活动，提高文化下乡活动的实效性，活跃在农村广泛开展各种群众文化活动。

（四）融合群众路线，创新送文化下乡的内容与形式

其一，创新文化下乡的内容，从外来文化中剥离出适合在农村开展群众文化活动的优良基因。农村群众文化活动的根本生命力在于自我建设、自我管理、自我发展，但外界文化因子刺激激励也是必不可少的，因此，开展文化活动，要借鉴吸收外来文化优秀成果，加之取材农民群众的日常生活，以乡土逻辑和乡土伦理的文化创造，才能从情感上获得农民群众的认可，激发他们参加文化活动的积极性，促使其文化自觉意识不断提升；其二，创新文化下乡的形式，构建文化下乡的多维载体。"送文化下乡"是一项系统社会化工程，多样化的形式在一定程度上决定着文化下乡活动的效果，因此，要创新文化下乡的途径与手段，构建多维度载体体系。首先，优化整合传统的欢乐下基层、农村电影放映等动态载体建设，以动态载体承载文化活动为基础，拉近与农民群众关系；其次，组织人员专门编撰适合农民群众阅读的图书、绘画、杂志等静态载体，以静态读物载体为内核，提升农民群众综合文化素质；最后，要大力综合运用多媒体放映室、互联网、微博、微信等新型载体，以新型载体为创新，创建农村群众文化活动微信公众号

或 APP 客户端，以互动模式作为载体运行中枢，做好线下线上联动工作，加大对农村群众文化活动的宣传，做好文化活动的互联网直播、转播、重播，突破时空限制，拓展农村群众文化活动空间，使外地务工的青壮年也能随时随地关注、参与家乡文化活动，为家乡举办文化活动的推陈出新献谋献计，增添推动发展的力量。

二、"种文化"：内生驱动培育农村群众文化活动发展的原动力

农村群众文化活动的创新发展，固然需要政府主导送文化下乡的外来文化力量嵌入拉动，但"送文化"下乡只能解决农民群众一时文化之渴，很难从本质上解决农民群众真正精神需求的问题。从长远角度来看，内植入一种文化的力量，激活农民群众文化创造的原动力，从培育农村群众文化活动的内源性力量为切入点，把文化"种"在乡里，才是解决现阶段发展困境的根本之策。

（一）"种文化"是培育农村群众文化活动发展的内在力量

一直以来，我国公共文化服务供给模式中以"送文化"为主，将先进文化、城市文化、雅文化输送到农村地区，成为活跃在乡村举办各种群众性活动的重要输送源，特别近年来"农家书屋、农村电影放映工程"等群众文化活动的兴起，证明了这种"输血式"的帮扶对推动农村各项事业建设都产生了重大积极影响，但为了农村群众文化活动的可持续发展，还必须要坚持两条腿走路，在继续加大送文化下乡力度的同时，更要倾向于"种文化"，即把文化的根留在乡下，增强乡土文化活动自身发展的"造血功能"。其一，"种文化"是农村群众文化活动创新发展的原动力。许多在基层一线的文化者对"送文化下乡"有着一种理性认识：送文化更倾向于"喂食"方式的帮助，送来怎样的文化活动，基层群众就接受怎样的文化活动，忽略了文化活动接受者的主体能动作用，农民群众在送文化下乡活动中仍处于被动参加，主动参与性、创造性不高。而"种"文化活动，更主要地源自于农民自身内在需求，激活他们作为文化创造主体能动性，培育农村群众文化活动活跃开展的自主机制，培育农民群众的文化创造的原动力，来在农村开展文化活动自身的"造血功能"；其二，"种文化"是发展农村群众文化活动创新的根本之策。用先进文化提升农民群众综合素质，丰富他们的精神文化生活，最根本的方法在于是要让农民群众掌握如何学文化，用文化，创造文化的能力。培育这种能力，则要以乡村草根文化、原生态文化建设为基础，让农民群众在参与"种文化"活动中，造出适合新农村建设需要的精神食粮，让它在乡村的土壤里扎根、发芽、开花、结果，造福于农民，最终达到文化内化于心，外现于日常的行为的效果。其三，"种文化"活动能够

引发"蝴蝶效应"，促进农村文化建设的大发展大繁荣。随着新型城镇化的快速推进，物质快速发展同时，使农民群众精神家园在一定程度上遭受冲击，农村文化"植被"有着荒漠化倾向，农村文化生态环境遭到了破坏。"种文化"活动的创造性就在于，把文化力量与农民群众精神需求真正结合起来，赋予农村文化建设的新生力量，以农村群众文化活动活跃开展带动农村文化全面的进步，改善被破坏的农村文化"植被"，恢复农村文化生态平衡，重塑农村社会秩序井然的精神家园，推进农村各项事业建设的大发展大繁荣。

（二）"种"基础设施，营造种文化的公共文化生活空间

完备的公共文化设施是开展农村群众文化活动重要的物质载体，农民"种文化"活动也需要适宜其生长的公共文化生活空间，然而目前农村公共服务的基础设施薄弱、公共文化生活空间狭小，仍是农村组织、开展各种文化活动所面临的重大现实问题。为了弥补农村群众文化活动发展的这一"短板"限制，必须着力培育适宜"种文化"良好公共文化生活空间。首先，要坚持文化设施建设的"重心下移"原则，避免过往公共文化设施建设供求错位而造成资源浪费局面。长久以来，我国农村地区公共文化设施资源多集中于乡镇一级，未深入到行政村、自然村的腹地。由于农村人口散居的生活方式，受时空限制，农民群众不太愿意去集镇文化站参与活动，他们的文化权益就不能有效实现和维护，"种文化"积极性、创造性就会受到影响，而居住在乡镇街道的农民毕竟是少数，也存在公共文化设施资源浪费的现象。为提高农民群众"种文化"活动积极性，营造适宜"种文化"的公共生活空间氛围，公共文化设施建设重心必须下移，真正实现公共文化资源建设落实到行政村或者符合建设条件的自然村中；其次，要大力建设村级综合性文化服务中心。村级综合性文化服务中心，是国家着力构建农村现代化公共文化服务体系建设，实施的重大惠及民生的工程。农民群众"种文化"的需求很简单，不喜大兴土木，高大上的工程，而需要实用性、便捷性的文化活动场所。村级综合性文化活动中心改造、新建，就是基于农民群众"种文化"的现实需求，这也是国家扶持农村文化建设配置资源重心下移的具体体现。这样的村级综合文化活动服务中心需集表演、培训、创造等功能于一体，配置相应的现代化器材，为农民群众"种文化"活动提供良好的空间；最后，改造农村社区传统的公共文化生活空间，拓展功能和服务，为"种文化"营造良好的生长环境。在长期的发展过程中，农村渐渐形成了具有精神归属感的公共文化生活空间，如：祠堂、戏台、寺院等，这些是农民群众"种文化"的天然环境，最适宜的生长空间，但需要加以修缮改造，赋予戏台、祠堂等文化活动场所以新的服务功能，在农民群众熟悉的环境中，激励"种"特色文化活动的创造力，拓展农村文化基础设施

服务的空间范围，同时也是发扬农村优秀传统民俗文化的重大举措。

（三）"种"文化队伍，构建"点线面"辐射联动的文艺团队

"农村文化队伍是农村文化的建设者、传统文化的传承者、先进文化的推进者，是乡镇群众文化建设的骨干力量。"人是生产力中最活跃的因素，促使农村群众文化活动的繁荣发展，最根本的力量来自农民群众自身。因此，面对农村群众文化活动队伍建设薄弱，人才供不应求的现实困境，要立足于乡村内部，挖掘建设一支适宜推动农村土壤生长的专兼职人才队伍，以人力资源的动力推动各类文化活动的创新发展。首先，加大对乡镇综合文化站长的培训，提升文化站长的综合素质，这是"种"文化队伍的"点"；其次，挖掘乡村文化骨干，组织整合力量，建立"线"式文化骨干队伍，农村文化骨干是农村群众文化活动"领头羊"，是组织开展文化活动的重要力量；最后，扩大"种"文化队伍的"面"-农村文艺团队，农村文艺团队是繁荣开展农村群众文化活动的最基本"细胞组织"。自发形成的文艺团队，需要一个健康的文化生态环境，政府在积极引导的同时，要以"结对子"形式，省、市、县直属院团对口支援农村文艺团队建设，以集中和分散的形式对文艺团队进行不定期的培训，提高文艺团队的整体质量，并积极进行组织制度化建设，建立以物质奖励为主，精神嘉奖为辅激励机制，使农村文艺团队建设步入正规化、常态化、科学化发展道路。

（四）挖掘文化种子，创新群众文化活动的内容与形式

农民群众自主参加的"种"文化活动，是发展农村文化生产力重要途径。把文化的根留在农村，让其生根、发芽、开花、结果，使农村群众文化建设具有乡土本源，这对提升农村群众文化活动内源性动力具有重大意义。挖掘优良的文化基因种子，要立足于地方特色，因地制宜。第一，充分挖掘农村当地的人文地理资源，培育优良文化种子，"种"特色内容的文化活动。"种"文化，离不开当地独特的风土人情，自然地理环境。聊城东昌府区堂邑镇等乡镇的"种"葫芦文化活动，挖掘葫芦文化的历史传说，结合盛产葫芦的地理自然环境，借申请保护非物质文化遗产工程的机遇，东昌府区以葫芦文化为核心，打造成一系列特色文化活动，在愉悦农民群众的同时，打造的葫芦文化产业也给当地农村群众带来经济的效益，做到把特色的葫芦文化真正"种"在农村、长在农村、收获在农村，让群众文化活动真正获得生命力；第二，承接文化下乡契机，嫁接乡土气息，"种"城乡互动群众文化活动。送文化下乡蕴含着重大文化契机，自下而上的"种文化"要做到实效发展，必须做好与自上而下"送文化"有效对接，借助文化下乡的发展机遇，立足于农民群众自身本土需求，嫁接乡土文化气息，创新种文化活动的形式。济南市历城区南部山区农民群众，把"庄稼文化"真正种在了乡村，走出了一条城乡互

动群众文化活动一体化发展的新路径，草莓采摘节、农家乐、乡村玩耍活动的大胆借鉴开发，富足了农民群众的"口袋"，庄户剧团、农家文化活动活跃开展，同时也富裕了农民群众的"脑袋"。种庄稼与"种"文化深度融合，同时富足了农民群众的精神与物质，创新了农村群众文化活动的内容与形式。

三、"养文化"：合力联动供给农村群众文化活动发展的创造力

（一）"养文化"是供给农村群众文化活动发展的联合驱动力

"种文化"活动，就像农民群众种小麦那样，当种子在乡村土壤里生根发芽具有乡土气息后，深耕管理"种"下的文化，提升文化活动发展后足动力，"养文化"便显得十分重要。其一，"养文化"能够为农村群众文化活动发展营造绿色的生态环境，农村群众文化活动具有公益性首位原则，"养文化"，自然离不开政府的参与和管理。政府要加大对农村文化市场的监督与管理，严格取缔"三俗"文体活动，依法铲除聚众赌博和邪教组织，制定适合农民群众日常生活需求的公序良俗、乡规村约，规范农村文化市场良性发展的秩序；要借鉴吸收文化下乡的的优良文化基因，以草根文化、原生态文化为主体架构，因势利导农民群众"种文化"活动的兴趣爱好，并充分利用现代化多媒体互联网技术，正面宣传，扩大农民群众"养文化"的影响力，使全社会对农民群众"种文化""养文化"活动形成共识，号召社会各界力量参与保护、恢复农村建设中被破坏的文化"植被"，为农村群众文化活动的顺利开展创造绿色的生长环境；其二，"养文化"是"种文化"的深耕，能够为在农村开展群众文化活动提供联动力。把文化的根种在农村，让其成长结果，需要不同营养力的注入，关键在于激活政府、社会、市场、农民群众的文化建设主体，有机结合，形成联动的驱力。政府是外推力，重在对文化活动调控、监督、引导，为农村群众文化活动发展创造绿色的发展环境；社会是助推力，在推动农村群众文化活动诸积极因素中具有运行成本低、发挥作用最大化的优势，是推动农村群众文化建设不可忽略的重要力量；市场是拉动农村群众文化活动创新发展的关键力，市场机制的作用就在于能够将文化活动与经济效益挂钩起来，大胆创新农村群众文化活动的市场化运作模式，变"种文化"为农民群众自办文化产业，以市场动力拉动群众文化事业的长足发展。农民群众在文化活动中扮演着"三重角色"，他们既是参与者、创造者，又是文化产品的最终消费者，促使文化活动发展的最根本力量，只有激发他们自身创造的活力，才能从根本上解决农村群众文化活动发展的动力不足的问题。

（二）树立新文化发展观，力促农村群众文化"双驱"发展

"新文化发展观是中国改革开放和社会转型过程中形成的面向市场化、全球化的文化发展理论，是融合了新发展观的新文化观。"开展农村群众文化活动，推动在农村发展群众文化事业，也应该树立新文化发展观，从"大文化"角度出发，将农村群众文化活动与发展农村经济深度融合，树立"二元"文化发展观念，探索农村群众文化事业与群众文化产业双轮驱动发展的新模式。

1.建立群众文化活动品牌，创新农村群众文化活动"以文养文"新模式。群众文化活动首先属于群众性文化事业，公益性是其本质特征，打造群众性文化活动品牌，创新"以文养文"的新模式，解决自身资金不足的问题，才能保障农村群众文化活动公益性的首要原则。首先，打造文化品牌活动是农村群众文化活动创新发展的生命力，探索"以文养文"新模式的关键条件。群众文化品牌活动，可以提高文化活动的凝聚力和影响力，得到更多的人认同与支持。打造农村群众文化品牌活动，关键在于充分挖掘农村地区的人文地理资源，利用文化馆、乡镇综合文化站等组织资源，充分调动农民群众参与文化活动的创造力，打造具有乡村气息的特色文化活动，以文化品牌活动带动其他活动的发展。如江苏省睢宁县王集镇"舞动乡村"、风靡中原大地各乡镇"教你一招"等，都是在农村创建群众文化活动品牌典型范例，受到了主流媒体的大力推崇，促进了群众文化活动繁荣发展；其次，构建以满足农民群众需求为根本的"以文养文"新模式。市场机制在促进农村群众文化活动发展创新的拉动力越来越明显，在保证农村群众文化活动姓"公"前提下，在农村文化资源配置中，探索"政府+企业+群众"的股份合作制新模式，在政府起主导作用的市场化运作方式下，合理引导民间资本进入农村群众文化事业的基础设施建设、公共文化服务购买、群众文化活动管理等方面，打造品牌文化活动为先导，探索以政府补贴为支撑、农民群众受益为根本、企业盈利为目的三方协同合作的协同机制，重在解决开展农村群众文化活动后续经费投入不足的困境；最后，探索"以文养文"新模式的组织化管理制度，自我娱乐、自我发展、自我管理农村群众的文化活动，理应成立农民群众自己的组织机构，这既是农民群众文化需求心理裂变要求有组织归属感的必然要求，也是维护群众文化活动品牌，管理"以文养文"新模式的现实需求。

2.引入市场机制，拓展农村群众文化活动走产业化发展的新路径。从文化的属性来看，群众文化活动具有明显的公益性质；从新文化发展观角度来说，农村群众文化活动也能够实现文化与经济的深度融合，解放农村文化生产力，发展文化生产力，帮助农民致富，改善农村发展经济的产业结构，实现产业化发展的可能性。其一，引导农民自办文化走市场化运作模式，探索群众文化活动产业化发展新模式。农民自办文化是农民群

众主动参与文化创造，为了满足自身精神文化需求或者物质利益需求而自发形成的，适应乡村逻辑和乡土伦理的文化创造。农民自主举办的文化是解决自身对精神文化需求的伟大创举，对活跃举办各种文化活动具有重大推进作用。由于农民自办文化个体的私有性，在农村文化市场资源配置中，存在着发展的短视性、盲目性、跟风性，文化娱乐有余而文化含量不高，缺乏长期的发展后劲。因此，政府要积极引导农民自办文化的兴趣，以市场需求为导向，依托政府各方面政策支持，引进竞争机制，走市场化发展路径，以解决自办文化所面临资金短缺、发展盲目性等问题，提升农民自办文化的质量，丰富农村群众文化产品的有效供给；其二，扶持民间职业演艺团体发展，发展繁荣农村群众文化活动市场。发展群众文化事业在于实现和发展农民群众基本的文化权益，发展经营性文化产业，在于能够活跃农村群众文化活动市场，丰富群众性文化产品的供给，满足农民对于多样化、多层次文化需求要求，尤其在供给与需求不平衡的农村文化市场，发展民间职业性文艺团体，可以弥补国有院团文化下乡因时间、空间的局限性，拓展群众文化活动的服务范围。

（三）推进机制创新，保障农村群众文化活动常态化发展

农村群众文化活动从间歇性的"送文化"向扎根乡土气息的"种文化"转变，把"根"留在乡里，"养文化"的深耕管理，必须推进农村群众性文化活动体制机制的深化改革。

首先，完善基本的保障机制。建立健全经费保障机制、人才保障机制、设施保障机制是农村群众文化活动顺利开展的基本要素。经费保障是前提，人才队伍保障是关键，设施保障是基础，三者相互贯通的有机集合，是农村群众文化活动顺利举办的基本条件。在经费保障上，按照"多元办文化"的思路，以政府公共财政支撑为基础的，多渠道争取企业以赞助或挂名形式参与农村群众文化活动，在争取外援的同时，更要坚持独立自主，试行群众品牌文化活动为主导的市场化运作模式，自筹经费，解决文化活动发展的经费短缺的短板，建立农村群众文化人才引进机制，就地吸收乡村知识分子，壮大农村文化队伍，创新基层文化队伍建设的管理机制，以各乡镇综合文化站站长为点，文化骨干人才为线，文艺团体为面，点连线带面的人才梯队培养模式，特别注重做好"一专多能"人才培育的规划，做好农村群众文化活动队伍体系建设，硬件配套基础设施是开展农村群众文化活动的物质载体，从毗邻济南市齐河县某国家级重点镇的公共文化设施建设情况来看，硬件基础设相比较而言仍落后，经济欠发达农村地区更如此。为此，省、市、县应出台相应的激励机制，以政府专项财政补贴的办法，招商引资，加大对农村公共文化基础设施建设的力度，完善基本的公共文化设施。

其次，建立城乡区域联动机制。"群众文化活动区域联动，是指在推进群众文化活

动发展的过程中，以区域空间和行政主体为间隔，采取一定的联动机制，实现横向交互、纵向交往、纵横联动、内外循环的交流互动形态"。"种文化"活动要把文化的根留在农村，使其具有乡土本源气息地茁壮成长，但文化活动创新发展也要不断借鉴吸收外来文化的精华。因此，推动农村群众文化活动创新发展，要以承接"文化下乡"为契机，坚持"引进来与走出去相结合"的"种文化"的方针，构建农村群众文化活动区域联动的机制，以"种"出的品牌文化活动为交流对象，再走向城市社区进行汇演，让城市社区群众也能欣赏到农民群众的特色的文艺活动，实现农村群众文化活动与城市群众文化活动深度交流，推动城乡群众文化活动良性互动一体化发展。如聊城市朱老庄镇朱庄村秧歌队，在重拾和创新秧歌曲的同时，通过文化活动"走出去"与城镇社区的秧歌队进行交流学习朱庄村秧歌队创立独具特色的纸盒舞，丰富活跃了该镇的文化活动。

四、"享文化"：聚焦惠民开展农村群众文化活动的价值旨归

文化共享理念作为社会"共享理念"的有机组成部分，是解决文化建设"为谁发展"的根本问题。把"文化共享"作为指导农村群众文化活动创新发展的理念，就是要坚持农民群众在文化建设中的主体地位，做到让农民群众在农村群众文化共建共享中有更多的获得感，实现和发展农民群众的文化权益，激发他们文化创造活力的源泉，促进农村各类群众性活动创新发展。

（一）"享文化"是农村群众文化活动发展的真谛

"享文化"就是要创造条件让农民群众享受文化资源，使他们在参与建设的过程中，享受文化发展的成果，力争做到实现农民在文化活动中"人人参与、人人尽力、人人享有"的目标。其一，"享文化"体现了农村群众文化活动的本质要求。"享文化"具有普惠性，应该推进广大农村地区群众文化活动的活跃开展，特别是注重帮扶偏远贫穷落后农村地区开展文化活动群，农民群众才能在共建中实现普惠的文化共享；"享文化"具有公益性，农村群众文化活动坚持社会效益的首要原则，政府、社会在资金投入、人才建设、产品供给上都是无偿造福于农民群众，这样农民群众才能在文化活动共建共享；"享文化"具有层次性，在农村群众文化产品供给上，要有丰富的文化内容和形式，最大限度满足农村地区不同人群的文化享有。其二，"享文化"评判农村群众文化活动的价值标准。"文化对主体的需要和利益是文化价值评判的出发点"，能否让农民群众在参与文化活动中享受到文化成果，维护和发展农民群众的文化权益，这是评价农村群众文化活动成效的价值标准之一。农民群众是农村精神财富和物质财富的创造者，开展文

化活动要站在农民的利益立场上，走群众路线，应依靠他们的力量，发展解放农村文化生产力。因此，文化活动开展的效果如何，就要看农民群众有多少获得感，能否共享文化发展的成果，实现自身文化权益。

（二）助推文化精准扶贫，促进农村群众文化活动均衡发展

文化精准扶贫是推动城乡文化一体化发展的重要惠民工程，它是发展农村群众文化活动的重要抓手，消除城镇与农村间文化发展的鸿沟，成为推动城镇、乡村群众文化活动同步发展的"均衡器"。第一，坚持"三贴近"原则，推进文化精准扶贫深入到农村腹地，消除农村群众文化活动的盲点，丰富边远贫困地区农民群众的精神文化生活。因此，助推文化精准扶贫工程，要大力度推进广播电视村村通、文化信息资源共享等文化惠民工程"最后一公里"落实工作，把文化惠民工程的触角深入到边远贫困地区，切实做到"送文化、送政策、送服务"到农民群众中，因地制宜开展各种各样的活动，让贫困落后地区的农民也能享受到文化发展的成果，使活动的开展真正"进村、进户、进群众"；第二，加快村级综合性文化服务中心改造、新建工程。推进村级综合性文化服务中心是构建现代化农村公共文化服务体系的重要举措，也是政府大力建设农村文化重心下移的重要体现。因此，借助文化精准扶贫工程，特别是要加强边远贫困地区村级综合性文化服务中心建设，使贫困落后的农民群众在自己家门口享受到公共文化服务的红利。在推进该工程建设时，切忌搞费时费力费钱的面子工程，要结合东中西部广大农村地区经济文化发展的差异性事实，要因地制宜，盘活存量，制定不同的方案，新建或者就地改造乡镇综合文化站、闲置的校舍等资源，而在具体运作上，东部经济较发达农村地区，更多可以市场化运作力量投入建设，中西部经济较为落后的农村地区，更多是依靠政府的力量，并号召社会力量的参与，做好东中西帮扶支援建设工作，正确处理政府、市场、社会三者之间的关系，激活农村文化建设力量，形成有机统一协调推进的合力；第三，抓住文化精准扶贫的机遇，壮大边远贫困落后地区农村群众文化活动发展的力量。扶贫必扶智，只有在文化层面上解决贫困地区农民群众落后的思想观念，才能最终摆脱贫困，走向致富的道路。贫困地区农村群众文化活动开展面临"无资金、无场地、无人才"的境地，文化扶贫工作开展以来，有效缓解了贫困地区文化活动发展的严峻形势，在资金、场地、人才等方面有了很大提高，贫困落后地区农民群众在精神层面上也积极向上奋斗起来。

（三）增强农民主体意识，提高共享文化发展成果的能力

公平地享有文化发展的成果是我国宪法赋予农民群众的一项基本权利，保障广大农民群众在农村群众文化建设中实现共享的权利，激发农民参加文化活动的积极性、创造

性，增强农民群众的主体意识。"主体意识是广大人民能否共享发展成果的前提和基础，指人民能够认识到自己有权公平享有发展成果，有努力享有各项发展成果的意愿。"增强农民群众共享的主体意识，提升农民群众共享文化发展成果的能力，首先，应该增强农民群众主人公意识。辩证唯物史观揭示，农民群众是发展农村的根本依靠力量，文化建设的主体，必须培养其主人翁意识。通过走进田间地头、走近农民群众，以农民群众乐于接受的方式国家建设的最新大政方针和具体涉农政策，提高农民群众的思想觉悟，剔除思想糟粕，树立共享观念，使他们明确自身才是农村群众文化的真正创造者，在奉献社会的同时，也享有社会文化发展成果的权利，当获得感增强的同时，也会激发农民群众文化创造力，从而更加有利于在农村开展各种各样的文化活动；其次，要加强农民群众的维权意识。由于受数千年来小农思想的影响，农民群众遇事愿求和，不愿声张，特别是自身权利受到侵害时，更多的抱着少事息宁的态度，得过且过，农民群众维权意识淡薄。加强对农民群众的维权意识教育，应着重扩大农民群众在政治经济文化等方面权利的宣传普及，让农民群众明确维权的程序以及重要性。可以通过学校教育从农村留守儿童做起，把维护自身文化权益教育贯彻整个教学过程中，也可以政府组织维权人员或号召社会志愿者，举办维权进村入户的宣讲活动，增强农民群众的维权意识，特别是留守在农村的弱势群众的维权意识，让农民群众明白自己的文化权益，当自己享受文化的权益受到侵害时，有法律保障，农民群众才能从内心愿意参与文化活动，关心支持文化活动的发展；第三，提高农民群众的民主权利意识。培育农民群众的民主权利意识是农村群众文化建设的重要任务，通过开展各种群众文化活动，借助于电视、广播、网络等传播媒介，潜移默化地向其渗透民主权利意识的教育，促进其民主权利观念的觉醒和建立，进而增强农民群众积极参与分享农村群众文化发展成果的主体意识，逐渐提升共享文化发展成果的能力。

第十一章　群众文化活动创新

第一节 大都市庙会活动的当代思索

具有悠久历史的农耕社会，是孕育与培养传统庙会的主要土壤。由于传统的农业生产方式受到自然界的极大制约，而其抵御、战胜自然灾害的能力又极为微薄，致使传统乡村社会民众的神灵崇拜观念十分强烈，因而产生于神灵崇拜基础上的各种庙会活动也层出不穷。正如有关学者所指出的："中国民众的宗教情感宣泄在他们参拜的庙宇和庙宇中无数神灵、偶像上；在他们从诞生、婚配到死亡的人生旅途中每一个驿站上；在一年四季的每一个神的诞日、祭日和无数酬神的日子里。"

在经济发达、人口集中、文化多元的城市社会中，同样存在着十分丰富的庙会活动。城市庙会虽然在历史渊源上要晚于乡村庙会，但是在庙会活动的规模、影响以及文化功能的多元性方面，则又要远远超出乡村庙会。唐宋时期，随着城市经济的日益繁荣以及市民阶层的逐渐扩大，城市庙会有了十分可观的发展。唐代的长安在国际上享有盛誉，这里建立了大量的庙宇寺观，各种祭祀神灵的庙会、仪式以及娱神艺术也因此而开始迅速发展起来。至宋代时，城市庙会更是十分兴旺发达。据《东京梦华录》记载，当时的开封作为全国的政治文化中心，庙会活动颇为繁密。位于开封城内的大相国寺中，每月都要举行庙会，届时"大殿前设乐棚，诸军作乐……直至达旦。其余宫观寺院，兼放百姓烧香，如开宝、景德大佛寺等处，兼有乐棚，作乐燃灯"。明清时期，随着手工业生产的快速发展以及工商阶层的日益壮大，中国城市庙会出现了一个大繁荣的局面，尤其在北京、天津等一些大城市中，庙会活动极为频繁。例如，北京的隆福寺庙会、白云观庙会、护国寺庙会、厂甸庙会、妙峰山庙会，天津的妈祖庙会（皇会）等等，其规模都十分盛大。近代时期，上海的龙华庙会成为江南地区庙会群体中的一个重要典型，显现了浓重的都市色彩与市民风貌。

值得注意的是，在城市庙会发展与演进的过程中，其功能特性有了很大的拓展与转变，其中最为突出的就是：随着时间的发展，城市庙会中的神性色彩逐渐淡化，而"人性"色彩则不断有所加强，这一事实可以在以下三个方面得到具体印证：

一、由宗教集会拓展为贸易集市

庙会本是一种为了庆祝神灵节日而举行的宗教性集会活动，届时大量民众集结于此，庆典祝贺、酬祭供奉，显示了十分紧密的人神依附关系。但是在不断发展的城市庙会中，宗教集会的特性却逐渐产生了向经济商贸活动演变的趋向，人们在庙场上逐渐开辟了贸易市场，后来甚至出现了完全脱离庙会、具有鲜明的商品交换功能的"庙市"，从而取代了传统庙会那种主要以宗教祭祀为宗旨的庙会价值取向。例如，明清时期北京的隆福寺每月逢九、十两日举行庙会，开庙之时，"百货云集，凡珠玉、绫罗、衣服、饮食、古玩、字画、花鸟、虫鱼以及寻常日用之物，星卜、杂技之流，无所不有"。北京城市中的其他庙会也是如此，据《东京岁时纪胜》记载："至于都门庙市，朔望则东岳庙，北药王庙，逢三则宣武门外之都土地庙，逢四则崇文门外之花市，七八则西城之大隆善护国寺，九、十则东城之大隆福寺，俱陈设甚多。人生日用所需，以及金珠宝石、布匹绸缎、皮张冠带、估衣古董，精粗毕备。"有些城市庙会还在原来庙场的基础上辟出大量新的场地，专门经营一些大宗的商品贸易。例如，北京的花儿市庙会以经营各种假花为主，上海的静安寺庙会则以经营各种竹木器具为主等等，致使庙会完全成为满足人们物质生活需求的消费市场。

虽然乡村庙会中也有一些商贸活动，但是从其规模、影响，以及对于当地经济的推动作用等方面来看，却与城市庙会不可同日而语。城市庙会中有极为活跃的商贸经济因素，在相当长的一段历史时期中，城市庙会成为当地民众日常生活与经济贸易的主要依托，对于推动当地经济发展，激发民众消费欲望起到了重要作用。

二、由神圣仪式拓展为文艺表演

传统庙会作为一种渊源于神灵崇拜的宗教集会活动，其核心内容本是一套具有神灵奉献意义的仪式活动，包括焚香点烛、摆设供品、磕头祈祷、迎神赛会、驱除邪祟、超度众生、许愿还愿、池塘放生等等。中国宗教学家指出："献祭与祈祷体现了人对神的敬畏之感和虔诚信仰之情。它强化了人对神的依赖和驯服，固定了人-神关系，从而也固定了人-神关系所表现的人-人关系。"庙会举行时，虔诚的民众们要香汤沐浴，吃斋茹素，然后毕恭毕敬地到庙中去请神接神。

然而这些祭献仪式在日渐繁盛的城市庙会中已经不再具有重要地位，取而代之的是各种具有艺术审美特点的文艺表演，如音乐舞蹈、社火社戏、曲艺杂技、魔术幻术等等。例如，古籍记载清代北京城中举行庙会时："过会者乃京师游手，扮作开路、中幡、杠箱、官儿、五虎棍、跨鼓、花钹、高跷、秧歌、什不闲、耍坛子、耍狮子之类……随地演唱，观者如堵。"

在颇有影响的上海龙华庙会中，也融有大量的文艺表演活动。明代以来，在历时半月之久的龙华庙会期间，民间文艺活动始终非常盛行。其中较为出名的一是皮影戏——

民国时期，当地的桂林皮影戏班曾经在龙华庙会中十分活跃，其道具多用牛皮、羊皮制成，表演时由一两人手拿小棍在幕后操作，剧目有《武松打虎》《花木兰从军》等；二是花鼓戏——此戏多由男女两人表演，男人持鼓敲击，女人边打两头鼓边唱小曲，演唱内容多为男女私情故事，表演时还伴有一些简单的舞蹈动作。民国时期，龙华庙会的民间演艺内容中又加入了许多新的形式，例如：髦儿戏、猢狲出把戏、武术、魔术、西洋镜等等，其中魔术与西洋镜等都是出自西方的文艺样式。西洋镜的道具为一个大木箱，箱前开几个小圆孔，孔上装有凸镜，箱面上装有磨砂玻璃。表演时把一串画片缓缓从箱子中抽过，让人从箱子的小孔中看到一幅幅画片形象，内容多为西洋风景画和人物画。形形色色的民间演艺，为龙华庙会增添了许多乐趣，也使前来参加庙会的民众在审美心理上得到一种满足。龙华庙会形成之初是一种祭祀神灵的活动，但是经过商品经济的渗透与都市文明的洗礼，它逐渐脱去了宗教的外衣，演变成为一种融信仰、消费、娱乐等多重内涵的综合性民俗节庆活动。它顺应了当地民众多元化的生活需求和内心对于文化艺术的鉴赏欲望。

三、由清静圣地拓展为世俗空间

原始意义上的庙会大多具有庄严肃穆、清静圣洁的宗教氛围，在雄伟的庙宇殿堂中，人们匍匐在威严的佛祖神灵面前，焚香点烛，叩首祈祷，接受心灵上的洗涤与净化；在庙堂周边的场地上，则是香烟袅袅，钟鼓声声，呈现了一种庄严而神秘的"胜境效果"。但是在城市庙会中，这种庄严肃穆的宗教氛围以及清静圣洁的胜境效果却渐渐消弭，在城市庙会中所大量呈现的，是诸如饮食小吃、冶游玩乐、寻亲访友、谈情说爱等充满世俗情调的活动，它们大大地冲淡了传统庙会所具有的那种纯净而神秘的气氛，把原来意义上的宗教圣地变为具有很强世俗性色彩的公共文化娱乐空间。

渊源于上海龙华地区的龙华庙会，正是这种城市庙会走向世俗化的一个典型。庙会期间，龙华寺周围的茶楼饭馆成了亲友相聚的场所，一些文人仕宦尤其喜欢到此聚会，饮酒唱和。此时龙华港两旁遍布各种茶馆酒肆，人们在这里喝酒、听曲，享受着一种特有的人间情趣。青年男女则利用烧香的机会相互接触，表达爱心。民国时期，上海龙华庙会中最为亮丽的一道风景，是规模宏大的踏青游春与观赏桃花活动。仲春三月，地处上海市郊的龙华地区已是春色绚烂，生机盎然。于是，利用赶庙会的机会踏青游春，赏桃看花，便成为人们对龙华庙会情有独钟的一种重要动机。在烧香游春赏花的人群中，有很大一部分是年轻女性。她们大多打扮得花枝招展，三五成群，欢快嬉闹。由于路程较长，也有不少女性喜欢坐着独轮车让人推着赶会。庙会最盛时，一辆独轮车上常常载着好几个妇女，大家挤坐在一起，别有一番乐趣。一些富家子弟与夫人小姐，则会雇用几辆马车赴会，每逢此时，附近马车行的生意就会特别红火。高大气派的马车，娇美的女子，加上沿途争奇斗艳的桃花，使龙华庙会尽情展示了一种城市庙会所特有的魅力与风采，充满了世俗化的情趣。

当代城市庙会的发展，更是把城市庙会中的世俗化特点推向了极致。在当代许多城市举办的庙会活动中，不但神灵祭祀方面的内容已经荡然无存，而且神圣庄严的氛围也不复存在，其中还有一部分城市庙会甚至连举办的地点也不在原来的庙址了。从这种意义上说，当代城市庙会所具有的身份，已经不再是一个演绎各种神灵崇拜、神灵祭祀故事的宗教圣地，而是成了一种集商贸、消费、文艺、旅游等各种人性需求为一体的文化活动空间，它所服务的对象是人而不是神。而之所以仍然冠以"庙会"之名，只不过是贴上一个传统文化的标签而已。

由此可见，城市庙会虽然是中国传统庙会传承、发展的产物，与传统庙会有着一脉相承的联系，然而从其特性上来看，却已与传统庙会有了根本性的区别。这种根本性的区别归结为一句话，那就是表现了一种与传统庙会极为不同的入神关系。在传统庙会中，神是人的主宰，人是神的奴仆，因此，所有的活动与程序都是按照神的旨意来安排与设计的。然而在唐宋以后发展起来的大量城市庙会中，人对神的这种依附关系却被逐渐消解了。人开始有了更多的主动性与支配权，可以按照自身的意志、愿望与需求来安排庙会的内容与程式。这种新型入神关系的确立，正代表了人类世界对于神灵世界的重大胜利。

城市庙会中这种新型入神关系的形成与出现，体现了人性本质的一种释放与张扬，具有着鲜明的人文主义色彩。早在文艺复兴时期，西方一些人文主义者就提出了"以人为中心"的人文观念。例如，以普罗泰戈拉为代表的一些学者主张建立以人为本的价值理念，强调人的独立性，提倡把人从神的统治下解放出来，肯定个人的价值、尊严与自由，反对禁欲主义。这些主张成为以后张扬人性本质，颠覆神性权威的重要基础。在中国的许多城市庙会中，这种以"人本"替代"神本"，以"人性的本质需求"替代"神性的本质需求"的特点有着充分的体现。何谓"人性的本质需求"？简单地说，也就是指人出于维持其自然生命，以及满足自身物质生活与精神生活需要而产生的基本心理诉求，它们主要通过欲望、情感、创造等心理机制得以实现。从客观条件上来分析，它们又可以分为四个层面：一是有关自然方面的需求，即指人在生存、发展、繁殖过程中所希望获得的资料、环境与条件；二是有关经济方面的需求，即指人在经济活动中所希望获得的价值与利益；三是有关社会方面的需求，即指人在各种社会关系中所希望获得的情感与认同；四是有关文化方面的需求，即指人在精神生活上所希望获得的认知、审美与创造。上述四方面的需求，在城市庙会中都得到了不同程度的满足与实现。繁荣的集市、丰盛的食品、狂野的表演、世俗的故事、沸腾的人声、杂处的男女……把人性本质中对于欲望、利益、情感等方面的诉求表现得淋漓尽致，一览无余。它们是对传统庙会习俗中神本主义的一种颠覆与反拨，同时也是对传统庙会习俗中人性本质的一种张扬与释放。

值得指出的是，城市庙会中这种人性本质充分张扬的特点，与其城市社会的生态环境及人文特点有着十分密切的关系。城市是人类社会发展过程中一种较为先进的形态，经济发达、科技先进，具有较高的科学、民主、自由、平等意识。这样一种社会环境，致使城市文化具有了较为浓厚的人文主义色彩与现代文明因素，并与较为传统保守的乡村文化形成了一定的区别。正如中国学者所指出："科学、自由、平等、民主、人权、法治，解放了被禁锢已久的人类，使城市焕发出蓬勃生机，这是落后保守的乡村亟待补充的新鲜血液，从而以竞争、公平、科学、文明的现代民俗来带动乡村的进步。"尤其是像北京、上海等这样一些具有较高现代化程度的大都市，现已成为科学技术与知识文明的传播中心，表现了极为活跃的现代人文因素，因此这些城市中的许多庙会活动，其人性主义的光芒也显得特别地突出与强烈。

现代城市不仅是张扬人性主义的中心场所，也是人类思想日益走向"祛魅化"进程的前沿阵地。"祛魅化"（disenchantment）是著名德国社会学家马克斯·韦伯提出的一个学术概念，其核心内容就是指在人类社会发展与日益走向理性化的过程中，人们会不断地把宗教世界观以及宗教伦理生活中一切带有"巫术"（magic）性质的知识或宗教伦理实践要素视为迷信与罪恶而加以祛除，人日益从巫魅中解放出来，获得自己理解世界、控制世界的主体性地位。马克斯·韦伯认为："祛魅"真正拉开了现代社会的序幕，它意味着神圣的超越世界的崩溃，世界从此进入了一个没有神秘和神圣之魅力的时代。人替代超越之物成为自己精神的主宰，人们的终极关怀、价值源头和生活的意义不待外求，而是从世俗生活本身自我产生，精神生活开始走向世俗化。因此，"世界的祛魅"意味着世界"由圣入凡的俗世化"或者"由灵返肉、由天国回向人间"。马克斯·韦伯虽然没有明确指明这种"神圣的超越世界的崩溃"与"人替代超越之物成为自己精神的主宰"的祛魅化现象最早是从城市产生的，但是实际上无数事实都充分表明，城市本是孕育与促成"祛魅化"现象产生的最为重要的土壤。由于科学技术的发展，人性意识的增强，以及理性化程度的提高，致使城市与乡村相比，"祛魅化"的程度更为深广与彻底，其人性本质的独立性意义也体现得更为充分与强烈，而正是这些因素，使得城市庙会具有了更多的人性主义色彩，并且彻底颠覆了神在庙会行为中的主导地位。

然而另一方面我们也必须看到，现代城市庙会虽然在本质内涵上已经与传统庙会越走越远，但是却依然以一种"庙会"的身份保留在城市人的生活之中，并没有因为其神性色彩的日益淡化而完全失去其存在的价值。在现代城市庙会中，一方面仍然高举着"庙会"这面大旗，开展了诸如击鼓撞钟、社火社戏、行街表演等等传统民俗文化活动，甚至还有一部分庙会依然保留着焚香点烛、叩头许愿之类的宗教信仰形式，与古老的神灵崇拜观念保持着较为密切的联系。另一方面，又在庙会活动中加入了许多具有现代人文气息的内容，如购物、赏花、旅游等等。造成这一事实的原因有二：其一是象征性因素。现代城市人虽然日益注重理性，但是其心灵中对于超自然力量的崇信意识却依然存在。当他们在日常生活中遇到某些欲望、利益或者情感方面的诉求难以实现时，便会像传统社会中的人们一样去向神灵表示祈求，而庙会则成为他们实现这一目的的一种象征性载体。其二是传承性因素。人类文化是代代传承延续的结果，很难实现突进式的变革与超越。庙会作为一种宗教习俗文化形式同样也是如此。虽然现代城市中神性色彩已经日益淡化，但是在相当一部分人们的心目中，却依然有着对于庙会习俗的深厚情感与依恋情结，对于他们来说，庙会已经成为一种文化传统，代表了具有族群共性特点的文化取向与审美情趣。因此，在相当长的一个历史阶段中，庙会依然会保留在现代城市民众的生活之中，并且成为人们文化认同与审美需求的一种表现形式。

第二节 文化艺术节塑造群众文化活动品牌

随着改革开放的不断深入和发展，人们的经济水平和文化素养都在不断的提高，在这样的背景下目前的群众文化活动的品牌建设有了一定的进步也取得了一些成果，但是这些还远远不能够满足社会日益增长的文化活动需求，不能够很好的完成建设社会文化的重任，对当前的社会文化发展无法发挥更大的作用，所以，一定要采取多种方式和策略来进行群众文化活动品牌建设，才能够很好的促进社会文化发展。

一、群众文化活动品牌建设的现状

1.群众文化活动品牌的建设意识较弱

在建设群众文化活动品牌的过程中，如果群众具有较强的文化活动品牌意识，将会使群众活动品牌建设更加容易，影响力也会更大。然而目前，大多数群众没有文化活动品牌的意识，对文化活动品牌的建设并不关注，对群众文化活动的认知也不充分。这样的情况下，使得目前的群众文化活动品牌建设举步维艰，无法得的有效的群众反映，大多数时候像是从业人员的自娱自乐，无法起到真正的提升群众文化活动水平的作用。

此外，有些文化活动品牌建设的从业人员的文化活动品牌意识也比较薄弱，使得他们在进行工作的时候，无法充分的利用现有资源创造，也无法有效的满足群众的文化活动需求，很难有效的建设群众文化活动品牌。

2.群众文化活动品牌的建设的方式较为落后

随着社会的不断发展，越来越多的新思想新潮流被群众接受，而与之相对的是，现在的群众文化活动品牌建设没有紧跟时代步伐，仍然采用较为古老的群众文化活动建设方式。传统古老的文化活动品牌建设方式，已经无法满足现在社会文化发展的需求，也无法被现在的人民群众接受，这使得群众文化活动品牌建设的效果很差，完全无法发挥作用，很不利于社会文化发展。

二、建设群众文化活动品牌的关键因素分析

1.形象性

群众文化活动品牌建设也要同一般的商业品牌意义，在建设品牌之前要思考自身形象定位，要思考清楚，想要建设什么样的群众文化活动品牌，准备为群众提供什么文化活动，满足群众的什么需求。只有在深入思考和调研群众实际文化需求和欣赏品味的基础上，才能够打造出复合群众审美，满足群众文化需求，被群众接受文化活动品牌。

2.公益性

群众文化活动建设的根本是提升群众的文化水平，满足群众的文化活动需求，所以在建设群众文化活动品牌的时候，必须坚持公益性，不能够借建设文化活动品牌的名义来满足个人或组织的私利，

3.参与性

群众文化活动品牌必须是经过多年的努力和积淀传承下来的，被广大人民群众所认可、所推崇的，形成良好延续性，具有顽强的生命力和深厚群众基础，广大人民群众积极参与的活动形式。只有具备了参，群众文化活动品牌才能拥有更强的号召力和影响力，才能调动起更多不同层面的社会公众参与进来，以进一步丰富广大人民群众的精神文化生活。

4.文化性

世界文化在不断的发展，所以在建设群众文化活动品牌的时候，也应该抓紧文化发展的潮流，将世界优秀的思想文化传播到群众中区，只有不断的丰富群众文化活动的文化内涵，提升群众文化活动的文化性，才能让群众文化活动具有更强的辐射力，影响更多的人。

5.可持续性

群众文化活动品牌的打造必须具有一定的可持续性，即群众文化活动在主题上、举办时间上、内容及其形式上要呈现出一定的传承性、周期性、规律性与稳定性，不能随意地进行某种修改或者调整，而应该逐步将群众文化活动不断地由小做大、由弱做强，进一步创新文化观念，创新活动内容与形式，创新传播渠道与手段，逐渐树立起自己的

品牌。

三、如何建设群众文化活动品牌

1.从群众兴趣爱好出发，建设健康的文化活动品牌

从广大群众的兴趣爱好出发，建设出的健康的文化活动品牌更加能够被人民群众接受，也能够更好的满足人民群众的文化活动需求，提升群众的文化素养。所以，只要人民群众喜爱的，蕴含健康思想，能够有利于提升人民群众文化素养的活动，都可以成为文化活动品牌建设的对象。比如，老年群众大多比较喜欢京剧、秦腔等传统文化，经常自发的组织，规模较小，以唱秦腔、京剧为主的，传统曲艺爱好者聚会。经常在早上或晚上自发的聚在周围公园=，进行唱戏等活动。所以我们可以考虑建设以传统曲艺为主的群众文化活动品牌，来引导老年群众进行文化活动。

2.加强文化调研与各部门沟通

建设群众文化活动品牌的过程中，要与各个单位、行业的群众进行接触，为了更好的作为一个群众文化工作者，要经常参与到各单位、行业组织起来的群众文化活动中去，通过不断的参与活动和交流，发挥我们的专长，逐步对这些单位和行业进行引导和提升。对他们的困难尽量帮助，如果困难帮助不了，可以通过相关部门进行协调。

3.建设群众文化活动品牌可以建立一定的奖励机制

要想打造一个生机勃勃的群众文化活动品牌，就要营造出公平、平等的竞争环境，以促进整个活动品牌的完整性，因此，建立一定的奖励机制对于提高群众文化活动参与人员的积极性，努力在竞争中获胜是至关重要的，也是保障群众文化活动品牌永葆青春的重要抓手。在打造群众文化活动品牌中引入一定的奖励机制，能够大大提高群众文化活动品牌的知名度和美誉度，进一步扩大整个品牌的辐射力和影响力，以更好地凸显品牌的价值观，对群众文化活动品牌起到示范与引导作用，有利于提高活动参与人员的积极性。

4.加强群众参与

在建设群众文化活动品牌的时候，要将群众当作主体，号召群众积极参与其中，充分的提升群众参与活动的积极性，鼓励广大群众积极报名参与，让群众能够在体验文化活动的过程中感到身心愉悦，这样才能够让群众更容易接受群众文化活动、更乐于参与群众文化活动。此外，在进行群众文化品牌建设的时候，还要实事求是的协调各地域的特点，保证群众文化的适应性，在针对不同的区域就要有不同的文化政策。最后还要要加大对贫困地区的文化财政投入，让贫困地区的群众文化活动开展奠定物质基础，减少与发达地区的文化差距。

5.加强群众文化活动建设的创新

在建设群众文化品牌的时候，应该注重活动方式和活动内容的创新，紧跟时代潮流，不断的开心新形式的趣味文化活动，而且还可以依托互联网，让群众直接的参与进来，更好的促进社会文化发展。

随着改革开的不断深入发展，人民群众的生活水平得到了显著提升，但是现在的文化素养与经济发展水平不相匹配，这样的情况下，使得群众文化活动品牌的建设显得尤为重要，社会文化的发展也是现在社会关注的重点问题。现在，群众文化活动的品牌建设已经在不断的进行中，但是因为进展还比较缓慢，而且还存在着许多问题，所以文化品牌取得的效果并不是很理想，对群众文化素养的提升也并不明显。相关部门和从业人员应该对这些问题进行深入思考，找出有效的解决措施，才能够不断的提升群众文化品牌建设的水平，才能够使群众文化品牌发挥更大的作用，才可以不断的促进社会文化稳固的发展。

第三节 城市特色文化广场建设的创新思考

一、城市文化广场的设计原则

城市文化广场是一个城市历史文化的融合，是自然美和艺术美空间体现的场所。在广场上可进行集会、交通集散、居民游览休息、商业服务及文化宣传等活动。它的规划建设不仅调整了整个城市建筑布局，加大生活空间，改善城市生活环境的质量，也让城市迈上更健康、更文明、更讲究生活质素和城市文化的台阶。

城市文化广场是以突出文化主题而在城市中人为设置以提供市民公共活动休闲学习，改善城市环境具有多重社会文化含义的一种现代开放空间。城市文化广场的建设作为一种公共文化事业，与当地历史、文化相结合对本地文化和各地外来文化起到了传承、开拓、创新的作用，达到了本地居民外地居民聚集、交流、引导的目的。本文主要从文化主题的角度介绍城市文化广场的设计主题原则。

1.城市文化广场设计的基本要素

城市文化广场与其周围的建筑物、街道、周围环境，共同构成城市文化活动的中心。

它的地点一般位于城镇的中心地带，具备公共性、开放性和永久性三个特征。城市文化广场的建设布局选择应该注重城市整体性环境，优化城市环境质量，环境品质的开发与协调。根据城市的性质与规划构思决定其数量、面积大小、分布的位置，必须与城市的规模、人口分布和广场的功能定位相协调。城市文化广场的面积。城市文化广场面积大小的确定，一般城市规划大小决定。片面地追求大广场，不仅在经济上花费巨大，而且在使用上也不方便；同时，广场尺寸不宜人，也很难设计出好的艺术效果。文化广场尺寸太大会缺乏活力和亲和力。小城市文化广场的面积一般在 1~2 公顷，大中城市文化广场面积在 3.0~4.0 公顷左右。广场面积应满足相应的附属设施，如停车场、绿化种植、公用设施等。观赏要求方面还应考虑人们在广场上，对广场上主体建筑有良好的视线、视距。在体形高大的建筑物的主要立面方向，宜相应地配置较大的广场。

城市文化广场与周边建筑的比例协调统一。城市文化广场的结构一般都为开敞式的，组成广场环境的重要因素就是其周围的建筑。结合广场规划性质，保护那些历史性建筑，运用适当的处理手法，将周围建筑环境融入广场环境中去。广场四周建筑物低、少，绿化多，广场显得开阔、通透；广场四周建筑物高，处于高宽比 1：2 左右时，广场更显得有内聚感。广场四周布满，广场显得封闭感、安全感好，界面漂亮。如，天安门广场的宽为 500 米，两侧的建筑，人民大会堂、革命历史博物馆的高度均在 30~40 米之间，其高宽之比约为 1：2 左右。这样的比例使人感到开阔。并且在广场中央布置了人民英雄纪念碑、大型喷泉、灯柱、栏杆、花坛、草地，特别是建立了纪念堂，丰富了广场的内容，增加了广场的层次，使人并不感到空旷。天安门广场是中国传统文化与现代科学技术相结合的典范设计。

城市文化广场的整体环境设计要立足于本土文化的继承和创新，以此地的自然环境特征和历史人文特色为依据，尊重历史、借鉴古今文化，让人文跟广场环境设计结合起来。在文化广场中提供足够的铺装硬地供人活动，铺设不少于广场面积 25% 比例的绿化地，为人们遮挡夏天烈日，丰富景观层次和色彩。并且设置一些雕塑、小品、喷泉等充实内容，使广场更具有文化内涵和艺术感染力。广场雕塑在阐释城市特征，表现城市文化，彰显城市品格等方面匠心独运。可以令广场文化的内在品格得到凝聚、激发和突显，撼人之内而迸发于外，让审美活动激动起来。

同时，城市文化广场的小品、绿化、物体等均应以"人"为中心，时时体现为"人"服务的宗旨，处处符合人体的尺度。如飞珠溅玉的瀑布、此起彼伏的喷泉、高低错落的绿化，让人呼吸到自然的气息，赏心悦目，神清气爽。城市文化广场交通流线组织要以城市规划为依据，处理好与周边的道路交通关系，保证行人安全。在广场内的交通组织设计上，考虑到人们以组织参观、浏览交往及休息为主要内容，结合广场的性质，不设车流或少设车流，形成随意轻松的内部交通组织，使人们在不受干扰的情况下，拥有欣赏文化广场的场所及交流的机会。

例如：北京西单文化广场堪称现代城市广场的典范。总占地面积 2.2 万平方米，其中广场占地 1.5 公顷。广场为下沉式广场，整体呈环形，由台阶可以下到广场中心。位于广场中心的采光玻璃锥，是整个广场的代表性建筑，通过透明的锥形玻璃顶将自然光线引入地下空间。广场上棋盘状的绿地构思别致，总面积约 1 万多平方米，错落有致地分布在广场上。广场共设有四个出口，可通往地下三层的商业城、西单地铁站等。东北角建有公交车到发站，并用地下、地面、地上三层通道空间将地铁站与公交站相接，避免了交通人流和休闲人流的交义。北侧通过高差变化及空间造型设计，将广场绿地延伸到东北角公交车站顶部。广场地下一层设有餐厅、商场、电影院，地下二层建有保龄球场、游泳池、人造溜冰场等文化设施。

2.城市文化广场设计的原则

城市文化广场是城市道路交通系统中具有多种功能的空间，是人们政治、文化活动的中心，也是公共建筑最为集中的地方。文化广场体系规划是城市总体规划和城市开放空间规划的重要组成部分，其内容包括：城市文化广场体系空间结构；城市文化广场功能布局；文化广场的性质、规模、标准；广场与整个城市及周边用地的空间组织、功能衔接和交通联系。城市文化广场规划设计一般还应遵循以下原则："以人为本"的原则：一个聚居地是否适宜，主要是指公共空间和当时的城市肌理是否与其居民的行为习惯相符，即是否与市民在行为空间和行为轨迹中活动和形式相符。个人对"适宜"的感觉就是"好用"，即是一种用起来得心应手、充分而适意。城市广场的使用应充分体现对"人"的关怀，古典的广场一般没有绿地，以硬地或建筑为主；现代广场则出现大片的绿地，并通过巧妙的设施配置和交通，竖向组织，实现广场的"可达性"和"可留性"，强化广场作为公众中心"场所"精神。现代广场的规划设计以"人"为主体，体现"人性化"，其使用进一步贴近人的生活。

地方特色的原则：城市环境、文化反映城市的精神状态，城市居民的生活方式，是城市文明程度的集中体现，也是决定城市品位和城市发展潜力的文化力量。城市文化蕴含了整座城市的活力、城市的吸引力、城市的生命力。首先，城市文化广场设计应该突出其地方自然特色，即适应当地的地形地貌和气温气候等。强化地理特征，尽量采用富有地方特色的建筑艺术手法和建筑材料，体现地方山水园林特色，以适应当地气候条件。如北方广场强调日照，南方广场则强调遮阳。一些专家倡导南方建设"大树广场"便是一个生动的例子。其次，城市文化广场还应该突出其地方社会特色，即人文特性和历史特性。城市广场建设应承继城市当地本身的历史文脉，适应地方风情民俗文化，突出地方建筑艺术特色，有利于开展地方特色的民间活动，避免千城一面、似曾相识之感，增强广场的凝聚力和城市旅游吸引力。如古罗马集会广场，虽一度废弃，但从11世纪起，随着商业的振兴，城市的价值又逐渐恢复，广场也得以复活。到了中世纪，罗马市开始向外扩展，于是就把古罗马集会广场旧址和当时的广场巧妙地结合起来，使其获得了新生。并以它为中轴，逐步拓宽了旧罗马的版图。如济南泉城广场，代表的是齐鲁文化，体现的是"山、泉、湖、河"的泉城特色。广东新会市冈州广场营造的是侨乡建筑文化的传统特色。

效益兼顾的原则：城市文化广场的功能向综合性和多样性衍生，现代城市文化广场综合利用城市空间和综合解决环境问题的意义日益显现。因此，城市广场规划设计不仅要有创新的理念和方法，而且还应体现出"生命至上、生态为先"的经济建设与社会、环境协调发展的思想。首先，城市文化广场是城市中两种最具价值的开放空间之一。城市广场是城市中重要的建筑、空间和枢纽，是市民社会生活的中心，起着当地市民的"起居室"，外来旅游者"客厅"的作用。城市广场是城市中最具公共性、最富艺术感染力，也最能反映现代都市文明魅力的开放空间。城市对这种有高度开发价值的开放空间应予优先的开发权。其次，城市文化广场建设是一项系统工程，涉及到建筑空间形态、立体环境设施、园林绿化布局、道路交通系统衔接等方面。在进行城市文化广场设计中还应体现经济效益、社会效益和环境效益并重的原则。

突出"文化"主题的原则：城市文化广场是相对于政治集会、商业、休闲等功能性比较突出的广场空间而言的，顾名思义，它以文化活动为主要内容，文化的特征更加明显。因此，广场文化在城市文化广场中成为重要的内容。广场文化是在广场这个特定的空间里呈现出的文化现象及其本身蕴涵的文化特质。它包含的内容：在广场上开展的专业或民间的艺术性表演活动，群众性的娱乐、体育等休闲活动；绿色文化，运动文化，艺术文化，休闲文化，商业文化等文化生活；文化气息浓厚的广场建筑、雕塑和配套设施等为广场文化挖掘出更为深远的意义。这些广场文化都是显示城市文化广场个性的具象。同时，各城市区域、风俗文化的表现也是广场文化最突出的一种形式。

不同文化，不同地域，不同时代孕育的广场也会有不同的风格内涵。把握好广场的主题、风格取向，形成广场鲜明的特色和内聚力与外引力，将直接影响广场的生命力。不同民族不同风格的文化特色，各种文化的交融已经成为城市文化广场的一大亮点。

文化广场活动，集文化、学习、娱乐、休闲、交际于一体。这种在公众广场进行的各种文化交流活动，已成为人们心灵沟通的一种形式。使在广场上交往的人们可以享受到传统文化的气息。

突出城市文化广场的个性，就要开掘地方文化的资源，展示地方文化的风采，突出民族的地区性，文化的地域性。在开展各种广场文化活动时，引入地方性的、优秀的民族民间文化瑰宝引进广场。比如山歌，比如地方小戏等。引导不同层次的群众走进广场，在广场的空间举行各种健康有益的主题活动，将形成巨大的辐射效应，广场亦充满生机活力。文化广场活动的组织着眼于居民的真实感情和实际需要出发，在人群当中集聚起一股积极向上的民间力量。

如西安市大雁塔广场。以大雁塔这个 1300 多年历史沧桑建筑为真实载体把广场中心轴三等分，进入广场首先映入眼帘的为八座大唐文化柱及两座万佛灯塔，万佛归宗、盛世雄浑，堪称广场的北门户。中央为主景水道，唐精英人物雕塑环绕水景四周；四处石质牌坊为广场的东、西、北三个主要方位；现代唐风的商业建筑分布于广场东西两侧。整体设计概念是以能突显大雁塔慈恩寺及大唐文化精神为主轴，结合传统与现代的设计手法，利用南北高差 9 米，广场设计九级踏步，每个台阶五步，每级水池有 7 级叠水，与大雁塔 7 层相印合。把古西安城的文化个性和大雁塔历史遗迹融为一体，体现了古都风韵和现代风采的完美结合，使历史文化得到最好的延续。

城市文化广场的设计中，可以综合运用城市规划、建筑学、生态学、环境心理学、行为心理学等知识，结合自然、结合人文、结合居民、结合城市、结合现代文化广场设计基本原则，更好的展示了其多功能的特性，做到设计新颖、布局合理、环境优美、功能齐全，充分满足广大市民大到高雅艺术欣赏、小到健身娱乐休闲的不同需要。创造出具有长期发展潜力的自然生态良性循环的生活环境。设计师也可以在设计中融入自己的某种特定的思想与意图，将不同文化环境的独特差异和特殊需要加以深刻的理解与领悟，设计出该城市，该文化环境下，该时代背景的文化广场的环境。让代表本民族、地区文化某一特定阶段主导地位的文化成果，经过城市文化广场的演绎成为以后各个历史时期的规犯，准则、时尚，并对该地区、民族以后的历史时期产生极为广泛深远的影响。改善居民生活环境，塑造城市形象，提高城市品位，优化城市空间，是城市文化广场建设的目的，也是设计者追求的目标。

二、打造广场文化品牌的特色与创新

广场文化是城市文化极其重要的组成部分。把一座城市的广场文化打造成品牌，这对熏陶市民的文化层次、提升城市的文化品位、塑造良好的城市文化形象具有不可替代的作用。那么，如何立足实际打造广场文化品牌？笔者认为，应注重在特色、高品位和创新上下功夫，以充分发挥广场文化的功能，促进城市的文化建设。

1.特色是打造广场文化品牌的重要标志

特色即特点或个性。各地城市建设广场文化，从广场文化的价值、功能、特点来看，都有其共同性。然而这种共同性又孕育和包含在个性之中。"当着人们已经认识了这种共同的本质以后，就以这种共同的认识为指导，继续地向着尚未研究过的或者尚未深入地研究过的各种具体的事物进行研究，找出其特殊的本质，这样才可能补充、丰富和发展这种共同的本质认识，从而使这种共同的本质的认识不致变成枯槁和僵死的东西。"（见毛泽东：《矛盾论》）广场文化有了自己城市的特色，才有亮点和魅力，才能展示出城市的文化个性和地方特征，产生共鸣和互动效应。

综观一些在全国具有影响力已经形成品牌的城市广场文化，起码有这样几方面的特色值得重视和研究：

一是地方文化传统、文化遗产特色。像广西南宁国际民歌节广场文化，最初就是从开发壮族的民歌节"三月三"发展而来的。"三月三"从田间山野走入城市广场，再进一步演变成为一年一度的国际民歌节，它不仅丰富了城市文化资源，而且提升了壮族山歌的文化档次。这样，地方文化资源借广场文化的展示与推动，成为有显示度的适应新时代需要的城市文化，从而充实了城市广场文化的内涵。

二是地域文化特色。如广州的侨乡主题广场文化、青岛的海洋主题广场文化、哈尔滨冰雕艺术广场文化等。大连是国际开放城市和全国重点旅游城市，市政府和主管部门充分利用这一优势发展和建设旅游文化，仅据1996年到2000年的统计，全市开展的"绿色的旋律"为主题的广场文化活动就多达600多场，参加演出人数达6万人次，观众达300万人次，受到国内外的关注。

三是文化与兴商联手特色。闻名遐迩的大连国际服装节、山东潍坊国际风筝节，都是以大型广场文化活动为平台，熔文化表演、比赛与吸引海内外客商为一炉，广场文化办出了特色，招商引资越来越红火，成为城市亮丽的风景。

实践表明，鲜明的广场文化特色不是自然而然就能形成的，要靠精心地开掘、设计和策划，靠锲而不舍地培育、炼造和雕琢，靠政府与民间的参与联动。各地区城市和不同民族有着不同的文化活动内容和形式，作为文化工作者和领导者要善于发现和发掘具有鲜明特征的文化活动，作为广场文化的主角，持久进行扶植打造，成为最具特色的广场文化。要加强特色广场文化基地的建设，发挥其辐射和带动作用，逐步扩大形成一个地区、一个城市的广场文化特色。可以说，特色是广场文化的一面旗帜，对其体现的文化价值、美育价值及文化产业价值应加以高度重视与开发，使其真正成为广场文化的珍贵资源，体现出城市的个性与文化品位。

2.高品位是打造广场文化品牌的落脚点

广场文化的主要载体是各种文艺、体育等具有艺术性的活动，从而使其具有审美性的特点。广场文化的这种审美性通过寓教于乐，对激励提高公众的文化素质、道德素质起着潜移默化的影响和渗透作用。于是，这里就有个广场文化的品位问题。

在广场这个公共"大客厅"、"大课堂"里，能否把高品位的文化展示奉献给大众，是衡量广场文化档次的重要标准。我们知道，人类创造的所有产品，除了必须具备各自特有属性以利发挥它的主要社会功能之外，一般还要给人以美的享受和文化熏陶。这就要求所生产的产品必须有尽可能高的文化品位，而文化品位的高低又影响着产品能否最大限度地为人们接受，使其社会功能得到充分利用。文化产品与其它产品相比，应有更高的文化品位。就广场文化而言，这种文化产品集其所特有的文化属性和社会文化功能于一身，所产生的文化影响和感染作用具有最直接的特征。因此，对广场文化品位的高低就不能不予以高度的重视。这里所说的高品位，应该是符合发展先进文化的要求，内容上健康向上，形式上具有较高的艺术和审美品位，既有高雅艺术，又有民众喜闻乐见的文化活动；既有"阳春白雪"，又有"下里巴人"。雅俗共赏在这里融为一体，雅要充分展示品位，俗不能品位降低。时下，一些文化广场存在的问题，不能不令人担忧。一是活动单调，利用率低。有的广场设施很好，但仅仅是市民在这里散步，晨晚练，遛早冰，很少举办文娱演出活动，处于较低层次的使用上，这不能不说是资源的一种浪费。二是节目老套，缺乏吸引力。有些广场文化活动，夏日乘凉晚会是这些节目，节庆晚会有这些节目，促商招商又是这些节目，观众看腻了看烦了，演出不久人走过半。三是格调不高，有失大雅。有的节目热衷于打情骂俏；有的以暴露、扭捏为快；有的唱词别扭晦涩，不知其所云，毫无文学性和审美性可言。如此品位的广场文化是不会有多少生命力的，门庭冷落车马稀少是其必然的结局。由此看来，发展广场文化，打造广场文化品牌，很有必要在提高广场文化品位上下功夫，动脑筋。

怎样提高广场文化品位？首先，作为广场文化组织者，其文化素质、思想品德和艺术情调要高，要以"三个代表"重要思想为指导为准绳。在广场文化的规划和总体设计上要立足高品位，在具体活动的内容、形式方面要把好关。其次，要加强对广场文化产品的创编者、表演者的宣传教育，提倡高品位的文化理念，鼓励创作、演出高品位的文化艺术作品奉献给广大观众。第三，要通过以多种渠道对广场文化的消费者进行正面引导，逐步提高人们的文化素养、审美情趣和艺术欣赏档次。我们说，广场文化品位的全面提升是城市文化进步的表现，也是政府部门和市民的共同任务，大家都应该为之努力。

3.创新是打造广场文化品牌的不竭动力

不少城市建设高质量广场文化的实践和经验表明，注重创新、励精突破、年年有新套路、不断给人以新面貌，是保持广场文化生机与活力的关键所在。坚持在实践中探索进取，是发展广场文化的明智之举和正确之道。创新离不开基础，创新不是猎奇，创新是与时俱进的开拓，是沿着大众日益增长的文化需求方向和先进文化发展方向去提高。

广场文化的创新，首先是文化观念的创新，是文化传统在思想上的深刻反思和革命。传统文化的精华无疑是民族文化的宝贵财富，必须继承弘扬，而对其在民族文化心理深层积淀的某些劣根性，又必须扬弃。应当承认，我国的现代意义上的广场文化比起欧美许多国家兴起的比较晚，还不够成熟。国人似乎习惯了那些空旷的能"威慑"人心的广场，只不过是眼中或心中一道风景而已，而实际上这"风景"对他自身的生活、感受甚至是体验有多少却不怎么在意。可以这样说，作为一个城市的"会客厅"，广场的面积不论多么巨大，装潢不论多么气派，市民应该而且必须是它的主人，而不是客人抑或是"仆人"。近几年，"形象工程"越来越多，有的已经影响到城市居民的文化活动范围。硬件是重要的，更重要的是与这种公共空间是否归属于城市每个人的精神文化需求有关。在西方国家，平日里广场上随时可见弹奏乐器唱着歌的歌手、摄影师、艺术家为游人摄像、作画，杂耍表演、木偶模特等无不吸引着行人、游人驻足参与，这已是常见的场景。我们的差距就在于文化观念的转变与更新。广场文化以唱主旋律为主，配合官方大型活动是非常应该和必要的，但经常性的、民间的、多姿多彩的广场文化也是必不可少的，因为它可以塑造和优化市民的群体文化品格。

广场文化的创新，又需要在活动的内容、形式上拓宽领域，不断有新的思路，占据新的至高点。以大连为例，从1996年起，大连市的广场文化活动经年不断。持续至今，每年5月初至10月末，大小演出遍布城市中心广场和社区广场。2003年走到第8个年头的广场文化如何与时俱进、如何不断升华？市委市政府创造性地提出了"打造文化大连"的城市文化品牌，旨在通过几年坚持不懈的努力，使大连的文化内涵不断增加，文化品位不断提高，文化氛围更加浓厚，把大连逐步建设成为中国北方现代文化名城。为此，"打造文化大连"系列之一，首推"让高雅艺术走近市民"活动。多年广场文化的良好基础成就了这一活动的成功，把广场文化的内涵和外延不断升华与丰富，显示着浓厚的创新意识。2004年的"打造文化大连"系列之二，又推出"市民才艺展示广场文化活动"，受到市民的普遍喜爱。"打造文化大连"将一年一个主题，作为一个系列广场文化活动推广下去。这一成功的实践表明，广场文化不仅仅是经济发达之后的"附庸品"、"装饰品"，更应该是政府给老百姓提供的一个文化生存发展环境，是一个长效工程。站在这一高度审视和开展广场文化，自然就有了创新的实力和基础。

广场文化的创新，还要在活动的组织上进行探索创新。仍以大连为例，与往年的广场文化活动不同，2009年开展的"让高雅艺术走近市民"活动注重专业性，3个多月的活动中，歌舞演出13场、戏剧曲艺演出12场、交响乐演出12场、放映电影23场，进行美术、书法和文学讲座31场，专业文艺工作者如此集中、全面、持续地为市民演出是首次。活动由市委宣传部、市文化局、市文联、市教育局、市财政局共同主办，不仅从财力上对活动给予了大力支持，同时还将艺术演出与文化普及的触角深入到中小学，扩大了高雅艺术的覆盖面。

结语

  总而言之，我国应不断加强基层群众文化建设，充分发挥基层群众文化在促进人民群众文化素质提高、满足人民群众精神文化需求中的重要作用。基层群众文化建设要立足于基层，加强对群众文化工作的认识，加强人才队伍建设，建立资金投入长效机制，创新群众文化活动形式，大力开展具备地域特色的文化活动，并在文化活动开展过程中及时发现问题和解决问题，不断提高文化工作水平，推动基层群众文化事业快速发展。以群众为主体，兼具传承和创新的民间文化活动和日常文化生活是群众文化的特殊表现。群众文化是社会文化的一个重要组成部分，对于群众精神文化发展和知识普及、团结凝聚也有重要的意义。

  群众文化建设是一项长期且艰巨的工作，需要政府、社会、群众文化工作者共同努力，不断开拓、创新，积极探索群众文化建设的新途径，以更好地促进群众文化事业的繁荣发展。健全基础设施建设为人们提供展开文化活动的场所和设施，才能为文化建设工作的顺利开展奠定良好基础。同时，应充分结合信息技术的优势和各类媒体的传播优势，展开群众文化活动重要性的宣传，吸引受众的注意力。然后，根据地域文化特征、传统美德以及受众感兴趣的内容组织开展趣味性文化活动，鼓励受众参与到活动当中，并提升自身综合素养。最后，可以考虑让受众群体加入到对文化活动的创意构思环节当中，由受众主导、组织和举办活动，突显群众文化的生活化特征。

参考文献

[1]袁芳.新形势下组织与开展基层群众文化活动[J].文化产业,2023(13):160-162.

[2]陈顺杰.农村群众文化活动的机制与形式创新[J].民族音乐,2023(02):106-107.

[3]赵萱.新时代基层文化馆开展好群众文化活动的策略[J].参花(上),2023(04):134-136.

[4]郜宪武.基层群众文化活动现状与文化队伍建设[C]//重庆市鼎耘文化传播有限公司.2022社会发展理论研讨会论文集(三).[出版者不详],2022:64-66.

[5]曹楠.基于人民群众文化需要的思想政治教育研究[D].贵州大学,2022.

[6]孙芳.浅谈新时期群众文化建设的社会功能与文化价值研究[J].中国民族博览,2022(09):115-118.

[7]杨雅洁.群众文化与旅游事业融合发展策略[J].当代旅游,2022,20(13):16-18.

[8]郑启磊.群众文化活动组织与开展策略分析[J].青春岁月,2022(09):29-31.

[9]岳静静.基层群众文化建设与发展问题探讨[J].文化产业,2022(12):163-165.

[10]陈顺子.群众文化工作者的能力提升策略浅析[J].参花(上),2022(04):131-133.

[11]施男.公共文化服务与群众文化活动建设分析[J].中国文艺家,2022(03):184-186.

[12]孔丹丹.群众文化团队建设与活动管理[J].参花(下),2021(12):135-136.

[13]贾宗娟.新媒体环境中群众文化的传播策略探索[J].中国报业,2021(19):96-97.

[14]吴玫霖.群众文化建设状况及发展策略研究[J].参花(上),2021(10):129-130.

[15]王倩.城市社区群众文化建设及发展策略[J].文化学刊,2021(09):54-56.

[16]马拴红.文化馆建设与群众文化活动开展[J].青春岁月,2021(10):12-14.

[17]艾嫩相.浅析群众文化活动的时代价值及其管理创新[J].中国文艺家,2021(05):185-186.

[18]常玉琴.提升文化馆群众文化服务效能的措施[J].文化产业,2021(13):46-47.

[19]赵萱.新形势下群众文化艺术普及和机制创新探讨[J].今古文创,2021(16):123-124.

[20]祁燕.加强基层群众文化活动推动文化惠民服务[J].艺术品鉴,2021(12):92-93.

[21]邹丽玲.浅析群众文化在新形势下的创新和发展[J].作家天地,2021(12):8-9.

[22]叶子.简析新时期群众文化活动的组织与开展策略[J].青春岁月,2021(07):25-26.

[23]常征.如何发挥文化宫在群众文化活动中的作用[J].传媒论坛,2021,4(06):119-120.

[24]于小燕.简述基层群众文化团队建设及发展[J].文化月刊,2021(03):100-102.

[25]李瑾.浅析群众文化在乡村振兴中的作用[J].农家参谋,2021(05):7-8.

[26]金辉超.群众文化活动与基层文化馆建设的策略[J].文化月刊,2021(01):122-123.

[27]庄晶.融媒体背景下群众文化宣传引导策略研究[J].大众文艺,2020(22):7-8.

[28]郭晓红.当前基层群众文化活动存在的问题与创新对策[J].戏剧之家,2020(32):209-210.

[29]李崇德.群众文化团队建设与活动管理研究[J].文化创新比较研究,2020,4(31):125-127.

[30]谢如晶.新形势下群众文化建设的社会功能与文化价值分析[J].中国民族博览,2020(20):63-64.

[31]徐月萍,张建琴.乡村振兴背景下乡村群众文化阵地建设[M].江西高校出版社:,201912.178.

[32]沈怡琦.文化生产视角下中国群众文化体制研究[D].上海社会科学院,2019.

[33]崔震彪.现阶段我国农村群众文化活动的困境与出路研究[D].山东大学,2017.

[34]李浩洁.我国农村群众文化活动的理性思考[D].齐齐哈尔大学,2014.

[35]徐天天.群众文化的思想政治教育功能研究[D].华中师范大学,2008.

[36]李雷鸣主编.群众文化理论与实务[M].现代出版社,2019.06.

[37]黄燕著.群众文化探究[M].北京：团结出版社,2020.05.

[38]韩惊波.群众文化服务研究[M].延吉：延边大学出版社,2020.

[39]潘蓉,崔燕,李文莉主编.群众文化舞蹈的普及与开展[M].长春：吉林人民出版社,2018.11.

[40]马玉洁著.群众文化理论探讨与实践[M].郑州：河南人民出版社,2019.12.